XIAO SHUO KE YI
ZHE YANG JIAO

小说可以这样教

——言语思维教学18式

王清 著

山东文艺出版社

图书在版编目（CIP）数据

小说可以这样教／王清著. —济南:山东文艺
出版社,2023.5
ISBN 978 - 7 - 5329 - 6871 - 8

Ⅰ. ①小… Ⅱ. ①王… Ⅲ. ①中学语文课—教学
研究—初中 Ⅳ. ①G633.302

中国版本图书馆 CIP 数据核字(2023)第 054922 号

小说可以这样教

XIAOSHUO KEYI ZHEYANGJIAO

王清　著

主管单位	山东出版传媒股份有限公司	
出版发行	山东文艺出版社	
社　　址	山东省济南市英雄山路 189 号	
邮　　编	250002	
网　　址	www.sdwypress.com	

读者服务	0531 - 82098776 (总编室)	
	0531 - 82098775 (市场营销部)	
电子邮箱	sdwy@ sdpress.com.cn	

印　　刷	山东新华印务有限公司
开　　本	710 毫米 ×1000 毫米　1/16
印　　张	24
字　　数	310 千
版　　次	2023 年 5 月第 1 版
印　　次	2023 年 5 月第 1 次印刷
书　　号	ISBN 978 - 7 - 5329 - 6871 - 8
定　　价	60.00 元

总　序

非构思解写：语文工具性与人文性的真正统一

马正平

很多年前，我便十分关注江苏省特级教师王清老师的"非构思"写作教学研究。近日，他将课题研究的系列成果发给我，征求我的意见，并请我作总序，我欣然允诺。首先，这是因为他所研究的课题是全国关于"非构思"语文教学研究的第四个省级课题，值得鼓励。其次，他的研究并未停留在写作教学领域，而是自然地扩展到阅读教学领域，这是我的"非构思"语文教学的应有之义。再次，王清老师的学术基础良好。他在文学理论、写作学理论、语言学理论、语文课程与教学论以及文本解读学等方面用力甚勤且深。他的研究成果丰硕，令人十分高兴。最后，也是最为重要的，他既不是我的硕士生也不是我的博士生，而是一个"非构思"写作学的自学者、研究者和实验、检验的成功者。他是反复研读我的写作学专著《写的智慧》、"高等写作学教材书系"和我指导的相关硕士论文之后，才喜欢上"非构思"理论，最后走上研究、实践道路的。他的成功再一次验证了"非构思"写作学和"非构思"语文课程与教学论的客观性、有

1

效性、普适性。他的研究与实践对于深化语文新课改具有非常重要的典范意义。

"非构思"理论认为,"非构思"写作是一种生长性写作,它所依赖的言语思维是一种非形式逻辑思维。"非构思"写作教学便是一种以此思维为语文知识,建构学生写作核心素养的全新的教学范式。这种写作核心素养主要包括重复与对比的赋形思维能力、综合与分析的路径思维能力以及直观与折射的审美思维能力。由于阅读从本质上讲就是一种文章解写,它与写作是互通的。阅读的过程便是运用上述写作核心素养分析文章的情感、思想、精神的过程。因此,"非构思"阅读教学主张引导学生通过文章表层结构背后的重复与对比的赋形思维,以及路径思维,对上下文进行连续性分析,来理解文章的情感思想内容,然后,运用直观与折射的审美思维感悟文章之美,从而完成阅读教学立德树人的教育目标。

在"非构思"语文教学中,"非构思"文本解读具有十分重要的意义。它既不是西方后现代的"读者中心论",也不是伽达默尔"哲学阐释学"的多元主义、虚无主义的后现代阅读观、文本解读观,而是一种比意大利著名阐释学家贝蒂的"逻辑阐释学"更为深化、更为科学深入的"本义阐释学"或"作者阐释学"。与贝蒂的"逻辑阐释学"的含义不明的"逻辑"概念相比,"非构思"文本解读学的"逻辑"概念十分清晰,而且原理明朗。"非构思"文本解读学是一种"实践逻辑学""创造思维逻辑学",一种广义的"艺术逻辑学"。

读完王清老师的书稿,我很高兴地看到,作者已经基本把握了"非构思"写作和阅读的基本理念,尤其是正确理解了重复与对比的写作赋形思维原理。这保证了该系列论著对各类文本的"非构思"解读,保证了"非构思"阅读学、文本解读学、本义阐释学的基本精神的实现。我还高兴地看到,作者把"非构思"写作学中的"写作胚胎"理论，即"文章开笔"概念引入文本解读实践，并形成了自己的阅读分析解读模型。

　　首先，在解读的引言部分，先对以往各种预设性、理性化阅读和多维性文本解读中出现的种种问题、矛盾进行剖析，从而引出作者运用"非构思"阅读理念对文本本义进行解读。接着，他通过重复与对比的赋形思维或因果性路径思维操作模型对文章写作胚胎的深刻内涵进行解读，从而引出文章基调，并以此为主体部分的渲染与反衬思维的对象。然后，对文章主体部分进行多重渲染与对比的"非构思"解读。

　　在这里，他所谓的多重"非构思"分析策略具有两个或三个分析层次：

　　第一，是宏观层次的赋形思维和操作模型分析，即对重复与对比的赋形思维对象进行总体性、分类性、跳跃性、论证式分析。例如，在《故乡》的"非构思"解读中，首先从宏观层面分成三类进行对比，即少年闰土与中年闰土的对比、"豆腐西施"与"圆规"的对比、成人之间与儿童之间的对比；在中观层面则是对上述三组对比的赋形思维关系从显性和隐性两个方面进行分析；第三个层次即微观层次，是对各种各样的描写对象，例如外貌的对比，行动、神态、语言、景物的对比的赋形思维关系进行分析。

　　大家可以看到，每经过一个层次的对比分析，文章作品所塑造的人物形象就感受、体验得更强烈、浓郁一些。当三个层面的对比性分析完成之后，人物形象就感受、体验得十分鲜明了，文学作品所塑造的人物就十分典型了。小说的典型形象就是通过这样的重复、对比或渲染、反衬的赋形思维、形象思维、艺术思维、审美思维创造出来的。这样，小说作者的艺术表达的本义，就被非形式逻辑化地无懈可击地解读了出来。

例如：在《驿路梨花》的"非构思"解读中，首先从宏观层面进行多重赋形思维分析，即从意象（物象）渲染和情节渲染两个方面进行赋形思维关系分析；在中观层面上，又分成两个方面进行分析，即首先把意象渲染分成梨花和小屋两个方面，进行重复性赋形思维关系的分析，然后把情节渲染分成误会瑶族老人和误会哈尼姑娘两个方面，进行重复性赋形思维的人物关系的分析。作者对阿来小说《溜索》、对《智取生辰纲》的赋形思维分析也是如此。在这里，每一个层次上的分类性赋形思维分析又是一种宏观上的重复性、渲染性赋形思维、形象思维分析。

我们发现，王清老师在引进我的"非构思"写作和阅读的基本理念的同时，还吸收了国内外一些文学理论和文本分析的理论充实自己的理论素养。例如，他吸收了巴赫金的"复调"文学理论进行小说文本的"非构思"解读（《故乡》中的"沉郁哀婉的复调式叙事"）。同时更多地吸收了中国当代语文解读领域中颇有影响的著名文艺理论与写作学家、著名语文教育家孙绍振先生的"还原"分析、"错位"分析等先进的分析解读理念。这些都是很科学的文学理论和文本分析理论，因为从本质上讲，它们仍然是重复与对比的赋形思维、形象思维、艺术思维的基本原理的表现形态与现象。

此外，王清老师还吸收了韩礼德的"语篇学"分析理论。事实上，韩礼德的"语篇"概念，在"非构思"写作学中，是一种"渐进"与"平列"的言语表层的表达结构，它的深层结构是重复与对比的赋形思维。"非构思"解读，其实，就是从"渐进"与"平列"的语言表层结构的"语篇"中去揭示背后、深处的情感、思想、感受、感觉的重复与对比的赋形思维。

从这里可以看出，王清老师在这一系列论著中，建构了一种"非构思"解读的工作思维模型、分析技术，即从宏观、中观、微观的不同层次上对作品中的写作对象（人物、情感、性格、外貌、心理、景物、器物、环境等）的重复与对比或渲染与反衬的赋形思维关系进行分析，从而把作者所希望塑造的典型形象的性格、精神、情感充分地解读出来。而这种文本解读的思维模型，仍然是重复与对比的赋形思维，是一种非形式逻辑的实践思维模式。王清老师的"非构思"解读模型不仅能帮助人们感受、理解文本中所隐含的主题思想和情感、态度、价值观，而且他在赋形思维、路径思维的反复分析中，所运用的写作赋形思维的操作技术原理，对于中小学语文教学工作来说，是非常重要、非常有效的策略与方法。

应该看到，王清老师用重复与对比的赋形思维操作模型这个"过程与方法"，既分析出了文本所隐含的作家想竭力表达的作品人物与作家的情感、态度、价值观，还能培养学生和老师的语文核心素养，尤其是语文思维素养。这里我们发现，运用"非构思"解写便可真正实现国家语文新课改所念兹在兹的"工具性与人文性统一"的终极目标，这才是语文新课改目标真正的实现状态，因此，我认为，这是值得大力推广的，是可喜可贺的。

不过，如果要追求读写一体化的当代或未来的语文教学课型新形态，这就需要建构新的"非构思"解写工作模型。这样的语文阅读课、分析解读课要求语文阅读教学，一方面通过文本分析感受、理解作家塑造的典型形象、典型性格和作品背后作家的情感、态度、价值观；另一方面，像写作课的范文分析那样，进行阅读课的文本"非构思"分析，即作"文本解写"。"非构思"文本解写，要求对言语思维过程，即写作赋形思维控制下的因果、构成、过程、程度、相似等写作路径进行分析。

第二，对全文整体的篇章结构章法进行连续性的重复与对比的写作赋形思维分析，并对从文本中分析出来的情感、思想、精神主体以及背后作者的情感、态度、价值观进行分析之后，还要运用直观与折射审美思维对这些分析成果进行审美生产、审美创生，从而折射生产出这些情感、思想、精神、性格背后的人物和作家的无限心灵时空、思维时空、生命时空，这就是文学之美。这种作品上下文之间的连续性赋形思维与路径思维的双重分析，实际上就是对作家的创作思维、艺术思维、美学思维的还原与重现，让我们清晰地看到作家在进行文学创作过程中，究竟是怎样进行言语思维运动的。

第三，还要对文本中具有较高艺术表达效果的句子主干和枝叶的展开性修辞行文中的重复与对比的赋形思维规律进行细读分析，从而揭示语感生成、艺术技巧生成的赋形思维、修辞手法原理，提炼出修辞思维模型、公式。让学生进行"思维描红"式的描写模仿，通过"每课一练"的"随读微写"，反复模仿，熟能生巧，提高学生的言语艺术表达能力。这是语文教学、写作教学的难题，因为宏观结构章法的赋形思维操作容易学会，而微观语句艺术表达的思维操作较难掌握。

由此看出，读写一体化的文本解写，不仅能够生成作品所表达的情感、思想、精神主题，生成作品人物或作家的情感、态度、价值观，而且能让老师和学生清晰地看到作家的言语思维规律，从而直接掌握写作赋形思维和路径思维。这样就完成了语文新课标"过程与方法"的课程目标。不仅如此，由于这种"非构思"文本分析完成之后，还对文章内容和形式进行了审美活动，这样就在更高的思维、美学层面上实现了"工具性与人文性的统一"。

应该说，这种文本解写是"非构思"阅读教学的另一种工作模型。大家可以根据自己的情况和价值取向自由选择。相较而言，后一种文本解写的"非构思"解读模式有一定难度，因为其必须建立在当代最新的时空美学原理和审美素养与能力建构的基础上。而对于真正的语文美学教学，过去我们没有太多关注，但这却是语文课程与教学必须进入的最高境界。因为教育部关于"语文核心素养"的内涵界定就是"言""思""文""美"，所以，没有真正审美活动环节的语文教育还处于初级语文教育的层面。在语文审美活动教学问题上，需要更多人像王清老师一样继续努力。

"非构思"解读是一种科学的、民族的、有效的、全新的语文教学理念，真正实现了语文"工具性与人文性的统一"。相信王清老师的这一系列论著出版后，肯定会引起广大语文教师的共鸣，继而试验与推广，因此，这篇序文不局限于介绍推荐这套书，还对"非构思"语文教学的基本理念和"非构思"文本解读的整体内涵和环节进行了展开介绍，这或许对广大读者有所帮助。

是为序。

四川师范大学教授、博导　马正平
2022 年 1 月 7 日

自序　从朴素走向自觉

一、朴素教语文

这是我语文教育生涯的第一个阶段，一个青涩而又极为重要的人生阶段：朴素地教语文。

我是十八岁走上讲台的。十八岁，一个年轻得分不清现实与梦境的年龄，连自己都没成人，却担任起教书育人的重任。我不知道别人怎么样，我只知道自己远没有做好当一个语文教师的准备。走上讲台的那一刻，我很茫然。我不知道该讲些什么，又该如何跟学生去讲。最后，还是我的学生救了我。他是我们班的小班长兼语文课代表。他大概看我实在是太为难了，又或许是可怜我这个半大不小的老师。他很耐心地告诉我，应该像他的前任语文老师一样，先教生字词，再带领大家读课文、概括段落大意、概括中心思想，学完课文后，还要完成课后的习题等等。我觉得十分羞愧。可是，再怎么羞愧，也得向学生学习啊，不然，怎么能成为一名合格的语文教师呢？

那时，我只有一个朴素的念头：把语文课教好。

可是，要把语文课教好并不容易，仅仅向学生学习是远远不够的，还得跟老教师学习，教研活动时，我更是认真到了极致。但是，我慢慢地发现，这样的学习，终究是零碎的，不系统的，而且不可

1

控。后来，一个偶然的机会，我知道了这个世界上竟然还有这样一个好东西：《江苏教育》。那是我在那个物质贫乏、资讯严重欠缺的年代，在那个僻远的乡村所能找到的最精美的精神食粮了。我如饥似渴地研读上面的教学案例，并摸索着去上语文课。当时，我的心里只想一件事情：把语文课上得好一些，再好一些。至于，什么样的语文课才是好课，我不知道；教什么样的内容才科学，运用什么样的策略及方法才合适，我都说不上来。我只是朴素地觉得好用就行，学生能懂就好。

再后来，我更进了一步。每学期初，我都会选择两篇课文，重点研读、精心备课、反复空上（一个人在无人的教室里面对桌凳上课）、试上到自己觉得无可挑剔时，再请我的朋友们来听课。听完课，请他们提出意见。然后，修改教案，再一次空上、试上，如此循环，直到自己满意为止。就这样，我用一种牙牙学语的方式学习语文教学，这一学就是好多年。

二、教出"某"语文

这是我语文教育生涯的第二个阶段，一个承上启下，具有较强转折意味的阶段：教出"某"语文。

有一段时间，各种教学模式，各种带有标志的"某"语文接踵而至。我和我的同事们都十分羡慕、钦佩。我也梦想着有一天，自己也能有一个属于自己的"语文"。从那以后，我就静下心来读书，静下心来写作。这一阶段，我的专业认知有了较大的转变，不再是只想把书教好，自发地带着朴素的情感去教好语文，而是带有某种自我觉醒意识主动地去追求"某"语文。正是因为有了这样的自我觉醒意识，那几年里，我陆陆续续发表了不少文章。多年后的一天，我觉得自己似乎准备得"差不多"了，就像《台阶》里的父亲经过艰苦的努力终于做好了建造前的所有准备，我阅读了"大量"的理论知识，积累了"丰富"的实践经验，我觉得是时候可以建造属于自己的九级台阶的高房屋——"某"语文了。于是，我便着手积极地筹划起来。

就在这时候，我被我的一些高校朋友们的告诫惊得不知所措。

他们对我的这一想法进行了严肃的批评和纠正。他们说，我所说的要有自己的"某"语文，从某种意义上讲，就是在提炼自己的教学主张，本来，提炼自己的教学主张不但是可以的，而且应该得到鼓励，但是万万不能以某某语文来作为标志，不然的话，专业之路会越走越窄。他们进一步解释说，有个"某"语文，就有了一个标志，甚至是一面旗帜，让自己的教学与研究一下子"亮丽"了起来。但是，成也萧何，败也萧何。大多数情况下，"某"语文的这个"某"字是不能概括一切的，稍有不慎，就会陷入自我设定的陷阱，而严重制约自己的专业发展。他们这样一说，我一下子蒙了。我好不容易有了一个所谓的"方向"，现在，突然间，什么都没有了。我有点儿不知所措起来。他们说，你可以确定自己的研究范围，比如你可以研究阅读教学、写作教学或者是整本书阅读教学，再或者是综合实践什么的。然后，慢慢确定自己的研究方向，或是从语篇学的角度，或是从审辨思维的角度，再或者运用对话理论什么的来研究语文教学，这些都是可以的。但是，就是不能轻易扛起"某"语文的大旗。

话是这么说，可要确定自己的研究范围，并不容易，至于进一步确定一个有价值的研究方向，更是难上加难。以我自己为例，虽然经过多年的努力，的确是发表了一些文章，有的还被人大复印资料全文转载。但是，我的研究是有明显缺陷的。这就好比一个人独自在沙漠上打井，没有引路人，打井人并不知道哪里有水，只是跟着感觉走，觉得下面有水就开始打。有的时候的确能打上水来，但更多的时候是空忙一场。而且这儿打个井那儿打个井，深入不下去，永远都不可能打出源源不断的水来。至于把井里的水引出来，将沙漠变绿洲，更是想都不要想。所以，这样的研究看起来是更加自觉了，其实，随意性仍然很强，而且，很难持续。就这样，我只能暂时放下我的所谓的研究，随同放下的，还有我教出"某"语文的梦想。

三、自觉探语文

这是我语文教育生涯的第三个阶段，也是最为重要的一个阶段：自觉探语文。

2022 年，新版《义务教育语文课程标准》诞生了。新课标涉及许多专业术语，其中，尤以任务群的表述，既让人震惊又让人欣喜。因为它必然地决定了，在很长一段时间内，语文教学的课程形态、教学样态，都会发生很大的改变。因为任务群不单强调情境化，强调实践性，强调各种任务的驱动，它更是把听说读写高度地融合在一起。这就需要开发出一整套操作性的知识，这种知识既要适合阅读教学，又要适合写作教学，否则，根本无法做到听说读写的高度融合。至于情境化、实践性和任务驱动，它们都必须以这种操作性的知识为基础。离开了这些可兼顾阅读与写作的操作性知识，一切都是空中楼阁。

那么，什么样的知识才能堪当大任呢？

通过研究，我们初步达成了这样一个共识：在任务群教学中，阅读学和阅读教学有自己独特的研究范畴，有自己的理论体系，它跟写作学和写作教学是不一样的。所以，单纯的阅读学知识，虽然很适合单篇或多篇的阅读教学，却很难用这样的知识来教写作，因为写作学和写作教学有自己独有的知识体系和教学策略。反之，同理。基于此，我们又达成了第二个共识：任务群教学的知识，应该是阅读学和写作学所共有的可操作的知识，这样才能兼顾阅读教学和写作教学。

这就必然会衍生出一个新的问题来：什么样的知识才是阅读学和写作学所共有的呢？

我们认为，任何作家的写作，都不可能是毫无目的的胡说八道，他一定会基于某种交际意图，向某些预设的读者，运用一定的言语思维进行有规律有指向的言说。所以，我们可以从言语思维的角度，生成合适的教学内容，来教学生写作。而对于阅读教学而言，所有的作品，无论其是什么样的风格，外表是多么的美丽炫酷，它的思想内涵是多么的深刻，它的内核都是一样的，它一定会遵循特定的言语思维规律进行有序的言说。基于此，我们完全可以从言语思维的角度来解读文本，并据此形成合适的教学内容，进行阅读教学。这样，言语思维就成了一枚硬币的两面，它把阅读教学和写作教学紧紧地联系在一起。从言语思维的角度，不但可以教阅读，还可以教写作，它完美地解决了任务群教学中听说读写高度融合的课程诉求与教学诉求。

这样，言语思维教学的主要思想便初步形成了。

2022年我出版了"言语思维教学"系列论著的第一本专著《小说可以这样读》。那本专著是从言语思维的角度去解读小说，后续将要出版的《散文可以这样读》《诗歌可以这样读》等专著，也都是从这个角度来解读语篇，以便为任务群教学内容的生成提供理论上的准备。今天呈现在读者面前的这本专著，以及后续将要出版的《散文可以这样教》《诗歌可以这样教》等专著，则是探讨如何从言语思维的角度来教语篇，并为后续的写作教学打下坚实的基础。

言语思维教学的研究才刚刚开始，还有许多问题没有探明，包括一些概念的梳理、确定，教学模型的建立，教学评价的设定与实施，等等，都显得十分简陋。但是这些对于我来说，却有着无法估量的巨大意义，因为从朴素教学走向学术自觉，这不但是一种跳跃性的专业发展，更是一种人生破茧成蝶般的涅槃。尽管更多的时候，这只是一种自我感觉、自我鼓励，甚至于仅仅只是一种自我暗示罢了。

我期待着更多感兴趣的学者和一线语文教师，一起投入言语思维教学的研究之中。相信言语思维教学的明天一定会非常的灿烂美丽！

是为序。

王清

2023 年 2 月 16 日

目　录

1. 对比塑人式言语思维教学

课式简论

对比塑人式言语思维教学是任务群教学的一种课式，主要强调运用对比思维来塑造人物形象。

通常，人们大都通过肖像、动作、神态、语言、心理等描写来分析小说人物形象。用这些静态的文章学、文艺学知识进行阅读教学，对于认知人物形象，无疑是有帮助的，不过，很难迁移到写作教学中，所以，不太适合听说读写高度融合的任务群教学。而用对比思维进行教学则不同。

对比思维（也称反衬思维，下同）是言语思维方式的一种。它是指在主题展开的过程中，选择一组或多组在立意或情调上相反、相对的材料进行写作，以在强烈的反差中增强文章的感染力、说服力、说明力的思维方式。① 它不但适用于以典型人物、情节、环境为主要特征的传统小说的教学，如《范进中举》《孔乙己》等；也适用于一些以淡化情节和人物为主要特征的散文化现代小说的教学，如《台

① 马正平．高等写作思维训练教程：第二版［M］．北京：中国人民大学出版社，2010：81.

阶》《植树的牧羊人》等。而更为关键的是，用对比思维进行任务群教学，能够很好地兼顾阅读教学与写作教学。

教学时，需从两个层面展开：

1. 比较中明晰

传统小说在人物形象塑造上的追求跟现代小说相差很大。前者追求典型性和普遍性，且人物形象的塑造关系到小说创作的成败；而后者重在感受和体验，人物形象塑造被淡化，但也不是完全没有。要想让学生对此有个清晰的概念，理论性的说教是没有用的，必须把相关的作品进行直观性的比较，这样，才能让学生明晰不同类的小说在人物形象塑造上的差异性。然后，才谈得上感受、体悟、理解这一篇小说和更进一步的创意表达。

2. 对比中塑造

相较于第一层面的展开，"对比中塑造"要稍微复杂一些，需从三个方面引导学生进行深度思考：

（1）课文中哪些材料构成了对比？

（2）这些对比引起了读者什么样的反思？

（3）作者是如何运用对比思维塑造人物形象的？

从语篇中寻找构成对比关系的言语材料并不难，运用这一课式进行教学时，要把着力点放在引领学生从读者的角度进行反思上。要让学生在言语实践活动中，充分地认识到，运用对比思维进行写作是为了引起读者的反思，而且还要认识到，对比的力度越大，其所引起的反思就越强烈，文章的主题、思想、情感便越是深刻地被凸显出来。当这样的对比思维被不止一次地使用时，教者还要引导学生进一步反思：作者是如何在多重对比思维中，层层递进地塑造人物形象的？

总之，教学中既要教对比材料本身，更要教对比背后的反思，教如何通过多重对比思维来层层递进地塑造人物形象。这样，于阅读教学而言，才能更深刻地理解课文；于写作教学而言，才能让学生切身体会到选择怎样的对比材料才合适，如何运用对比思维进行写作才能更好地塑造人物形象。

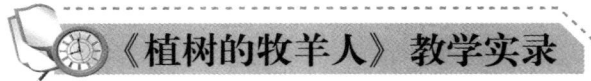

《植树的牧羊人》教学实录

一

师：同学们，今天咱们学习法国作家让·乔诺的一篇小说《植树的牧羊人》。课文都预习过了吧？

生：都预习过了。

师：嗯，好的。既然本文是一篇小说，那我们就从小说谈起吧。小说最吸引人的是什么？

生：最吸引人的是作者虚构的有着典型性格特点的人物形象。

生：最吸引人的是那充满矛盾冲突、跌宕起伏的故事情节。

师：所以，一提到《西游记》《红楼梦》我们便会想到什么？

生：想到疾恶如仇、与妖魔斗智斗勇的孙悟空，便会想到敏感、细心、聪明，而又自尊自爱、多愁善感的林黛玉。

生：想到好吃懒做、好色的猪八戒，想到刀子嘴豆腐心、争强好胜、敢于追求的晴雯。

生：想到一波三折的"孙悟空三打白骨精"的情节。

生：想到"黛玉葬花""晴雯撕扇"等故事情节。

……

师：但是，请看我们今天要学习的这篇文章，它虽然也是一篇小说，却总觉得哪儿不得劲儿。请同学们跳读课文中"我"三次见牧羊人的内容，圈点勾画出最不像小说的地方，并说说理由。

（生急忙看书。）

师：先不忙着看书。请注意问题中的关键词。什么样的读才是跳读？

生：跳读就是一目十行地读。

生：就是寻找信息地读。

师：也就是说，跳读的速度要快于一般的朗读、默读，对吧？

生：对的。

师：老师要你们在跳读课文时寻找什么信息？

生：寻找最不像小说的地方。

师：能具体说说吗？

生：就是看这篇文章在人物形象、故事情节等方面不像一般小说的地方。

师：对的。现在开始跳读，给你们三分钟时间，够吗？

生：够了。

师：现在开始读。

（三分钟后，有个别学生没有读完，又延长了一分钟。）

师：现在，请同学们说说《植树的牧羊人》一文中，哪里最不像小说？

生：我觉得这篇文章最不像小说的地方是故事情节。

师：这篇文章有故事情节吗？

生：有倒是有。"我"三次见牧羊人就是这篇小说的情节。但是本文的故事情节好像没什么矛盾，没有什么波澜，谈不上一波三折，跟我们平常所看的小说不太一样。

生：我也这样认为。我还认为本文在人物形象上也不太像平常的小说。虽说这篇文章也塑造了一个人物形象——牧羊人，但是总觉得没有平常所看到的小说中的典型，更具鲜明的性格特点。

……

二

师：可它的确是一篇小说，而且还刻画了一个了不起的牧羊人的形象，表现了深刻的主题。那么，作者是怎么做到的呢？请圈点勾画出"我"与牧羊人第一次、第三次见面时环境描写的语句。

（生读课文。）

师：谁来说说看？你说。

生："我"第一次见牧羊人时的环境是这样的，这里海拔一千二三百米，一眼望去，到处是荒地。光秃秃的山上，稀稀拉拉地长着一些野生的薰衣草。这段话在第 2 自然段。

生：第 3 自然段中有，到处是干旱的土地和杂草。

生：第 2 自然段中还有一句，在无边无际的荒野中，我走了三天，终于来到一个废弃的村庄前。

生："我"第三次见牧羊人时环境描写的句子比较多。第 19 自然段中有——一切都变了，连空气也不一样了。以前那种猛烈而干燥的风，变成了飘着香气的微风。

生：第 19 自然段中还有一句，高处传来流水般的声音，那是风穿过树林的响声。

生：第 20 自然段中有，树林留住了雨水和雪水，干涸已久的地里又冒出了泉水。

生：还是第 20 自然段，人们挖了水渠，农场边上，枫树林里，流淌着源源不断的泉水，浇灌着长在周围的鲜嫩薄荷。

……

师：这篇文章的首尾有多处描写环境变化的语句，咱们分别选择一处品味一下。

【屏显】第一次见牧羊人

　　一眼望去，到处是荒地。光秃秃的山上，稀稀拉拉地长着一些野生的薰衣草。　　（课文第 2 自然段）

【屏显】第三次见牧羊人

　　一切都变了，连空气也不一样了。以前那种猛烈而干燥的风，变成了飘着香气的微风。　　（课文第 19 自然段）

　　师：“我”第一次见牧羊人时环境是怎样的？请读一读相关句子，体会一下哪些词语最有味道，并试着读出来。你来。

　　生：我觉得“到处”这个词最有味道，它写出了阿尔卑斯山地荒凉的面积很大。要重读，并适当地延长。应该这么读：一眼望去，到——处是荒地。（读得较有感情。）

　　生：我觉得“一眼望去”也很有味道，它也写出了阿尔卑斯山地荒凉的面积很大，因为“我”目之所及都是荒地。所以，读的时候要重读“一”，并延长。

　　师：嗯，说得不错。你读一读。

　　生：一——眼望去，到处是荒地。（读得很有感情。）

　　生：我觉得“光秃秃”“稀稀拉拉”也很有味道，它们都写出了阿尔卑斯山地的荒凉。

　　师：你来读一读，试一试。

　　（生读得没有什么感情。）

　　师：我怎么觉得这座山不怎么光秃啊！山上长的薰衣草还蛮多的嘛！（生笑。）

　　（生第二次读，突出“光”“稀”等字词，有进步。）

　　师：这回感觉山有点儿秃了，薰衣草也少了许多。再来试试。

　　（生第三次读，突出“光”“稀”，并延长，有较大的进步。）

　　师：读得真不错！同学们，“我”第一次见牧羊人时，阿尔卑斯山地满目荒凉，那“我”第三次来见牧羊人时，这里变成了什么样儿呢？请读这段话，（师手指屏幕中“我”第三次见牧羊人的语句）看看这段话中，哪些词语最有味道，并试着读出来。

生："一切""都"和"空气"这三个词很有味道。

师：能具体说说吗？

生："一切"和"都"是全部的意思，表示范围很广，范围广得连"空气"都发生了变化。可见环境变化之大。读的时候这三个词要突出出来，要重读。

师：那你来试试。

生：一切都变了，连空气也不一样了。（虽然重读了"一切""都""空气"，但还是感觉程度不够，句子的味道没有读出来。）

师：朗读和平常说话是不一样的。朗读时要稍微夸张一点，你再试试。

（生读，夸张了一点点。）

师：还不够夸张。你们觉得把"都""空"两个字用升调读夸张呢，还是用降调更夸张呢？

生：升调。

师：那再试试。

（生读得很有感情。）

师：还有哪些词语有味道？

生：我觉得"猛烈而干燥的风"与"飘着香气的微风"有一种对比的关系。

师：怎样才能突出这种对比关系呢？

生："猛烈而干燥的风"要读得短促有力一点，而"飘着香气的微风"要读得舒缓一点。

师：你来试试。

生：以前那种猛烈而干燥的风，变成了飘着香气的微风。（有点儿味道，但是对比度不太大。）

师：读得不错，不过对比度还可以更大一些。同学们想一想，飘着香气的微风，是多么令人陶醉啊！你再来试一试。

（生读得有进步。）

师：这样读是不是更好些？以前那种猛烈而干燥的风，变成了飘着香气的微风。（师范读。）你再来试试。

（生再读，读得很有感情。）

师：读得真不错！同学们，咱们齐读这两段话。"我"第一次见牧羊人时，看到的阿尔卑斯山地是什么样儿的？

生：一眼望去，到处是荒地。光秃秃的山上，稀稀拉拉地长着一些野生的薰衣草。

师："我"第三次见牧羊人时，看到的阿尔卑斯山地又是什么样儿的？

生：一切都变了，连空气也不一样了。以前那种猛烈而干燥的风，变成了飘着香气的微风。

师：同学们，学到这里，是不是产生了许多想法？如此鲜明的对比，如此强烈的反差，有没有让你们产生什么疑问？谁来说一说？

生：有的。为什么这里的环境会发生这样大的变化呢？

生：是谁让它们有了如此大的变化呢？

生：是谁建立了如此的丰功伟绩？

……

师：说得真好！老师也有这样的疑问。但是，如果文章的开头、结尾没有变化，没有产生对比，你还会产生这样的疑问吗？

【屏显】

多少年后，一眼望去，到处<u>还是</u>荒地。光秃秃的山上，<u>还是</u>稀稀拉拉地长着一些野生的薰衣草。

生：如果没有对比，就不能使读者产生疑问。

生：如果没有对比，读者就不会追问究竟是谁让阿尔卑斯山地发生如此大的变化。

生：如果没有对比，读者就不会追问是谁建立了如此的丰功伟绩，就无法突出人物形象。

师：说得太对了。这篇小说虽然没有矛盾冲突，没有一波三折的情节，但是因为有了对比、反衬的巧妙运用，使文章充满了张力，同样使得一个丰满的人物形象呼之欲出。

三

师：那么，作者应该虚构一个什么样的人物，才能让小说更具震撼人心的效果呢？是热血青年吗？是一群军人吗？还是能力非凡的伟大人物？你来说说看。

生：最好不要虚构成热血青年。虽然把荒野变成绿洲，并不容易，但是热血青年有的是力气，有大好的青春年华，他们做这样的事情要相对容易些，作者如果这样写的话，小说就缺少了一种震撼人心的效果。

师：那虚构成一群军人呢？

生：那就更不行了。军人有很强的纪律性，他们能不折不扣地执行上级的命令，他们要把荒野变成绿洲，就更容易了。一件事情如果做起来很容易的话，那就没有多少意义可言了。

师：那能力非凡的伟大人物呢？

生：也不行。既然这个人物能力非凡，那么做这件事也会容易很多，所以，也不宜这样虚构。

师：那作什么样的虚构，才合适呢？

生：我觉得，应该年龄大一些，最好身体不太好。这样把荒野变成绿洲，就很难了。

生：我觉得，最好是孤独一人，这样把荒野变成绿洲就更难了。因为一个人的力量是微弱的。

9

……

师：我们看看小说是如何虚构牧羊人的？

生：牧羊人五十多岁，失去独子，妻子去世。

生：他是没有受过什么教育的普通农民。

师：对的。如此年龄的人，如此平凡的农民，在如此处境下，竟然把荒野变成了绿洲，他的精神已经足够伟大了。不过，仅仅这样写似乎还是不太够。要想进一步突出人物形象，作者还要怎么办呢？

（学生有点儿犯难。）

师：试想一下，如果这个荒野很小，轻易地就能把它变绿的话，行吗？

生：不行。

师：为什么？

生：太容易了就无法突出人物形象了。

师：对的。我们看看文章是如何描写荒野的？

生：第2自然段中有，在无边无际的荒野中，我走了三天，终于来到一个废弃的村庄前。

生：还是第2自然段。在毫无遮拦的高地上，风吹得人东倒西歪。狂风呼啸着穿过破房子的缝隙，像一只饥饿的野兽发出吼叫。

生：第3自然段中，到处是干旱的土地和杂草。

师：文中多次描写了荒野，我们选择这句试着读一读，看看从这句话中，能读出什么意味来。

【屏显】

在无边无际的荒野中，我走了三天，终于来到一个废弃的村庄前。

（生没有读出"无边无际"的味道。）

师：这个荒野好像不大吗？你把前面部分再试着读一读。

（生重读两个"无"，并延长强调，读得有一点味道了。）

师：这句话中，还有一个词也能突出荒野之大。你再试试看。

（这回，生把"三"字重读，且延长强调，读得很有味道。）

师：谁来读一读这句话的后半部分。

生：终于来到一个废弃的村庄前。（读得没有感情。）

师：一般情况下，一个人在经历了艰难险阻之后，常常有柳暗花明的惊喜。这句话中，哪个词写出了"我"的惊喜？

生："终于"这个词写出了作者历经三天的跋涉之后的惊喜。

师：应该读升调，还是降调？

生：我觉得应该读升调。

师：嗯。你再试一试。

生：终于来到一个废弃的村庄前。（读得有点儿味道。）

师：但是牧羊人真的感到惊喜了吗？

生：没有。因为他来到的是一个废弃的村庄前。

师：对啊。他想找一个可以落脚的地方，没想到，自己辛辛苦苦跋涉了三天之久，最后来到的竟然是废弃的村庄，刚刚燃起的希望、惊喜，瞬间变成了什么？

生：变成了更大的失望。

生：变成了更大的失落。

生：还有点儿悲伤。

师：那么，这个更大的失望、失落，甚至是悲伤，应该读成升调还是降调呢？

生：应该读降调。

师：那你再来试一试。

（"废弃的村庄"用降调，读得有点儿味道。）

师：同学们，一句话看起来很简单，其实，却一波三折，蕴含着

11

作者丰富的情感。你现在再来试着读一读这句话，看有没有更深的感受。

（"终于"用升调，"废弃的村庄"用降调，读得有点儿味道。）

师：有点儿味道了。你再读得夸张一些，就更好了。

（读得很有味道，很有感觉。）

师：我们把这句话连起来读一读。

生（齐）：在无边无际的荒野中，我走了三天，终于来到一个废弃的村庄前。

（分组读、男女读、齐读，越读越好。）

师：同学们，读到这儿，你们有没有思考过这样一个问题：作家为什么要把牧羊人虚构成如此"弱"的人，又为什么要把荒野描写得如此广袤呢？

生：老师，我明白了。这里是不是又是对比、反衬？作者把牧羊人虚构得越"弱"，就越能突出牧羊人的弱小、孤独。

生：把荒野描写得如此广袤，是不是越是反衬出牧羊人把荒野改变成绿洲的坚强与艰难？

师：对的。这里也是运用的对比、反衬的手法。这样一对比、反衬，牧羊人的人物形象就更加丰满，更加立体形象了。

四

师：到这里，牧羊人的形象已经慢慢立起来了，但是作者还是觉得不够丰满，还要设法塑造人物形象。请看课文的第 14 自然段。第二次"我"去见牧羊人时，第一次世界大战刚结束。外面战火纷飞，而牧羊人一直在做什么？

生：牧羊人一直在种树。战争并没有扰乱他的生活。他一直在种树。种橡树，种山毛榉，还种白桦树。

师：谁来读一读第一句话，看看哪个词语最有味道？

生：我觉得"并"这个词很有味道。

师：能具体说说吗？

（生语塞。）

师：战争对人类社会的破坏力是极大的，那它有没有影响牧羊人的生活？

生：没有。

师：对啊。似乎没有影响牧羊人的生活。这是不是很奇怪？所以，这里的"并"字有什么特别的意味吗？

生：作家通过这个词似乎在极力强调什么。

师：作家在强调什么呢？

生：强调牧羊人的与众不同。

师：对啊。你来读读试试。

生：战争并没有扰乱他的生活。（过于突出"并"。）

师：同学们，"没有扰乱"是一种什么样的状态？

生：是一种宁静的生活状态。

师：你再来试试？

生：战争并没有扰乱他的生活。

师：这回读得很好。读出了牧羊人的与众不同，读出了他宁静的生活状态。谁来读一读第二句话？

生：他一直在种树。种橡树，种山毛榉，还种白桦树。（读得没有感情。）

师：你把这句改成——他一直在种树。种橡树、山毛榉和白桦树。读一读，跟原句比较一下，看有什么不同。

生：改过之后的句子只是告诉人们牧羊人种了哪些树，没有情感在里面。但是原句就不一样了。

师：有什么不一样？

生：原句强调"种"字，牧羊人在"种"橡树，"种"山毛榉，

"种"白桦树，意在突出"一直"。

师：你来试着读一读。

生：他一直在种树。种橡树，种山毛榉，还种白桦树。（重读"一直"和四个"种"，但是少了些情感。）

师：这个"一直"和四个"种"里包含了什么样的情感？他一直在做同样的一件事情，可见——

生：他很执着。

师：对啊。你再来试一试，要读出牧羊人的执着。

（生读得很有感情。）

师：同学们，牧羊人宁静的生活状态和执着地植树发生在什么样的社会背景下？你从中读出了什么？

生：是第一次世界大战期间。

生：老师，我明白了，外面战火纷飞，而牧羊人的内心却那样的宁静与执着，这里又是运用的对比与反衬的手法。

师：作家这样写作，使得牧羊人的形象怎么样了？

生：又形象了一些。

生：又丰满了一些。

师：多了一点什么？

生：多了一点宁静与执着。

师：对的。

五

师：小说写到这儿，牧羊人的形象已经很丰满了。但是作家还是觉得不太够。请再读课文。荒野变成绿洲后，人们慢慢又从城市搬了回来，过上了幸福的生活，牧羊人是不是也被人敬为英雄，享受丰厚的物质生活呢？文章是如何写人们的，又是如何写牧羊人的？

生：课文中描写人们回来的文字很多。如第 20 自然段中有：从地价昂贵的城市搬到这里安家的人带来了青春和活力，还有探索新生活的勇气。

生：还是第 20 自然段，一路上，我碰到许多健康的男男女女，孩子们的笑声又开始在热闹的乡村聚会上飘荡。

……

师：那描写牧羊人的句子呢？

生：很少，只有一句。还是在第 20 自然段中：一万多口人的幸福生活，都源于这位叫艾力泽·布菲的老人。

师：牧羊人用毕生的精力把荒野变成了绿洲，他建立了如此的丰功伟绩，他应该被敬为英雄吗？他应该享受丰厚的物质生活吗？

生：应该的。

师：但是这样一写，牧羊人的形象似乎就少了些什么。少了一些什么呢？你说。

生：他的人物形象就打了折扣，仿佛他就是为了这些荣誉和物质待遇而辛苦这么多年的。

生：对的。如果这样写的话，牧羊人的无私、伟大就难以凸显。

师：所以，把他人到来与牧羊人的悄然隐去进行对比、反衬，是为了——

生：是为了进一步地塑造牧羊人伟大、无私的形象。

师：对的。同学们，这篇文章虽然没有传统小说那扣人心弦的情节，但是由于作家巧妙地运用了多种形式的对比、反衬，同样塑造了典型人物——牧羊人，同样表达了深刻的主题。

小说表现出来的强大的艺术真实和艺术美感，感染了许多人，就连当时跟作家约稿的编辑都误以为，这是一个真实的故事，还特意去实地调查。然而，它的确是一篇小说，是作者让·乔诺虚构的一个故事。

这便是对比的艺术！这便是反衬的魅力！

其实，这篇课文中除这几处对比、反衬之外，还有许多地方运用了这样的手法。下课后，请再仔细地研读课文，感兴趣的同学可以尝试着用今天学到的方法写一篇虚构的叙事记叙文。这节课就学到这儿。下课！

《植树的牧羊人》教学反思

一、教学起点反思

《植树的牧羊人》（下称《植》文）是一篇看似简单，教起来却并不轻松的小说，要想教好它，需要先从教学起点上进行深度思考：

1. 《植》文的文体究竟是什么？

关于《植》文的文体，历来争议较大。有人认为是散文，主要是因为该文采用了第一人称视点，来讲述牧羊人的故事，写的都是"我"的所见、所闻、所思，而且，似乎也是从"我"的视角，高度评价了牧羊人平凡而伟大的一生。然而，它的确是一篇小说。作者让·乔诺曾专门发表声明：他写的是故事，主人公艾力泽·布菲是虚构的，以局外人的第一人称视点来写，只是一种特殊的写法罢了。

其实，《植》文是一篇现代小说，它跟传统小说不一样。它并不追求典型的人物、情节和环境，而是有意对其进行了淡化、消解，转而强调怎样讲述一个故事，强调用散文的手法进行叙述，类似的小说还有李森祥的《台阶》等。

2. 《植》文的主题究竟是什么？

关于《植》文的主题，争议也很大。有人认为是歌颂人性、善待自然，有人认为是寻找幸福、拯救大地，还有人认为是人定胜天等。之所以会如此，在很大程度上是由于人们混淆了纪实故事与虚构小说的区别。通常来讲，纪实故事的主题大都落在故事的真实意义上，如善待自然说、人定胜天说等；而虚构小说的主题则大都落在语篇的关键词语的复义和语篇的空白处（省略处），所隐含的虚构意义与隐喻意义上，如对希望与幸福的守望和对人的精神的救赎等。教学中，只要我们弄清楚了是否纪实，然后，按相应的策略进行解读和教学就行了。

二、教学设想反思

戏剧化的情节发展本是许多传统小说的叙事动力，从情节发展的角度教小说是个不错选择，但是，《植》文是一篇现代小说，作者对此作了有意消解，所以只能另辟蹊径。我们发现，这篇小说大量使用了对比思维，如：陆续逃离与默默留守的对比、悲惨身世与平静种树的对比、战火纷飞与宁静执着的对比，以及纷纷返回与悄然隐去的对比，等等。而且，这四组对比并不是简单的静态并列的关系，而是呈现出一种动态的，层层递进、螺旋上升的关系，这便构成了《植》文特有的叙事动力。而更为奇妙的是，在这种层层递进的对比思维中，作者于不经意间塑造了艾力泽·布菲这一光辉的人物形象。

考虑到学生刚刚升入初中不久，《植》文又是他们在初中阶段学习的第一篇现代小说，教学内容不宜太深。教学《植》文，可基于它特有的体式，从对比塑人的角度进行言语思维教学，即通过四组层层递进的对比，引导学生反思作者是如何塑造人物形象的。这样设计教学不但能引领学生深入理解《植》文，而且还能为后续的写作教学打下坚实的基础。

三、教学过程反思

要想达成上述教学设想，需把《植》文跟传统小说进行比较，这样，才能使学生对其文体特质有个清晰的认知。于是，我设计了这样两个问题：

小说可以这样教

1. 小说最吸引人的是什么？一提到《西游记》《红楼梦》，我们便会想到什么？

2. 但是，这篇小说似乎不一样，请同学们跳读课文，圈点勾画出最不像小说的地方，并说说自己的理由。

如果仅仅就课文教课文，没有任何参照物的话，无论教师怎么教，学生都很难对《植》文独特的文体特质产生深刻的印象。所以，需要跟传统小说进行比较、对比。这样，不但能使学生明晰现代小说与传统小说的区别，而且，还能巧妙地把本课教与学的着力点引到《植》文独特的体式上来。不过，仅仅这样还是不够的，还要带领学生仔细研读作家是用什么样的言语思维把《植》文写成了一篇优秀的现代小说，这样，才能为进一步的写作教学打下坚实的基础。

（一）首尾环境对比

教学中，我设计了两个环节：

1. 通过有感情地朗读、分析"我"与牧羊人的第一、三两次见面时环境描写的语句，来理解、体悟首尾环境的巨大反差。

2. 引领学生反思如此鲜明强烈的对比使读者产生了怎样的疑问。

第一个环节是理解性教学，主要指向构成对比思维的材料本身，意在理解、体悟首尾环境的反差究竟有多大。第二个环节是反思性教学，主要指向对比行为的意图，而这才是教学的重点。这是因为对比本身并不重要，重要的是能够引起读者的反思，在反思中，作者的写作意图才能凸显出来。反思必然会引发强烈的追问：阿尔卑斯山地为什么会发生这么大的变化？是谁让这里发生了这么大的变化？是谁建立了如此的丰功伟绩？而且对比的力度越大，所引起的反思越强烈，《植》文的主人公——牧羊人的形象便呼之欲出了。

（二）荒野与人物对比

可是，对于塑造人物形象而言，仅仅呼之欲出是远远不够的，还要通过第二层对比，才能塑造出人物形象的个性特征。这一层的对比，也从两个层面展开：

1. 作家应该虚构一个什么样的人物，他植树才称得上"丰功伟绩"，才能让小说更具震撼人心的效果？

2. 作家为什么要把牧羊人虚构成如此"弱"的人，为什么要把荒野描写得如此广袤？

按照传统小说的逻辑，现代小说在情节追求上的有意淡化，必然会在很大程度上影响人物形象的塑造。其实不然。现代小说也十分讲究人物形象的塑造，只是跟传统小说通过言语、行动或戏剧化的情节来塑造人物形象不同罢了。所以，第一个环节的教学就很有必要了。通过不断的追问，让学生在对"热血青年""一群军人""能力非凡的伟大人物"的比较、反思中明确，只有把主人公塑造成一个很弱的人，才能突出人物形象。这便把学生的注意力自然而然地引到《植》文的人物形象的塑造上来。第二个环节的教学意在引导学生从读者的角度进行质疑、反思作家这样写的目的是什么，并在言语实践中让学生明白，对比的力度越大，引起的反思就越是强烈。这样，一个渺小、孤独的人物形象便树起来了，一个艰难、坚强的人物形象便丰满起来了。

（三）时代背景与人物的对比

然而，人物性格是立体的、多层的，仅仅因为牧羊人很艰难很坚强，就一定能把如此广袤的荒野改造成绿洲吗？这显然缺乏足够的说服力。作家又在第二层对比的基础上，更进一层地运用对比思维进行了更深层次的人物形象的塑造。于是，我设计了这样几个教学环节：

1. 对"战争并没有扰乱他的生活。他一直在种树，种橡树，种山毛榉，还种白桦树"进行指导朗读，让学生从"没有扰乱"中读出牧羊人内心的"宁静"，从"一直""种……种……还种"中读出牧羊人的"执着"。

2. 作家描写的是什么样的背景下牧羊人宁静的生活状态和执着地植树的？你从中读出了什么？

第一个环节同样是对对比思维的材料本身进行教学，既有感性的理解，也有理性的体悟，跟第一、二层的朗读教学是一样的，都是让学生在自主朗读中感悟、理解牧羊人的宁静和执着。第二个环节是教学的重点。通过反思、追问，学生很快便明白，外面越是战火纷飞，越能突显牧羊人内心的宁静，越能让读者感受到他在这样的背景下还执着种树的可贵。至此，在渺小、孤独而又艰难、坚强的人物形象基础上，又多了一些宁静与执着，牧羊人的人物形象进一步丰满了起来。

（四） 他人到来与悄然隐去对比

通过上述三个层次的对比，牧羊人的形象已很丰满，涉及人物性格和行为品质等多个方面，但在作家看来，仍然不够，因为还没有抵达一个人的思想、灵魂深处。于是，又进行了第四层次的对比：

1. 牧羊人建立了如此的丰功伟绩，他应该被敬为英雄吗？他应该享受丰厚的物质生活吗？如果将这些加注在牧羊人身上，牧羊人的形象似乎少了些什么？

2. 文章是如何写人们的，又是如何写牧羊人的？为什么？

这样设计教学同样是为了引起学生的反思，进而明白"他人到来"与牧羊人的"悄然隐去"的对比力度越大，牧羊人的伟大、无私的形象就越是凸显了出来。至此，通过层层对比，一个形象丰满、性格鲜明的牧羊人的人物形象便被鲜明地塑造了出来，牧羊人如此辛苦植树的意义也得到了升华。

总之，上述教学紧扣语篇体式，让学生在不断的追问、反思中，不仅真切地理解、体悟到对比思维的魅力，更重要的是还以假想作者的身份，学习了作者是如何用对比思维一步步地虚构人物形象，一步步地营造小说的虚构意义的，这便为下一步任务群的写作教学打下了坚实的基础。

2. 梦想式言语思维教学

课 式 简 论

梦想式言语思维教学是运用渲染、对比思维进行任务群教学的一种课式。

这里的"梦想",是指一种梦想式叙事策略,即运用"梦想—克难—失败—再克难—成功"的步骤进行叙事。美国写作研究者杰里·克利弗说,好的故事包含三个要素:冲突(愿望＋障碍)、行动、结果。① 梦想式叙事便是据此而来。教学时,需要注意两点:

1. 梦想是基础

杰里·克利弗认为,冲突推动了许多事情的发生,冲突让故事发生了种种变化。② 冲突是基础,只要会设计冲突,就会写小说。而冲突本就包括愿望和障碍,所以,在梦想式言语思维教学中,要特别强调"梦想"的设计。需要注意的是,梦想有物质性的梦想和精神性的梦想之分。写前者的小说,常常趣味低下,不吸引人;写后者的小

---

①② ［美］杰里·克利弗.小说写作教程——虚构文学速成全攻略［M］.王著定,译.北京:中国人民大学出版社,2011:28—29.

说，更倾向于精神层面，更有灵魂的力量，更有积极意义。

2. 克难是关键

梦想式言语思维教学中，不要刻意去教小说如何塑造人物性格、如何设计情节。因为塑造一个人物只需要通过描写他应对难题的方式来进行，即描写当他面临一个障碍或者一个威胁的时候，采取了什么样的行动。行动就是人物的性格。认同就是喜欢。[①] 不认同就是讨厌。这样，人物性格就暗含在梦想式叙事教学中了。至于，故事情节是否引人入胜，是否一波三折，也是不用刻意去教的。作者用渲染思维描写故事的主人公如何克服困难的过程，就已经引人入胜；作者运用对比思维，让行动没有一次性成功，而是遭遇失败，然后，再克服困难才成功，就使故事一波三折了。所以，梦想式言语思维教学中，克难是关键。

综上，教学生梳理"梦想—克难—失败—再克难—成功"的过程，是一个深度理解语篇的过程，也是一个假想性写作教学的过程。在这个过程中，学生的感悟越深，越能对后续的写作教学产生积极的影响。

《走一步，再走一步》教学实录

一

师：同学们，今天咱们学习美国作家、心理学家莫顿·亨特的小说《走一步，再走一步》。这篇课文大家都预习过了吧？

生（杂）：预习过了。

---

① 邓彤. 写作教学密码：邓彤老师品评写作课 [M]. 上海：华东师范大学出版社，2018：111.

师：课文讲了一个什么样的故事？你能用一两句话，就让埋头拖地的妈妈抬起头来听你讲吗？

（学生急忙举手，教师示意放下。）

师：先不要忙着举手。要想做到这点，可不容易哟。你可不能泛泛地说，你得把这篇小说中最有特色、最有意思、最有意义的内容告诉你妈妈才行啊！请同学们再读课文，要读仔细了，想好了再回答。

（学生读课文，师巡视。）

师：谁先来说？你来。

生：这篇小说描写了"我"在父亲的指导下战胜了挫折，可有教育意义了。

师：你这是在跟妈妈说话吗？

生：妈妈，今天我预习了一篇小说。这篇小说描写了"我"在父亲的指导下战胜了挫折，可有教育意义了。

生：妈妈，《走一步，再走一步》这篇小说让我感触很深。生活中我们不能光看到眼前的困难，要先做那些相对容易的事儿，走一步，再走一步，就可以克服眼前的困难了。

生：妈妈，《走一步，再走一步》写了一段非常生动有趣的童年生活，我很喜欢。

生：妈妈，《走一步，再走一步》这篇小说中的描写很生动，尤其是心理描写。

生：妈妈，《走一步，再走一步》这篇小说写得一波三折，很值得我学习。

……

二

师：说得真好！描述了故事的内容，并成功地引起了妈妈的注意，让她抬起头来。这已经很不容易了。想让她耐心而饶有兴趣地听你完整地讲述这个故事，就更不容易了。你得告诉她这个故事是如何长成这样儿的，其中有什么与众不同的意味才行。

要想知道它是如何长成的，首先得知道它是从什么长起来的。你们知道树是从什么长起来的吗？

生：是从种子长起来的。

生：是从小树苗长起来的。

师：对啊。故事也一样，不会无缘无故地凭空冒出来。它们也是从种子长起来的，只是，这个"种子"有点特殊，它叫"梦想"。

板书　　梦想

师：我们来看看《走一步，再走一步》这篇小说，是从什么样的梦想的种子长起来的？

（学生面露难色。）

师：是不是有困难？（学生点头。）老师友情提示一下：文中的"我"有什么梦想，或是有什么目标？请同学们再读课文。

（学生读课文思考。）

师：你来说说。

生：跟小伙伴们一起去爬悬崖。

师：这是"我"最渴望做的事情吗？

生：不是的。是小伙伴们让我去做的。

师：这算不算"我"的梦想？算不算"我"的人生目标？

生：似乎不算。

师：谁再来说说，"我"的梦想是什么？或者"我"有什么目标？

生：我渴望像他们一样勇敢和活跃。

师：嗯，对的。从这个梦想的种子长起来的故事，能引起妈妈的注意吗？

生：我觉得是可以的。渴望让"我"变得勇敢、活泼是有积极意义的。

生：我觉得能引起妈妈的注意。渴望变成一个勇敢和活泼的人，他的精神是健康的。

……

师：以像他们一样勇敢和活跃为梦想，这样写出来的文章更有灵魂的力量，更有积极意义。因为这个梦想更倾向于精神层面。

板书　　精神性梦想

师：如果把这个梦想，换成买一个玩具，或是买一件漂亮的衣服呢？你觉得从这样的梦想的种子长起来的故事，会引起妈妈的注意吗？为什么？

生：我觉得不会。

生：为了一个玩具或者一件衣服什么的，写一个故事，即便"我"在这个故事里付出的努力很大，最后，终于成功了，这个故事也没有多少教育意义。妈妈当然不感兴趣。

生：我也是这样认为的。这样写出的故事有什么意思啊！又不能给人以人生的启迪。

生：我觉得以这一类的梦想，写出的故事格调会低一点。妈妈不会感兴趣的，也不会抬头的。

师：这一类梦想有什么特点？跟我们的思想、情感有关系吗？

生：没有关系的。这一类梦想是物质性的。

师：这是一种物质性的梦想。从物质性的梦想长起来的故事，格调的确低一点。

板书　　物质性梦想

师：假如什么梦想都没有呢？就像这篇小说中的"我"，直接跟着小伙伴们去爬悬崖，而且还努力克服困难，爬上了悬崖。你们看这样行吗？

生：不行的。克服困难是需要动力的。"我"没有了梦想，哪里来的动力？看到悬崖那么高，"我"早给吓趴下了。

生：没有了梦想，故事就显得莫名其妙了。

师：能具体说说吗？

生：直接跟着小伙伴们去爬悬崖，怎么可能？他那么胆小害怕。所以，没有了梦想，故事就显得莫名其妙了。

生：还有，没有了梦想，故事就不可信了。

师：对的。要想写一个有趣的故事，梦想很重要。如果没有梦想，故事都不好写了。而且，梦想是什么样的更为重要，它直接决定了故事有没有意味，能否吸引像妈妈这样的读者。

师：那么，有了梦想，如果不需要怎么努力就很容易实现了，比如，"我"想变得勇敢起来，不费吹灰之力就成功了，这样的故事，有意义吗？能让妈妈感兴趣吗？

生：没有意义。这也太容易了，妈妈不会感兴趣的。

师：所以，在实现梦想的过程中，还需要设置些什么才能使故事更吸引人？

生：要设置一些困难。

师：课文为"我"的梦想设置了什么困难呢？

生：设置了病弱的困难。因为病弱爬悬崖的时候就会很艰难。

生：设置了性格上胆怯的困难。因为胆怯，爬悬崖的时候就会特别害怕。

三

师：对的。不过，有了梦想，有了困难，故事仅仅有了一个雏形，还是不够的。要想让故事精彩，使妈妈感兴趣，还得怎样？

生：还得描写"我"是如何克服困难的。

生：还得描写"我"是如何战胜恐惧心理的。

师：对的。还得把作者如何极力渲染"我"克服胆怯心理这个困难的过程告诉妈妈才行。

板书　　克难

师：请再读课文。爬悬崖的时候，作者是如何渲染"我"克服胆怯心理的？请同学们找出来。

（生读课文，师巡视。）

师：谁来说说看？

生：我犹豫不决，直到其他孩子都爬到了上面，这才开始满头大汗、浑身发抖地往上爬。

生：我的心在瘦弱的胸腔中怦怦地跳动，我努力往上爬着。

生：悬崖底下的地面看起来非常遥远；只要滑一下，我就会掉下去，撞上崖壁，然后摔到岩石上，摔个粉碎。……我努力向他们爬过去。

师：我们来看这两处渲染。

【屏显】

（渲染一）我的心在瘦弱的胸腔中怦怦地跳动，我努力往上爬着。　　（课文第7自然段）

师：第一句话中，最有味道的是哪几个词？试着读出来。

生：我觉得"瘦弱"这个词挺有味道的。

师：那你试着读一读。

（生读得不好。）

师：你这是瘦弱的胸膛吗？我怎么觉得很宽广啊！（生笑。）再试试。

（生再读，轻读"瘦弱"，几遍之后有了起色。）

师：谁再来说说第一句话中，还有哪个词很有味道？试着读出来。

生：我觉得"怦怦"这个词很有味道。我的心在瘦弱的胸腔中怦怦地跳动，我努力往上爬着。（读得不好。）

师：这是怦怦地跳吗？你得怎么样才行？再试试。

（生再读，轻读"怦怦"，并稍作停顿，几遍之后有了起色。）

师：这样读才能读出我内心的什么？

生：才能读出我内心的紧张。

板书　紧张

师：对的。同学们连起来试一下。

生：我的心在瘦弱的胸腔中怦怦地跳动，我努力往上爬着。

师：尽管"我"已经如此紧张了，但"我"仍在干什么？

生：仍在努力往上爬。

师：这说明什么？

生：这说明，"我"是多么想实现自己的梦想。

师：还有呢？

生：还说明，"我"实现梦想的过程非常艰难。

师：因此，在这样的状况下所获得的人生体验自然也就——

生：也就更深刻。

生：更加刻骨铭心。

师：对啊，把这样的故事讲给妈妈听，妈妈自然会感兴趣的。我们再来看渲染二——

【屏显】

（渲染二）悬崖底下的地面看起来非常遥远；只要滑一下，我就会掉下去，撞上崖壁，然后摔到岩石上，摔个粉碎。……我努力向他们爬过去。　（课文第8、9自然段）

师：这段话中，哪些词最有味道？请试着读出来。

（生读略。）

师：悬崖底下的地面真的很"遥远"吗？

生：也不算太遥远。从底部到顶部只有 60 英尺左右，也就相当于 18 米。"我"没有那些男孩子爬得快。应该只在悬崖半中腰，距离地面也就七八米高的样子，甚至还没有。

师：既然不算太远，那"我"为什么还觉得非常遥远呢？

生：更多是一种心理作用，因为恐惧而感觉远。

师："我"恐惧到什么程度？你能把它读出来吗？

板书　　恐惧

（生抓住"掉""撞""摔""摔"等词语进行朗读，读出"我"的恐惧之情。）

师：都恐惧到这样的程度了，"我"仍在干什么？

生：仍然向他们爬过去。

师：这说明什么？

生：说明"我"是多么想实现自己的梦想。

生：再次说明"我"实现梦想的过程有多艰难。

师：所以，在这样的状况下所获得的人生体验就更加——

生：就更加深刻。

生：就会有更深的体会。

师：你们说，把这样的故事讲给妈妈听，妈妈能不感兴趣吗！到这儿，经过多重正面渲染之后，故事已经很精彩了，在这样的状况下获得的人生体验已经很深刻了。但是，作者认为还不够。请看课文是如何渲染"我"的伙伴是怎么做怎么说的。

生："再见啦！看你就像滑稽画里的小人儿。"他们中的一个说道，其他的则哄堂大笑。

生：他们开始嘲笑我，发出嘘声，然后继续向上爬，这样他们就可以从崖顶绕道回家。在离开之前他们向下盯着我看。

生：内德嘲笑说："你可以留下来，如果你想的话。"

师：我们来看这两处渲染。

【屏显】

（渲染一）"再见啦！看你就像滑稽画里的小人儿。"他们中的一个说道，其他的则哄堂大笑。　　（课文第 12 自然段）

（渲染二）内德嘲笑说："你可以留下来，如果你想的话。"

（课文第 14 自然段）

师：你觉得哪几个词很有味道，试着读出来。

生：我觉得"滑稽画里的小人儿"很有意味。

师：那你试着读一读。

生：再见啦！看你就像滑稽画里的小人儿。

师：你有觉得"我"滑稽吗？（生有点尴尬地笑笑。）你再试试。

（生一遍一遍地读，逐渐好了起来。）

师：再来看渲染二。你来说说内德说的话中，哪里很有味道。

生：我觉得"如果你想的话"，这句话强烈表达了内德对我的嘲讽。

师：对的。你试着读一读。

（生一遍一遍地读，逐渐有了嘲讽的味道。）

师：按理说，这五个男孩都是"我"的小伙伴，当"我"遇到困难时，他们理应如何做？

生：帮"我"。

生：至少要帮"我"想想办法。

师：但是，他们是怎么做的？

生：他们不但不帮，还如此嘲笑"我"。

师：说说此时"我"的心理阴影面积有多大，心里有多痛。

生：这时候，"我"心里会特别难过。

生：这时候，"我"会感到特别绝望。

师：对啊。这里运用的是一种什么手法？

生：是一种对比、反衬的手法。

师：对的。"我"的伙伴们越是嘲笑"我"，"我"的心里就会越如何？

生："我"就会更加痛苦。

师："我"的心里越是痛苦，"我"实现梦想的过程就越是——

生：艰难。

师：因此，那个特殊的人生经历使"我"获得的人生经验也就越是——

生：就越是深刻。

生：就越是刻骨铭心。

四

师：故事写到这儿已经有多重波澜，很精彩了，是不是可以结束了？

生：我觉得可以了。至少这样写故事能够吸引妈妈的注意力，让她感兴趣。

生：可以是可以，可总觉得有点儿单薄，还不够吸引人。

生：我觉得不能让"我"一次性成功。

……

师：你的意思是，作者不应该让"我"的梦想立即实现，而是更进一步地把"我"推向失败绝望的境地，使故事又生出一层更大的波澜才行。（生点头。）

请同学们看看，课文中哪里渲染了"我"实现梦想的失败？

生：课文第 16 自然段。

板书　失败

【屏显】

①我想掉头回去，但知道我绝对回不去了。这太远，也太危险了。②在悬崖的中途，我会逐渐感到虚弱、无力，然后松手，掉下去摔死。③但是通向顶部的路看起来更糟——更高，更陡，更变化莫测，我肯定上不去。④我听见有人在哭泣、呻吟；我想知道那是谁，最后才意识到那就是我。　　（课文第 16 自然段）

师：请看第一句话。"我"掉头回去，行吗？

生：不行。因为太远了，也太危险了，太可怕了，太让人恐惧了。

师：请读出来。

（相机指导学生朗读，要让人感觉到"不行"，突出"绝对""太远""太危险了"等词语。）

师：把①④两句连起来，读一读，读出"我"的恐惧。

板书　恐惧

（生反复读，逐渐读出了"我"的恐惧。）

师：那"我"停留在中途，行吗？

生：不行的。因为我太虚弱无力了，很有可能会松手摔死的。

师：这时候相比较刚才的恐惧，就更加——

生：就更加恐惧了。

师：也请读出来。

板书　非常恐惧

（学生读句②；教师指导：突出"虚弱""无力""松手""摔死"，带着哭腔读。）

师：把这一句跟句④连起来，再读一读，把"我"非常恐惧的心理读出来。

（学生逐渐读出了"我"非常恐惧的内心。）

师：既然掉头不行，停留在中途也不行，那"我"就向上爬，行吗？

生：就更不行了。因为向上的路更高，更陡，更变化莫测，肯定上不去。

师：此时，我的心里就不是非常恐惧了，而是——

生：而是极度恐惧。

生：而是绝望。

　　　　　　板书　　极度恐惧

师：对的。请试着读出来。

（学生读句③，教师指导：突出"更"，要把情绪完全失控、绝望的感觉读出来。）

师：再把这一句跟句④连起来读一读，读出"我"的极度恐惧。

（学生逐渐读出了"我"极度恐惧的内心。）

师：从"紧张"到"恐惧"再到"极度恐惧"，作者为什么要一次又一次、一层进一层地渲染"我"的紧张、恐惧心理呢？作者这样写有什么目的吗？

生：因为越是紧张，越是恐惧，越是对这个特殊的人生经历中获得的人生经验刻骨铭心。

生：因为这样渲染，"我"才能在五十六年后的今天，还记得那个日子。

　　　　　　　　　　五

师：这样，故事又生成了一层波澜。不过，此时，仅凭"我"的个人力量，已经无法走下悬崖了。作者是如何处理的？

生：让父亲来帮助"我"克服困难。

师：对的。爸爸便在这时候，自然而然地进入了故事，然而，正因为爸爸的进入，才使得故事增添了更多的内涵。

师：按照常理，被困在岩脊上，"我"最需要的是什么？

生：最需要的是直接把"我"抱下悬崖。

生：或是拿个梯子让"我"自己爬下来。

师：但是，如果爸爸这样做了，这个故事的内涵就减损了许多。文中的爸爸很是特别，他是如何帮助"我"克服困难的？

板书　再克难

师：请看屏幕——

【屏显】

（渲染一）他用非常正常的、安慰的口吻说道："要吃晚饭了。"　（课文第 19 自然段）

师：爸爸为什么要这样说？

生：爸爸是在安慰"我"。

生：爸爸这样说，是告诉"我"困难如日常生活一样平常，不要害怕。

生：爸爸这样说是想告诉"我"，面对困难要保持平常心态。

板书　平常心态

师：再看屏幕——

【屏显】

（渲染二）你能爬上去，你就能下来，我会给你照亮。（课文第 21 自然段）

师：这里的两个"能"有什么特别的意味吗？

生：爸爸这是在鼓励"我"。

生：爸爸是在让"我"满怀信心。

板书　满怀信心

师：请看屏幕——

（渲染三）不要想有多远，有多困难，你需要想的是迈一小步，这个你能做到。　（课文第 23 自然段）

师：如何解决眼前的难题？

生：分解困难，就能做到。

师：也就是说遇到困难，要讲究——

生：讲究策略。

生：讲究方法。

板书　讲究策略

五

师：在父亲的指导下，"我"终于以平常心态、满怀信心地，一步一个脚印地凭借着自己的力量走下了悬崖。于是，"我"获得了巨大的成就感。要知道，这是在"我"克服了恐惧之心和伙伴们的嘲笑之痛之后，在巨大的绝望之后，在父亲的指导下一步步取得成功中获得的，这样的人生经历，这样的人生经验当然刻骨铭心，当然会对自己的人生产生巨大的影响。

于是，从"梦想"到"克难"到"失败"，到"再克难"，最后终于"成功"，一篇一波三折的美文便长成了。把这样一个波澜起伏的故事讲给像妈妈一样的读者听，他们怎么可能不被深深地吸引呢？

其实，读写是互通的，如果你知道好的文章长什么样，并且知道是如何长成的，你不但能深刻地理解文章，还能从一篇篇精美的文章中悟到写作的门道。这样阅读，读与写才能真正互通，才能让语文既好看，又好玩，还好吃。

请同学们用今天学到的方法，把"这天，我回家晚了"这篇文章美美地"长"出来。

今天的课就上到这儿。下课！

《走一步，再走一步》教学反思

一、教学起点反思

教学《走一步，再走一步》（下称《走》文），需要注意两点：

1. 《走》文的教学价值如何定位？

《走》文选自美国尼古森·古德和亚伯·阿可夫所写的心理学著作《心理学与成长》，《走》文的原始价值取向是心理学，注重对读者的心理疏导，重视语篇对读者的人生启迪；入选统编教材时，做了大幅删改，具有了多重语文价值。《走》文的价值定位发生了根本性的改变，所以，不能局限于心理学视角去教学《走》文。

2. 《走》文采用了何种叙事策略？

有人认为，《走》文采用了"起因—经过—发展—高潮—结局"的叙事策略。以此去教《走》文更多地倾向于知识的认知，缺少一定的操作性，不利于后续任务群的写作教学。也有人认为，《走》文采用了"冒险—入险—脱险"的叙事策略。这种说法没有从《走》文"这一篇"中走出来，不具有概括性，也不利于后续写作教学。在我看来，《走》文采用了"梦想—克难—失败—再克难—成功"的梦想式叙事策略。以此去教《走》文便能打通阅读与写作教学的壁垒。

二、教学设想反思

鉴于此，教学《走》文，不能单纯地教"我"从胆怯、恐惧到克服心理障碍，收获自信，最后有了一种成就感的心路历程；也不能单纯地教《走》文给"我"的人生经验；最好，也不要按照传统的叙事策略教《走》文的语篇结构。我认为，应该在任务群的架构下，以假想作者的身份，运用渲染、对比思维，在"梦想—克难—失败—再克难—成功"的梦想式叙事过程中，教学生深刻地理解《走》文。

三、教学过程反思

朱自清认为，经典训练的价值不在实用，而在文化。[①]《走》文虽然被许多版本的语文教材选用，且已进入初中语文教材多年，2016版统编语文教材也把它收入其中，但它依然算不上经典，所以，《走》文的语文价值不在于文化传承，而在于实用。关于实用，叶圣陶先生的观点是：教材的性质同于样品，熟悉了样品，也就可以理解同类的货色。[②] 鉴于此，我以为，可从言语思维的角度，把《走》文作为梦想式叙事策略的一个"样品"进行教学。教学中，要不断熟悉、理解样品，并把样品中呈现出来的叙事策略用到后续的写作教学中。

（一）本文长什么样儿

要想以梦想式叙事策略来教学《走》文，首先得让学生知道样品究竟长什么样儿。不然，教学就会失去目标与方向。为此，我设计了一个问题：课文讲了一个什么样的故事，你能用一两句话，就让埋头拖地的妈妈抬起头来听你讲吗？

---

① 蔡清富，等．朱自清选集：第二卷［M］．石家庄：河北教育出版社，1989：3.

② 叶至善，等．叶圣陶集：第十六卷［M］．南京：江苏教育出版社，1993：68.

这一设计，有三个意图：

意图一：使学生对这一样品的语篇图式，有一个初步的了解。我们知道，阅读是对特定语篇图式的理解与内化；写作则是对特定语篇图式的诠释和个性化的展开。所以，让学生清楚样品的模样是关键。

意图二：初步梳理课文。任何阅读都是在了解课文的基础上展开的。而了解课文不能泛泛地读，必须有所指向，且要与本课的教学诉求相吻合。从"本文长什么样儿"的角度来梳理课文，是为下面如何长成这样儿和如何写成这样儿的教学服务的。

意图三：培养学生的读者意识，为后续的写作教学打下基础。任何阅读和写作都不是凭空舞蹈，都是有特定的指向的。给学生设定一个特定的读者，学生就不会泛泛地说，而会把《走》文中最有特色、最有意思、最有意义的内容告诉这个读者。

从实际教学效果来看，学生对这一样品的语篇图式有了一个初步的了解，且在初步梳理课文时，因为有了读者的限制也没有泛泛地谈。这是一个良好的开端。

（二）如何长成这样儿

1. 梦想

知道了《走》文长什么样儿，还不行，还得知道如何长成这样儿。要想长成这样儿，首先得有梦想。这是因为没有了梦想，故事中的主人公便没有了动力，没有了精神支柱，故事就很难发生了。而且没有了梦想，故事便没有了来由，而显得莫名其妙。故事的可信度也随之下降。所以，用梦想式叙事策略进行叙事，梦想是基础。

教学中，我用了一个形象的说法：通常情况下，只要是故事都不会无缘无故地凭空冒出来，它们大都由梦想的种子长起来。不过，这个梦想的种子是不能随便设定的。于是，我设计了两个问题：

问题1：如果这个梦想，仅仅是获得一个玩具等的物质性的梦想，你觉得由这样的梦想种子长起来的故事，会引起妈妈的注意吗？为什么？

这样设计教学是想告诉学生，获得玩具等当然可以作为梦想。但是这样的梦想是物质性的，追求实用，这跟小说（包括虚构类的叙事记叙文，下同）追求情感的审美价值的诉求背道而驰。所以把追求物质类的东西作为梦想进行叙事，写出来的文章大多格调不高，意义不大，自然无法引起妈妈这个读者的注意。

问题2：从什么样的梦想种子长起来的故事，才能引起妈妈的注意呢？

这一教学设计，意在让学生体会到，小说应该追求情感的审美价值。就像《走》文中"我"的梦想是像他们一样勇敢和活跃，这样的梦想更倾向于精神层面，更有灵魂的力量，更有积极意义。如此叙事，妈妈自然愿意听，自然感兴趣。

2. 克难

克难是梦想式叙事的关键。我设置了三个教学环节：克难—失败—再克难。这一部分的教学关涉一波三折的情节设计和人物性格的塑造。

首先，关于故事情节的设计。

事实上，梦想式叙事是不需要刻意进行情节设计的。因为抓住作者如何运用渲染思维描写"我"克服紧张、恐惧的心理进行教学，抓住作者如何运用渲染思维描写父亲让"我"以平常心态，满怀信心且讲究策略地走下悬崖的过程进行教学，学生已经强烈感受到《走》文那引人入胜的故事情节设计了。再者运用对比思维，教"克难—失败—再克难—成功"的叙事过程，学生同样会强烈地感受到故事情节的一波三折。也就是说，故事情节的教学是暗含在梦想式言语思维教学之中的。

其次，关于人物性格的塑造。

　　梦想式叙事同样不需要刻意地去教小说是如何塑造人物性格的。教作者如何运用渲染思维描写"我"克服紧张、恐惧的心理继续爬悬崖，就是在塑造人物性格；教作者运用对比思维描写"我"面对小伙伴们的嘲笑继续向上爬，也是在塑造人物性格。人物性格塑造的教学同样是暗含在梦想式言语思维教学之中的。

　　这样，紧跟作者的脚步，从言语思维的角度进行教学，让学生深刻理解了《走》文是如何运用梦想式叙事策略进行叙事的，同时，这一假想性写作教学的过程，也为后续的写作教学打下了坚实的基础。

3. 反衬营造式言语思维教学

 课 式 简 论

反衬营造式言语思维教学也是任务群教学的一种课式，主要强调运用对比思维营造情感氛围。

通常认为，对比思维作为一种言语思维方式，主要指向某个特定的交际意图，其实，在小说语篇写作中，也可以用来营造某种特定的情感氛围（某种意义上讲，这也是一种交际意图）。从对比思维的角度切入，既可以帮助学生理解、体悟语篇的情感氛围，同时，也为后续的写作教学打下坚实的基础。

教学时，可从两个层面展开：

1. 对比中营造

运用对比思维营造情感氛围，分为两种情况。

一种是运用显性对比进行营造。所谓显性对比，即构成对比的两个或两组相对、相反的人、事、物、情、理都是可视的，都是实实在在存在的。教学这一类对比，只要找到相关的言语材料，从材料指向意图的角度，审视其在强烈的反差中所营造的情感氛围即可，操作难

度不大。

一种是运用隐性对比进行营造。所谓隐性对比，即构成对比的言语材料中，一方是显性可视的，而另一方则是非可视的人的心理或情感。这种由特定的人、事、物的去留得失，跟人的心理、情感形成的对比、反衬，由于直接指向人的心理、情感，其所营造的情感氛围，往往要浓厚得多，且更具审美冲击力。不过，教学的难度相比较第一种情况也要大一些。教学时，首先要引领学生发现构成对比、反衬的可视的一方，理解、感悟其特质。这个看似不难，然而，由于没有直接与之对比的显性对象，所以，往往是很难被发现的。这就需要教师引领学生发现其异常之处，然后，才能确定并理解它。其二，也是最难的，要引领学生关注可视的人、事、物的去留得失，究竟引起了相关人等心理上、情感上的哪些异常变化。这样，才能在强烈的反差中审视其情感氛围的营造。

2. 递进中深化

情感氛围的营造是不可能一蹴而就的，通常需要进行多层次、多方位的营造。这也分两种情况。一种是并列式渲染，即每一次的情感氛围的营造，是不分主次，不分轻重的，作者通过层层叠加，使某种情感氛围得以更加浓厚。另一种就是递进中深化，即每一次的情感氛围的营造是有轻重之别的，而且像情节的发展一样，也会有一个开端、发展、高潮的递进式深化发展的过程。教学时，不但要关注单组对比、反衬是如何营造情感氛围的，更要关注多组对比、反衬之间究竟有什么样的关系，它们是如何一步深似一步地营造小说的情感氛围的。所以，相比较第一种情况的教学，第二种教学难度要大许多。

《猫》教学实录

一

师：同学们，今天咱们学习郑振铎的小说《猫》。课前都预习了吧？（生答预习了。）刚才又读了一遍，谁来说说看，课文讲了一个什么故事？

生：讲的是三只猫的故事。

师：够简洁的呀。（生笑。）每只猫从哪里来？有什么特点？结局怎样？按这种方式说说看。

生：第一只猫是从隔壁家要来的，很活泼，很可爱，最后死了。

生：第二只是母亲带回来的，更有趣，更活泼，最后给过路人抱走了。

生：第三只是流浪猫，很丑，很忧郁，不可爱，最后死在邻家的屋顶上。

师：也就是说，三只猫虽然形态、性格各不相同，结局却都一样，或失踪，或死亡，用文中的一个词来说就是——

生：亡失。

师：对的。对于猫的三次亡失，"我"分别有一种什么样的情感呢？先说第一次，用文中的话回答。

生：我心里也感到一缕的酸辛，可怜这两月来相伴的小侣！

板书　一缕酸辛

师：有酸辛吗？有可怜吗？怎么没感觉啊！你再试试。

（生再读，有进步。）

师：要想读出这种情感，你说，快一点好，还是慢一点好？

生：慢一点好。

师：那再试试。

（生再读。）

师：这回好了许多。再来说说第二次。

生：我也怅然地，愤恨地，在诅骂着那个不知名的夺去我们所爱的东西的人。

板书 **怅然**

师："怅然"什么意思？

生：因为不如意而感到不痛快。

师：刚才，你读得有点儿怅然的意味了，但还到不了愤怒的程度。你再试试。

（生再读，好了许多。）

师：我们一起来试试。

（生齐读、男女生轮读，直到读出愤恨、诅骂的情感。）

师：那么，第三次呢？

生：两个月后，我们的猫忽然死在邻家的屋脊上，我对于它的亡失，比以前的两只猫的亡失，更难过得多。

师：简单地说——

生：比之前更难过。

板书 **更难过**

师：对的。更难过了。

二

师：很显然，从"一缕酸辛"到"怅然"，再到"更难过"，"我"内心的悲伤在不断地——

生：加深。

师：对的。不过，这终究是一篇小说，它并不追求散文式的独特情感，它更在意的是，能否超越个人情感，能否使整篇文章都充满一种浓厚而悲伤的情感氛围，从而使其走向更广阔的空间，展现更深刻的内涵。如果你是作家，你该如何做呢?

【屏显】

> 如果你是作家，如何才能把这种悲伤的情感氛围浓厚地营造出来呢?

师：我们先来看第一只猫的故事，为了看得清楚一点，老师把它浓缩了一下。请看屏幕：

> 有一次，从隔壁要了一只新生的猫来。后来这只猫不知怎地忽然消瘦了，也不肯吃东西。我们都很替它忧郁。再后来便死了。三妹很难过。我心里感到一缕的酸辛，可怜这两个月来相伴的小侣。

师：如果作者这样写，会使人产生什么疑问? 注意加点词语。

(生思考后举手。)

师：你来说。

生：为什么猫忽然消瘦、不肯吃东西后，我们就很替它忧郁呢?

生：为什么小猫死了，三妹很难过呢?

师：对啊，不就是一只猫吗? 有什么可难过的呀? 你接着说。

生：为什么"我"的心里感到"一缕的酸辛"呢? 为什么说这只小猫可怜呢?

师：不过，按照文中所写，就不会有这些疑问了。这是为什么呢? 请再读课文，并用文中语言回答。

(生读课文。)

师：谁来说说看，为什么我们很替它忧郁?

生：因为猫太可爱了。

师：用"我"的话怎么说？

生：生命的新鲜与快乐。

板书　生命的新鲜与快乐

师：能举个例子吗？

生：花白的毛，很活泼，常如带着泥土的白雪球似的，在廊前太阳光里滚来滚去。

师：可爱吗？生命新鲜吗？怎么没感觉啊！（生笑。）再试试。

（生读，突出"滚"。）

师：有点儿味道了。再试试。

（生再读。）

师：读得不错。这是从哪个角度渲染第一只猫的生命的新鲜与快乐？

生：颜色、情态。

师：对的。还有吗？你来。

生：三妹常常地，取了一条红带，或一根绳子，在它面前来回地拖摇着，它便扑过来抢，又扑过去抢。

师：你们感觉到猫的生命的新鲜与快乐了吗？（生摇头。）请接着我读：三妹常常地，取了一条红带，或一根绳子，在它面前来回地拖摇着——

生：它便扑过来抢，又扑过去抢。

师：好点了。再来。它便——

生：它便扑过来抢，又扑过去抢。（好多了。）

师：这是从哪个角度渲染的？

生：动作。

师：接着说。还有吗？你来。

生：我坐在藤椅上看着他们，可以微笑着消耗过一二小时的光阴，那时太阳光暖暖地照着，心上感着生命的新鲜与快乐。

师：这是"微笑"着吗？这是"暖暖地照着"吗？（生笑。）再试试。

（生再读，较有感情。）

师：这又是从哪个角度渲染的？

生：心理感受的角度。

师：好的。请接着我读：花白的毛，很活泼，常如带着泥土的白雪球似的——

生：在廊前太阳光里滚来滚去。

师：三妹常常地，取了一条红带，或一根绳子，在它面前来回地拖摇着——

生：它便扑过来抢，又扑过去抢。

师：我坐在藤椅上看着他们——

生：可以微笑着消耗过一二小时的光阴。

师：那时太阳光——

生：暖暖地照着。

师：心上感着——

生：生命的新鲜与快乐。

师：连起来读一读，要读出第一只猫的生命的新鲜与快乐。

（生齐读。）

师：这只猫的生命是多么的新鲜与快乐啊！然而，有一天它竟然死了。所以我们的心里——

生：很难过。

师：对啊。作者这样写，读者是不是就不产生疑问啦？（生点头。）而且，作者这样写还有更深的用意呢。小猫在时，我们有多快乐，现在小猫亡失了，我们的心里就会有多——

生：悲伤。

师：而且，越是渲染我们感到猫的生命多么的新鲜与快乐，就越是反衬了猫的亡失给我们带来的——

生：忧郁之情有多重。

师：这样的反衬越是强烈，就越能营造出一种什么样的情感氛围？

生：一种悲伤的氛围。

生：一种悲剧的氛围。

板书　悲剧氛围

师：不过，从全文来讲，这种悲剧氛围还比较淡，只是"一缕"而已。可是，为什么只是一缕，而不是浓厚而长久的酸辛呢？

（生犯难。）

师：这只小猫的死，跟"我"有直接关系吗？

生：没有。

师：跟我们家的其他人呢？比如，三妹。

生：也没关系。

师：不但跟我们没有关系，事实上，我们一家人对这只小猫——

生：照顾有加。

师：也就是说，第一只猫的悲剧实际上是什么所致？

生：是自然所致。

生：不是人为，是天灾。

板书　天灾

师：对呀。是天灾，人力不能违逆的，所以，第一只猫的故事悲剧性虽有，却不是特别的——

生：不是特别的浓厚。

生：不是特别的深重。

师：所以啊，第一只猫的故事只是小说的开端，它的悲剧性还比较淡，还要向前发展，才能走向高潮。于是，才有了"我"对三妹的安慰："不要紧，我再向别处要一只来给你。"

板书　　开端

三

师：如果你是作家，如何"发展"，才能把悲剧氛围营造得更浓厚一些呢？（屏显）请再读课文，看看作者是如何渲染第二只猫的可爱的。

（生读课文。）

师：谁来说说看？你来。

生：作者一而再，再而三地渲染了猫的可爱，而且比第一只猫更可爱。

师：太笼统了，课文中有两个更好的词语可以概括。

生：更有趣，更活泼。

师：能具体说说吗？

生：它在园中乱跑，又会爬树，有时蝴蝶安详地飞过时，它也会扑过去捉。

师：这是从哪个角度渲染第二只猫的有趣与活泼的？

生：是从乱跑、爬树、捉蝴蝶这三个生活细节来渲染的。

师：还有吗？

生：它似乎太活泼了，一点儿也不怕生人，有时由树上跃到墙上，又跑到街上，在那里晒太阳。

师：这是从哪个角度渲染的？

生：从不怕人、跃墙、晒太阳这三个角度来渲染的。

生：饭后的娱乐，是看它在爬树，隐身在阳光隐约里的绿叶中，好像在等待着要捕捉什么似的。把它捉了下来，又极快地爬上去了。这是从爬树的角度渲染的。

师：还有吗？

生：我们都很为它提心吊胆，一天都要"小猫呢？小猫呢？"地查问好几次。每次总要寻找了一回，方才寻到。三妹常指它笑着骂道："你这小猫呀，要被乞丐捉去后才不会乱跑呢！"这是从"我们"的查问、寻找以及三妹的笑骂来渲染的。

师：同学们，你们想过没，作者这样一而再，再而三地渲染第二只猫的有趣与活泼，其实，跟第一只猫的故事一样，也是为了反衬什么？

生：反衬一种悲伤情感。

生：反衬一种悲剧氛围。

师：对的。原本有多快乐，现在就——

生：有多悲伤。

师：而且，这样的对比、反衬越是强烈，就越能营造出一种——

生：一种浓厚的悲剧氛围。

师：不过，这种悲剧氛围，跟第一只猫的故事的，似乎又不太相同。谁来说说看？

（生有点儿犯难。）

师：第一只猫的故事的悲剧氛围要怎么样一些？

生：要淡一些。

师：第二只猫的故事的呢？

生：要浓厚一些。

师：这是为什么呢？

（生答不上来。）

师：第一只猫的亡失，是什么所致？

生：是天灾。

师：对啊。是天灾，并非人力刻意而为。人类的力量跟自然界比起来怎么样？

生：人类虽然是自然界的智慧生物，有着巨大的能量，但是在自然界面前，还是显得太过渺小，根本无力跟自然界抗衡。

师：所以，人类遭遇各种各样的天灾，很正常，要学会——

生：学会面对，学会接受。

师：因此，第一只猫的亡失虽然是个悲剧，使"我"感觉"酸辛"，但也仅仅是——

生：仅仅是"一缕"的酸辛罢了。

师：但是第二只猫的亡失就不一样了。说说看，有什么不一样？还是天灾吗？

生：不是，是人为。

师：还可以用一个语气更重一些的词。

生：是人祸。

师：为什么是人祸呢？

板书　　人祸

生：偷猫的人明明知道是别人家的猫，还去偷，这不是人祸又是什么？

生：隔壁周家的丫头，明明晓得它是"我"家的，看见过路的人捉猫，却不出来阻止。这也是一种袖手旁观式的人祸。

师：天灾是不可避免的，很多时候，我们根本无力抗争，但是，人祸本是可以避免的，却还是任其发生了。所以，我们一家都非常——

生：非常难过。

师：连向来不大喜欢猫的张妈也感到——

生：也感到非常的可惜。

师：三妹呢？

生：三妹很不高兴地咕噜。

师：小说中的"我"更是——

生：更是感到怅然、愤恨，并诅骂那个夺去"我们"所爱的东西的人。

师：所以，第二只猫的亡失相比第一只猫，要更具有——

生：更具有悲剧性。

生：悲剧氛围更浓厚。

师：同学们，如果说第一只猫的亡失，是作者所营造的悲剧氛围的开端的话，那么第二只则是进一步的——

生：发展。

板书　发展

四

师：小说写到这儿已经很有味道了，不过，还不够。如果你是作家，如何才能更进一步地把这种悲剧氛围推向高潮呢？（屏显）

（一）

师：我们再来看第三只猫的故事。这个故事跟前面两个不一样。请读课文，找出描写第三只猫的语句，说说有什么不一样。

（学生读课文。）

师：你来说。先读相关语句，再说有什么不同。

生：第15段中——冬天的早晨。门口蜷伏着一只很可怜的小猫。

师：这说明什么？

生：说明出身不一样。第一只猫是从隔壁要来的，第二只是母亲带回来的，它们都有出处，而第三只不一样，它是一只流浪猫。

板书　出身差

师：对的。还有什么地方不一样？

生：毛色是花白的，但并不好看，又很瘦。第三只猫丑陋。

板书　丑陋

生：我们如不取来留养，至少也要为冬寒与饥饿所杀。第三只猫处境艰难。

板书　处境艰难

生：大家都不喜欢它，它不活泼，也不像别的小猫之喜欢玩游，好像是具着天生的忧郁性似的，连三妹那样爱猫的，对于它，也不加注意。第三只猫不活泼，性格忧郁。

板书　忧郁

师：还有吗？

生：有一天，它因夜里冷，钻到火炉底下去，毛被烧脱好几块，更觉得难看了。也是渲染了第三只猫的丑陋。

师：还有吗？

生：第 16 段。春天来了，它成了一只壮猫了，却仍不改它的忧郁性，也不去捉鼠，终日懒惰地伏着，吃得胖胖的。

师：这是从哪个角度渲染它的丑陋与忧郁？

生：性格、体态。

师：同学们，第三只猫跟前两只猫有着显著的不同，它——

（生接着说：出身差、丑陋、处境艰难，还忧郁。）

师：学到这儿，我们就要反思了，作者为什么要一而再，再而三地渲染第三只猫的丑陋与忧郁呢？为什么第三只猫跟前两只有这么大的反差呢？作者这样写有什么特别的用意吗？

（生有点儿犯难。）

师：我们先来看看人们对第三只猫的态度跟对前两只有什么不同。

生：人们不喜欢第三只猫。

师：不但不喜欢，还怎样？

生：还冤枉它，污蔑它。

师：人们是如何冤枉、污蔑第三只猫的？先读，后说。你来。

生：第 18 段。妻道："张妈，留心猫，它会吃鸟呢。"

师：这句话中有什么令人生疑的地方吗？

生：有的。妻怎么就认定这只猫会吃鸟呢？

师：你来说说看，这是为什么？

生：我觉得，可能是这只猫太丑，太忧郁了吧。

师：丑陋的猫，忧郁的猫，就一定会吃芙蓉鸟吗？

生：不一定。

师：那她为什么这样认定呢？

生：这应该是妻的偏见吧，可能在她的心里就是觉得丑陋的猫、忧郁的猫一定不是什么好东西，它一定会吃鸟的。

师：你的意思是，因为偏见，而冤枉、污蔑了第三只猫。

板书　**偏见**

师：还有吗？你说。

生：第21、22段。我匆匆跑下去看，果然一只鸟是死了，羽毛松散着，好像曾与它的敌人挣扎了许久。我很愤怒，叫道："一定是猫，一定是猫！"于是立刻便去找它。

师：这段话中哪里可以看出"我"冤枉、污蔑了第三只猫？

生："我"根本就没有看到是谁咬死了芙蓉鸟，仅仅感觉芙蓉鸟好像挣扎了许久，就一口咬定第三只猫是罪魁祸首。

师：可见，猫的悲剧是由"我"的什么造成的？

生："我"的猜测造成的。

生："我"的主观臆断造成的。

板书　**主观臆断**

师：对的。还有吗？

生：第23段。妻听见了……便道："不是这猫咬死的还有谁？它常常对鸟笼望着，我早就叫张妈要小心了。张妈！你为什么不小心?!"

师：仅仅因为第三只猫常常对着鸟笼望着，妻子便一口认定它咬死了芙蓉鸟。这同样是什么？

生：同样是主观臆断。

55

师：还有吗？

生：还有第25段。于是猫的罪状证实了。大家都去找这可厌的猫，想给它以一顿惩戒。找了半天，却没找到。真是"畏罪潜逃"了，我以为。

师：这段话中，最让人感到恐怖的是什么？

生：是"我以为"。在没有任何证据的情况下，仅仅找了半天，没有找到，便认定第三只猫"畏罪潜逃"了。

师：没有任何证据就定罪，这也太——

生：这也太想当然。

生：这也太草菅人命了，哦，不是，草菅猫命。

师：对的。如此想当然的"我以为"制造了一起悲剧事件，实在是令人不寒而栗。

板书　　想当然　　草菅猫命

师：还有吗？

生：还有第27段。它躺在露台板上晒太阳，态度很安详，嘴里好像还在吃着什么。我想，它一定是在吃着这可怜的鸟的腿了，一时怒气冲天，拿起楼门旁倚着的一根木棒，追过去打了一下。它很悲楚地叫了一声"咪呜"，便逃到屋瓦上了。

师：这又是如何冤枉、污蔑第三只猫的，如何制造悲剧的？

生：仅仅因为猫的嘴里好像还在吃着什么，"我"就认定它一定在吃着鸟的腿，并用木棒打猫。

师：这同样是——

生：这同样是"想当然"，同样是草菅猫命。

师：同学们，由此可知，第三只猫的悲剧是由什么造成的？

生：是由人们的偏见、主观臆断，是由人们的想当然和草菅猫命造成的。

师：这先入为主的偏见，随意强加的主观臆断，草菅猫命的想当然，以及毫无原则的个人喜好式的判断、行事，说到底都是人性的丑恶，是人性亡失后的必然表现。

板书　人性亡失

师：通常来说，第三只猫越是出身差、丑陋，越是处境艰难、忧郁，人们就更应该怎么做才对？

生：人们就更应该同情它，关爱它才对。

师：但是人们是怎么做的？

生：人们却冤枉它，污蔑它。

师：而且，第三只猫越是丑陋、忧郁，人们就越会如何对待它？

生：就越会冤枉、污蔑它。

师：最后，怎么样？

生：最后死在邻居的屋脊上。

师：怎么能这样做呢！所以，第三只猫越是丑陋、忧郁，也就越能反衬出一种什么样的氛围？

生：一种浓厚的悲剧氛围。

生：一种强大的悲剧氛围。

师：而这一切都是由人性的亡失造成的。所以，作者越是渲染第三只猫的丑陋、忧郁，就越是反衬了人性的——

生：反衬了人性的丑恶。

师：文章的悲剧氛围就越是浓厚。

（二）

师：小说写到这儿，本已经可以了，但是作者觉得悲剧氛围还不够浓厚，还要加强。于是，在字里行间，作者做了许多暗示。比如，妻怒斥张妈"为什么不小心"时，她"默默无言，不能用什么话来辩护"。张妈为什么沉默呢？

生：因为妻子在这个家里拥有至高无上的权力与地位，张妈地位低、身份卑下。妻子可以对地位比自己低、身份更为卑下的张妈任意地专制独裁。

师：跟第三只猫是否有某种相似之处？

生：有相似之处。一个是外貌丑陋、性格忧郁，一个是地位、身份卑下。

师：像这样丑陋、忧郁的人，像这样地位、身份卑下的人，在现实生活中多不多？

生：很多。

师：对啊。那么，张妈这个细节告诉我们什么？

生：只要存在等级高低、地位尊卑，人性就会亡失。

生：就会有无数的"猫"被冤枉，就会制造无数的悲剧。

师：对的。问题是，制造这人间悲剧的仅仅是妻子吗？还有谁？

生：还有"我"。

生："我"也冤枉了第三只猫，也棒打了猫。

师：也就是说小说中的"我"也制造了——

生：悲剧。

师："我"的人性也如何了？

生：也亡失了。

师：事实上，只要存在着等级、尊卑，人性就有可能亡失。当面对地位比我们低的人时，这个丑陋而忧郁的"猫"就是谁？

生：就是那些比我们地位低的人。

师：那么，是谁在人为地制造悲剧？

生：我们。

师：而当我们面对比自己地位尊贵、等级高的人时，谁又会成为那只丑陋而忧郁的"猫"？

生：我们。我们就会成为那只"猫"。

师：那时，又是谁在制造悲剧？

生：是那些地位更尊贵、等级更高的人在制造悲剧。

师：也就是说，只要存在等级、尊卑，这样的悲剧就会无数次重演。同学们，现在让我们回顾一下整篇课文。对于第一只猫的亡失，"我"只是产生了"一缕"的酸辛，那是因为什么？

生：那是天灾，是人力不可违的。

师：它的悲剧意味要淡一点，所以，这是小说的——

生：开端。

师：而第二只猫的亡失不同，"我"很怅然，而且愤恨、诅骂那些夺去我们所爱的人。那是因为什么？

生：那是人祸，是本可以避免的。

师：很显然，第二只猫的故事悲剧意味要浓厚得多，所以，这是悲剧的——

生：发展。

师：第三只猫的亡失，就大不一样了。那是谁的过失？

生：那是妻子的过失。

生：那是"我"的过失。

师：对啊。是"己过"，是所有地位高的人的过失。

板书　　己过

师：如果说第二只猫的悲剧，还有人可以愤恨，还有人可以诅骂，那么，第三只猫呢？它的悲剧竟然是自己造成的，是所有地位高的人造成的，当"我们"的人性都亡失时，"我"又该诅骂谁呢？因此，第三只猫的故事所营造的悲剧氛围，相较于前两只猫的故事要浓厚得多。于是，小说就走向了哪里？

生：高潮。

板书　　高潮

师：于是，"我"这才痛苦而艰难地决定——

生：我家永不养猫。

师：好。这节课便学到这儿。课后请阅读夏丏尊的《猫》、靳以的《猫》和王鲁彦的《父亲的玳瑁》。

《猫》教学反思

一、教学起点反思

《猫》文的内容并不复杂，语言表达也不算太深奥，按说应该好教才对。然而，实际情况并非如此，而且还出现了很多问题。要想教好它，就需要从教学起点上进行深度思考：

1. 《猫》文究竟是散文还是小说？

《猫》文一选进教材，人们便对该文的体裁争论不休。有认为是散文的，理由是三只猫的故事中，"我"的情感是重点且很突出，这符合散文对作者独特情感的追求，但又很难从整体上概括出一个情或理来。我们认为把它理解为小说，可能更合适一些。三只猫的故事，实际上，完全可以理解为从开端、发展再到高潮、结局的一个整体，而更为关键的是，这样还能展现更深的思想、情感内容。

2. 《猫》文的主题究竟是什么？

这个问题实际上是由第一个问题引申出来的。如果把《猫》文界定为散文，那么，对它的主题的界定就会在仁爱说、偏见说、弱小说中转圈；如果界定为小说，则表达了"平平淡淡的家庭琐事与脉脉温情中轻笼的哀愁"——人性的亡失。

3. 《猫》文的教学内容究竟如何确定？

这个问题同样也是由第一个问题引起的。如果界定为散文，那教的自然是作者的独特情感；如果界定为小说，那就会通过猫这个形象，来认知这样的人、这样的社会、这样的世界。

二、教学设想反思

人们在教学《猫》文时，如果认定《猫》文是散文，就会不自觉地在仁爱说、偏见说、弱小说等中选定一个或综合起来进行教学。但是无论选择什么样的主题，都很难把三个故事有机地串成一个完整的故事来教。比如，选择仁爱说的，就难以在第三只猫的故事中找到有效验证，而取偏见说或弱小说的，又很难在第一、二两只猫的故事中，得到强有力的支撑。于是，教得很纠结。

不过，如果把三只猫的不幸遭遇看成一个整体，按照小说情节的发展，从开端、发展、高潮再到结局去教的话，在层层对比、反衬中，《猫》文便神奇地形成了一个整体，氤氲了一种浓厚的悲剧氛围，表达了一种"平平淡淡的家庭琐事与脉脉温情中轻笼的哀愁"——人性的亡失。鉴于此，我便以运用对比（反衬）思维营造情感氛围为主线展开教学。

三、教学过程反思

然而，以此为主线教学《猫》文并非易事。在理清了小说的故事构成和"我"的情感越来越悲伤之后，首先遇到的问题是，似乎找不到对比、反衬的对象，而且，也很难以传统小说的情节发展来组织教学，必须另辟蹊径才行。

（一）天灾

教学时，我以假想作者的身份，从言语思维的角度，设计了一个情境性的主问题：如果你是作家，如何才能把这种悲伤的情感氛围浓厚地营造出来呢？

这一主问题的设计意在明确教与学的方向。不过，要想沿着这个方向去教学，还需解决一个问题——找到隐性对比，不然无法进行言语思维教学。于是，我设计了一个教学支架：把第一只猫的故事进行了浓缩。这样设计，意在让学生从中生出疑问。然后，再跟原文进行比较。而比较的目的，意在使学生体会到，正是第一只猫的生命的新鲜与快乐，才使得它的突然亡失引起了"我"的一缕的酸辛。这样，一个隐性的对比、反衬便呈现了出来。而且，越是渲染猫的生命是多么的鲜活与快乐，就越是反衬了猫的亡失给"我们"带来的忧郁之情，就越能营造一种悲剧氛围。只不过，这是天灾，并非人为，所以，悲情虽有，只一缕而已；悲剧氛围虽已营造，也只是小说的开端罢了。

（二）人祸

然而，这对于一篇小说来讲，是很不够的，于是，再次回到情境性的主问题上来：如果你是作家，如何发展，才能把悲剧氛围营造得更浓厚一些呢？

由于有了上述隐性对比的学习经验，这回就直接让学生看作者是如何渲染第二只猫的可爱的。这样设计教学，意在使学生在对比中体会到，作者越是把第二只猫渲染得如何的"更有趣""更活泼"，它的亡失给"我们"带来的悲伤便也越大，必然会营造更加浓厚的悲剧氛围。不过，跟第一只猫的故事不同的是，这回不是天灾，而是人祸，这便使得悲情加剧，小说的悲剧氛围更为浓厚，从而，使小说成功地从开端走向了发展。

（三）己过

其实，小说写到这儿已经很有悲剧意味了，但是作者仍嫌不够，于是，再次回到情境性的主问题上来：如果你是作家，如何才能更进一步地把这种悲剧氛围推向高潮呢？

通过比较，学生发现，第三只猫跟前两只很不一样。它出生差、丑陋，而且处境艰难、忧郁，按说，人们应该更加同情它、关爱它才对，事实上，却是无缘无故地冤枉它，污蔑它。有了上面两次隐性对比的学习经验，学生不难理解，这又形成了隐性对比，而且，第三只猫被渲染得越是丑陋，就越是跟人们冤枉它、污蔑它的过程中所表现出来的人性的亡失形成鲜明的对比、反衬。这样，小说的悲剧氛围便越是浓厚。而更为重要的是，通过对妻和张妈等人言行的分析，学生明白了，只要高低贵贱存在，人性就会亡失。因为亡失的人中有他，有你，也有我。因为这是己过，所以就再也无法愤恨，无法咒骂了。于是，小说的悲剧氛围达到了高潮。

从天灾到人祸再到己过，在层层递进的隐性对比的加持下，全文的悲剧氛围也从开端走向发展，再到高潮、结局。这样，不但深化了语篇主题，而且，也极其巧妙地完成了一篇小说的创作。

4. 追因式言语思维教学

　　追因式言语思维教学是运用渲染、对比思维进行任务群教学的一种课式，主要强调在对社会本质或人的深层思想、情感的追寻中深化理解小说主题。

　　现代小说跟传统小说不一样，在相对扩展的叙事中，其情节的因果关系和透过因果关系表达的主题常常隐含在细节刻画和心理描写之中。这便使得现代小说的主题通常是隐晦的，不易为人所察觉，需要对某些特殊的细节刻画和心理描写，从社会本质或人的深层思想、情感的角度，进行原因追寻，才能深刻地理解小说。而写作则与之相反，是通过一些特殊的细节刻画和心理描写来赋予小说深刻的内涵，以引起读者的情感共鸣或深刻反思。从言语思维的角度来审视，阅读与写作是互逆相通的。

　　教学时，需从两个层面展开：

1. 关注反常细节

　　通常情况下，细节渲染主要用来烘托人物形象或者表达某种思想、情感。但在现代小说创作中，却并不完全如此。现代小说淡化了传统小说特别强调的因果关系，常常把作者对社会生活，对人生世相的洞察和思考，悄然隐含在一些特别的细节渲染中。教学中，我们应关注一些反常的细节渲染。所谓反常是指一些细节渲染并非单纯地烘托人物形象或者表达某种思想情感，而是具有暗示、反讽等特殊的意味。我们要注意把他们找出来，以便于进一步的教学。

2. 探寻内在原因

找到这些特殊的细节渲染还不够，还得探寻其内在的原因。通常可以从两个方面去教学。一是引领学生关注细节渲染中的矛盾，并找出产生矛盾的原因。无论是行为矛盾，还是言语矛盾，其实，都是人物内在思想情感矛盾的外在呈现。当我们把人物的外在矛盾与内在矛盾联系起来思考时，就可以探寻到人物行为的内在动因和情感逻辑。二是联系当时的时代背景。离开了特定的历史语境，无论是人物还是事件的意义解读都会受限。教学中应带领学生，联系当时的时代背景，去解读细节、探寻原因。这样，才能深刻理解小说主题。

阅读与写作是相通的。在细节渲染中追因，这当然是一种有效的阅读策略及方法，从任务群教学的角度讲，又何尝不是一种十分有效的体验性写作教学过程呢？

《台阶》教学实录

一

师：同学们，今天咱们学习一篇小说《台阶》。这篇小说的作者是——

板书　台阶

生：当代作家李森祥。

师：这是一篇关于哪一类小人物的小说？

生：关于父亲的小说。

师：既然说到了父亲，那就先聊一聊父亲，怎么样？

生（齐）：好。

师：不过，不能随便聊，因为不同时代不同地区的父亲是不一样的。这样吧，咱们设定一个情境，让我们穿越到六十年前的浙江东部（简称"浙东"）农村。那时可不像现在这么富有哟！城乡差别巨大，农民劳作环境恶劣，居住条件简陋，而收入却很微薄。咱们都学过历史，看过电视，多少对那个时代有所了解，生活在那个年代的浙东农村的父亲，常常给人一种什么样的印象？可以用一个词表达。

生：那个时代的父亲面朝黄土背朝天，很辛苦。

生：很寒酸。

生：很艰难。

师：他们有物质追求吗？

生：应该有吧。但是，我想跟现在比起来，就微不足道了。

师：有精神追求吗？

生：或许也有。在那个食不果腹的年代，大概不会有太多的精神追求吧。

师：嗯。人们很尊重他们吗？

生：应该不会。他们大都活得很卑微。

师：如果你是作家，让你来写浙东农村的父亲，如何写才能把父亲这样的小人物立起来？怎样才能表现父亲的辛苦、寒酸、艰难、微不足道和卑微呢？

生：可以通过描写外貌来表现父亲。

生：可以通过描写动作、语言来表现父亲。

师：对的。这是我们通常用的一些方法。还有呢？

生：可以通过一个一波三折的故事来表现父亲。

师：这倒是一个办法。不过，父亲，作为一个面朝黄土背朝天的普通农民，又能有多少一波三折的故事呢？这个办法看起来可行，做起来似乎不太容易哟！有没有别的办法呢？

（生答不上来。）

师：有困难对吧，那咱们换一个思路。父亲的生活中哪些物件很特殊？我们以《台阶》为例，说说课文中多次提到了哪些跟父亲有关的物件？

生：课文中多次提到了草鞋。

生：还多次提到了烟。

生：还有台阶。

师：请同学们阅读课文，把有关草鞋、烟、台阶的描写都画下来，思考一下，这些物件，也就是这些意象与父亲生活中的哪些方面息息相关？

（学生阅读课文，并在课文旁批注。）

师：先来说说课文中哪里渲染了"草鞋"这个意象？你来说说。

生：课文第2自然段中，只是那一来一去的许多山路，磨破了他一双麻筋草鞋，父亲感到太可惜。

生：课文第5自然段中，父亲的这双脚是洗不干净的，他一般都去凼里洗，拖着一双湿了的草鞋唿嗒唿嗒地走回来。

生：课文第11自然段中，一年中他七个月种田，四个月去山里砍柴，半个月在大溪滩上捡屋基卵石，剩下半个月用来过年、编草鞋。

生：课文第15自然段中，冬天，晚稻收仓了，春花也种下地，父亲穿着草鞋去山里砍柴。

生：还是第15自然段中，黄昏贴近家门口时归来，把柴靠在墙根上，很疲倦地坐在台阶上，把已经磨穿了底的草鞋脱下来，垒在门墙边。一个冬天下来，破草鞋堆得超过了台阶。

师：课文中先后六次渲染了"草鞋"。其中两处渲染需要特别关注。一处是——

【屏显】

　　只是那一来一去的许多山路，磨破了他一双麻筋草鞋，父亲感到太可惜。　　（课文第2自然段）

师：麻筋是一种质量好而且很耐磨的材料，用这样的材料编的草鞋是非常结实的，但是竟然被父亲磨破了，这说明什么？

生：说明父亲从山上背三块石板回来是多么艰辛。

师：但是对于这种艰辛，父亲仿佛没什么感觉，反而可惜那双麻筋的草鞋，这又说明了什么？

生：说明父亲的生活非常艰难。

生：说明父亲非常贫穷。

师：还有一处关于"草鞋"的渲染也很特别——

【屏显】

　　一个冬天下来，破草鞋堆得超过了台阶。　　（课文第15自然段）

师："破草鞋堆得超过了台阶"，渲染了什么？

生：渲染了父亲的劳作特别辛苦。

师：怎么讲？

生：麻筋草鞋很结实，磨破一双就很不容易了，而父亲竟然磨破那么多双，一个冬天下来，堆起来竟然超过了台阶，可见父亲的劳作有多辛苦。

师：父亲这么辛苦是为了什么呢？仅仅是为了基本的生存吗？如

果是这样的话，他需要连续三趟从山上背下三百多斤重的石板吗？

生：不需要。

师：为什么？

生：因为其他材料也是可以做台阶的。

师：如果是为了基本的生存，他需要天天如此辛苦地去砍柴吗？

生：也不需要。

师：那他为什么这么辛苦劳作呢？

生：因为他有更高的理想和目标，因为他想建一座九层台阶的大房子。

师：于是，这个"草鞋"就不单单是劳动用鞋，还见证了什么？

生：还见证了父亲的辛苦。

生：还见证了父亲对更高理想与目标的追求。

师：我们再来看看课文中是如何渲染"烟"这个意象的。谁来说说看，课文中是如何渲染的？

生：课文第 12 自然段中——"磨刀"就是过烟瘾。烟吃饱了，"刀"快，活做得去。

师：父亲抽烟是为了什么？

生：是为了干活。

师：接着说，还有哪儿渲染了"烟"？

生：课文第 13 自然段中，这时，一片片旱烟雾在父亲头上飘来飘去。

师：那飘来飘去的"烟雾"是什么？仅仅是烟雾吗？

生：不。还是他的理想。

师：这个理想，就是他这一辈子要干的最大的活——建九层台阶的大房子。

生：课文第 14 自然段中——父亲磨好了"刀"。去烟灰时，把烟枪的铜盏对着青石板嘎嘎地敲一敲，就匆忙地下田去。

师：去烟灰是为了什么？

生：是为了好去干活。

师：嗯，跟父亲干的"活"有关。

生：课文第17自然段中，父亲的精力却很旺盛，脸上总是挂着笑容，在屋场上从这头走到那头，给这个递一支烟，又为那个送一杯茶。

师：递烟是为了什么？

生：是为让师傅们更好地干活，把房子建好。

师：又跟干活有关。还有吗？

生：课文第23自然段中，想不到这么深了，怪不得我的烟枪已经用旧了三根呢。

师：父亲抽烟是为了更好地干活，如今他的烟枪都用旧了三根了，可见——

生：可见他干的活实在是太多了。

师：还是跟干活有关。还有吗？

生：课文第26自然段中——而父亲自己却熬不住，当天就坐在台阶上抽烟。他坐在最高的一级上。他抽了一筒，举起烟枪往台阶上磕烟灰，磕了一下，感觉手有些不对劲，便猛然愣住。

师：这是父亲什么时候在台阶上抽烟的？

生：是房子造好后。

师：对啊。对于父亲来说，是父亲这一辈子最大的活干好后，在台阶上休息呢！你们看，是不是还是跟干活有关？同学们，你们有没有注意到，课文中十次渲染了"烟"似乎都跟什么有关？

生：都跟父亲干的活有关。

师："烟"这个意象的渲染，为什么都跟干活有关呢？

生：这是因为农村家庭生存困难。

师：仅仅是因为生存困难吗？

生：不，还是为了实现他的人生理想——造一座台阶高一点的房子。

师：同学们，你们有没有注意到，无论是"草鞋"这个意象见证着父亲的艰辛劳作，还是"烟"这个意象跟父亲干的活有关，它们都不约而同地指向哪里？

生：指向父亲的理想——建一个高台阶的房子。

师：这是一个看得见的物质理想，除此之外，还有什么理想呢？请看"台阶"这个意象。这个意象，在浙东农村，有什么特别的意味吗？请看课文中是如何说的。你来说说看。

生：在浙东农村，台阶是有特别的意味的。台阶高，屋主人的地位就相应高。

师：所以，台阶除了指向父亲的物质理想，还指向哪里？

生：还指向父亲的精神理想。

师：对啊。获得较高的地位，使别人更尊重自己，不就是精神理想嘛！这样看来，"草鞋""烟"和"台阶"是不是三个完全独立的意象呢？它们之间是不是毫无关系呢？

生：不是的。

师："草鞋"和"烟"这两个意象都跟什么有关？

生：都跟干活有关。

生：都跟父亲的物质理想和精神理想有关。

师：而"台阶"呢？

生："台阶"既是父亲的物质理想……

师：也是父亲的——

生：也是父亲的精神理想。

师：所以，从某种意义上讲，"草鞋""烟"实际上都是实现父亲"高台阶"的物质理想和"高地位"的精神理想的一种——

生：一种手段。

生：一种方法。

生：一种路径。

师：学到这儿，小说呈现在你们面前的，是一个什么样的浙东农村父亲？

生：一个本分的父亲。

生：一个老实的父亲。

生：一个辛苦的父亲。

生：一个有毅力的父亲。

生：一个艰难的父亲。

生：一个有理想、有追求的父亲。

师：同学们，你们注意没？作者仅仅通过三个意象，就把父亲的艰辛写出来了，就把父亲的理想写出来了。父亲这个人物形象是不是就立了起来？这样从写作的角度学习小说是不是挺有意思？

板书　意象营造中表现

生（齐）：是的。

二

师：不过，作者终究想写的是一篇小说，而不是散文。这样通过意象塑造出的一个有理想、有追求的浙东农村父亲，更多的是一种散文化的父亲，一种诗化的父亲，小说还缺少应有的深度。那怎么办呢？如果你是作家，如何才能让这篇文章具有小说应有的深度呢？（屏显）

请同学们再读课文，画出小说中相关的细节描写，并说说细节1与细节2的对比反衬引起你什么样的反思。

【屏显】

	细节 1	细节 2	反思
第一组	强壮	衰老	
第二组	舒适	不自在	
第三组	漫长准备	迷惘	

分组交流，每组推荐一位同学班内分享。

（学生活动略。）

师：都讨论好了吧，现在全班交流一下。第一组先来。

生：在高台阶房屋建成之前，几乎到处都表现出父亲的强壮和精力旺盛。比如父亲连续三趟从山上背下了三百来斤重的青石板，父亲一年四季都在劳作，从来没有休息的时候等。但是新房、新台阶造成之后，就不一样了。托青石板时父亲闪了腰，父亲挑水回来时，扁担还"惨叫"了两声。父亲是老了，真的是老了。

师：作者为什么要把父亲的强壮和衰老进行如此大跨度的对比呢？作者要通过这样的对比表达什么呢？

生：是为了说明父亲付出的代价之大。

师：为了一个物质理想付出如此大的代价，这使得《台阶》这篇小说具有了什么意味？

生：悲伤的意味。

师：还有一个更好的词。你来。

生：悲剧意味。

师：对的。然而，父亲为之奋斗多年的高地位、受人尊重的精神理想，有没有随着高台阶的物质理想的实现而实现呢？

生：没有。

师：这样，小说的悲剧性便被进一步地放大了。

板书 ┃ 悲剧性

师：第二组来。

73

生：课文中多次渲染了三级台阶给父亲带来的舒适与愉悦。如：第 3 自然段中的"石板上青幽幽的，宽敞阴凉，由不得人不去坐一坐，躺一躺"；第 4 自然段中，儿时的"我"在台阶上幸福快乐地"抓""划""啃"石板，喜欢站在台阶上从上往下、从下往上一级级地跳；第 5 自然段中，父亲喜欢坐在台阶上，在台阶的水凼里洗脚，喜欢坐在台阶上"磨刀"；等等。

生：而九层台阶建成之后，就不一样了。父亲抽完烟后，不能习惯性地磕烟袋了；父亲总觉得坐太高了和人打招呼有些不自在，坐低了也不合适，忽然发现新台阶上竟然没有自己该坐的位置了。

师：这样"三级台阶"生活的舒适与愉悦就跟"九级台阶"生活的不自在，形成了——

生：形成了强烈的对比。

师：按照道理，从"三级台阶"到"九级台阶"，随着物质理想的实现，父亲的社会地位应该随之提高，他应该感到更舒适才对。为什么父亲反而不自在了呢？父亲是不是忽略了一些什么？或者说，他没有意识到什么？

生：父亲并没有意识到九级台阶并不必然地带来高地位。

生：父亲似乎没有意识到，并不是九级台阶造成了，他的地位就一定会提高，就一定会得到别人的尊重。

师：为什么呢？

生：因为那只是一种外在的形式而已。

师：对的。但是这个道理父亲似乎并不懂得。这便是父亲的悲哀了。而且，"舒适"与"不自在"对比的力度越大，父亲的悲剧性便越是被鲜明地凸显了出来。

师：第三组来。

生：父亲为了造一个高台阶的房屋，准备了大半辈子。"一年中他七个月种田，四个月去山里砍柴，半个月在大溪滩上捡屋基卵石，剩下半个月用来过年、编草鞋。"经过漫长准备，父亲终于造成了九级台阶的新屋。然而，让父亲想不到的是，父亲并没有换来他想象中的地位，人们似乎也没有更多地尊重他。

师：人们是如何做的？偶尔出门回来，有什么不一样吗？

生：人们依然跟往常一般跟他打招呼说："晌午饭吃过了吗？"偶尔出门一趟回来，并不开心，相反，"一副若有所失的模样"，父亲的头颅埋在膝盖里半晌都没动。

师：这里作者同样运用了什么手法？

生：运用了对比手法。

师：对啊。父亲为了自己的精神理想准备的时间越是漫长，过程越是艰辛，便越是跟他在高台阶房屋的物质理想实现之后的精神上的失落与迷惘，形成什么？

生：形成强烈的对比。

师：而且这样的对比力度越大，父亲苦涩的程度就越深，父亲的什么性就越是被强烈地凸显出来？

生：父亲的悲剧性。

师：学到这儿，文中的父亲还仅仅是那个辛苦艰难的父亲吗？还仅仅是那个有理想、有追求的父亲吗？

生：不是了。

师：应该是不仅仅是了。在细节的对比中，不但深化了父亲，而且还增加了父亲这个形象的什么性？

板书　细节对比中深化

生：增加了悲剧性。

三

师：对的。学到这儿，我们便明白了。从"有理想、有追求"到"充满悲剧性"，父亲的形象显然深刻了许多。这便超越了一般的散文化的、诗化的父亲，使文章有了点儿小说的味道了。

不过，仅仅有一点儿，显然是不行的。如果你是作家，如何才能再向前走一步，使文章成为一篇真正意义上的小说呢？（屏显）

我们知道散文跟小说是不一样的。散文以写实为主，重在抒发作者的——

生：抒发作者的情感。

生：抒发作者独特的情感。

师：对的。小说就不一样了。首先，小说的情节大都是虚构的，通过虚构的情节，来塑造人物形象。既然情节是虚构的，作品中的"我"，根本就不是作者本人，那小说还能表达作者本人独特的情感吗？

生：肯定不能。主要表达了一种看法。

生：主要表达了一种想法。

生：主要表达对这个社会的理解。

师：对的。小说主要表达的是对社会生活和人生世相的一种洞察和思考。也就是说，要想让《台阶》这篇文章成为一篇小说，就不能把"父亲"局限于一个特定的人，也不能局限于作者本人对这个特定的人的理解。那么，如何才能使"父亲"这一个人，拓展开去成为浙东农村"父亲们"的代表呢？

请看下面两句话——

【屏显】

"我们家的台阶低！"　　（课文第 6 自然段）

父亲又像是对我，又像是自言自语地感叹。　　（课文第 7 自然段）

好久之后，父亲又像问自己又像是问我："这人怎么了？"（课文第 31 自然段）

师：课文中两次出现，父亲又像是问"我"，又像问自己，言下之意，其实是父亲既没有问"我"，也没有问他自己。那么，父亲究竟问的是谁呢？

生：问的是读者。

生：问的是所有的人。

师：对呀。你实在是太聪明了。既然问的是所有人，那么，应该反思的就不仅仅是文中的父亲和"我"了，而是——

生：而是所有人。

师：对啊。这是不是就拓展开去了？还有，人们思考的对象，也不仅仅是文中的父亲，而是——

生：而是所有浙东农村的父亲们。

师：对啊。这是不是又拓展开去了？

生：对的。

师：学到这儿，有点儿意思了吧？我们接着思考：既然小说是一种对社会生活、人生世相的洞察和思考，那么，我们就要追问了，浙东农村的"父亲们"，为什么会具有如此的悲剧性呢？

板书　　原因追问中洞察

（学生不知如何回答。）

师：父亲不甘心过什么样的日子？

生：不甘心低眉顺眼地过一辈子。

师：他有什么愿望？

生：他日夜盼望着，准备要造一栋有高台阶的新屋，期望通过物质条件的改变，来获得更高的社会地位和受到更多的尊重。

师：对啊。这是较高层次上的人性的需求，它意味着中国农民的人性的觉醒。这本是一件好事，为什么又成了一个悲剧呢？请看下面几个细节渲染——

【屏显】

　　　　父亲从老屋里拿出四颗大鞭炮，他居然不敢放……　　（课文第 21 自然段）

　　师：父亲辛苦劳作了大半辈子，现在理想终于实现了，通常情况下会如何做？
　　生：应该高兴得手舞足蹈。
　　生：应该开心地带着家人一起放鞭炮庆贺。
　　师：对啊。他为什么不敢放呢？是因为胆小吗？
　　生：不是。他都这么大人了，肯定不是因为胆小。
　　生：我觉得应该是他不相信这是事实。
　　师：为什么不相信呢？
　　生：可能是因为自卑吧。
　　生：可能是父亲低眉顺眼了一辈子，突然间住进这么高台阶的房子，有了所谓的高地位了，他反而不相信眼前的事实了。
　　师：是啊。父亲的人性是觉醒了，但是骨子里的自卑却没那么轻易地去掉，这便是这个悲剧的深层原因。
　　再看第二个细节渲染——
　　【屏显】

　　　　许多纸筒落在父亲的头上肩膀上，父亲的两手没处放似的，抄着不是，贴在胯骨上也不是。他仿佛觉得有许多目光在望他，就尽力把胸挺得高些，无奈，他的背是驼惯了的，胸无法挺得高。　　（课文第 21 自然段）

　　师：父亲的手怎么就没处放呢？抄着或是贴在胯骨上都行啊。你

78

来说说看。

生：因为父亲觉得有许多目光在望着他。这在之前，是不曾有过的。他感到很尴尬。

生：因为他低眉顺眼了一辈子，就像他的背驼惯了，胸是挺不起来的。所有，不知道该把手放到什么地方了。

师：所以，这个"两手没处放"，其实，依旧渲染了父亲的——

生：渲染了父亲的自卑。

师：其实，课文中像这样的渲染还有很多。至此，我们便明白了：通过"强壮"与"衰老"、"舒适"与"不自在"、"漫长准备"与"迷惘"的充满审美张力的对比与反衬，所表现出来的悲剧性只是表面现象，其根本是骨子里的自卑，使得人性觉醒后的浙东农村的父亲们再怎么努力都会折戟沉沙。所以，从本质上讲，这是一种生命的悲剧性，一种人生命运的悲剧性。

同学们，让我们回到开头，如何才能完成一篇像样的小说呢？《台阶》这篇小说告诉我们，不妨从三个方面着手：1. 意象营造中表现；2. 细节对比中深化；3. 原因追问中洞察。

这节课就上到这儿，下课！

《台阶》教学反思

一、教学起点反思

教学李森祥的小说《台阶》(下称《台》文)，需要关注两个问题：

1. 《台》文究竟是小说还是散文？

《台》文采用了第一人称叙事，没有复杂的人物关系和激烈的矛盾冲突，再加上大量充满诗情画意的农家生活场景的描写，常常使人误以为这是一篇散文，甚至于，一些省编教材和重要文献，都把它的主题定位为"对土地家园和父老乡亲的深厚感情"①，这显然是一种散文式的解读。其实，《台》文写的不仅仅是"父亲"这一特定的人，而是浙东乡村的"父亲们"，作者意在通过"父亲"对物质理想与精神理想追求的错位，引发读者更为深层的思考。从这个角度看，《台》文不是散文，而是小说。

2.《台》文究竟是一篇什么样的小说？

传统小说强调叙事的相对集中和情节的戏剧化，而现代小说不一样，它更强调叙事的相对扩展和情节的相对消解与淡化。它往往不是以事件而是以人物为叙事线索，以细节刻画和心理描写延长和凸显对生活的感觉②。从《台》文具体行文来看，它显然是一篇现代小说，所以，教学时，应从细节刻画和心理描写入手。

二、教学设想反思

在实际教学中，有一个现象很有意思：许多老师虽然认可《台》文是一篇小说，却又不自觉地把它教成了散文。这是因为对于现代小说，我们通常从细节刻画和心理描写角度进行教学，但是，这一手法也被散文教学大量使用，所以很容易跑偏。

教学中，我们不妨从言语思维的角度切入，引导学生学习作者是如何在意象营造中表现父亲，如何在细节对比中深化父亲，又是如何在原因追问中洞察"父亲们"的。

三、教学过程反思

上文说到，《台》文并不好教，稍有不慎，便有可能把它教成散

---

① 洪宗礼．义务教育教科书语文教学参考书九年级（下册）［M］．南京：江苏凤凰教育出版社，2018：264.

② 马正平．高等基础写作训练教程［M］．北京：中国人民大学出版社，2010：83.

文。如果我们以假想作者的身份，从言语思维的角度切入，不但能把这篇现代小说的文体特征教出来，使学生深刻地理解语篇，还能为后续的写作教学打下坚实的基础。

（一）意象营造中表现

通常来讲，作者的写作思路，稍加改变便可成为我们的教学思路。

《台》文的时代背景是二十世纪的五六十年代，当时浙东农村地区城乡差别巨大，农民劳作环境恶劣，居住条件简陋，收入却很微薄。如果用小说的形式表现那个时代的父亲，必然会遇到很多困难。我们不妨这样设问：如果你是作家，让你来写浙东农村的父亲，如何写才能把父亲这样的小人物立起来？怎样才能表现父亲的辛苦、寒酸、艰难、微不足道和卑微呢？

教学中，通过引导学生发现，用平常的一些写作策略，表现一个面朝黄土背朝天的普通农民，似乎并不容易。那怎么办呢？我就让学生换一个思路去思考，看看父亲的生活中哪些物件很特殊。这一教学设计意在引领学生体会、理解意象，并学会运用意象来表现人物。

通过阅读，学生不难发现，《台》文对"草鞋""烟""台阶"这三个意象进行了反复渲染。其中，"草鞋"不但是父亲的劳动用鞋，还见证了父亲的辛苦和对更高理想与目标的追求。"烟"这个意象或明或暗都跟父亲干的活有关，而父亲辛苦劳作不仅是为了整个家庭的基本生存，还承载了父亲为之奋斗大半辈子的生命理想——造一座台阶高一点的房子。这两个意象都不约而同地指向"台阶"这个意象。而且这三个意象不是彼此独立的，而是互有关联："草鞋""烟"实际上是实现父亲"高台阶"的物质理想和"高地位"的精神理想的手段、方法、路径。

至此，学生便明白了，仅仅通过三个意象的营造，就把一个本分、老实、艰辛而有理想、有追求的父亲的形象立了起来。这样设计教学，不仅是为了使学生对父亲这一形象有深刻、透彻的理解，更是为了使学生在假想写作的过程中，学会运用渲染思维，在意象营造中表现父亲。

（二）细节对比中深化

意象的营造虽然可以把人物立起来，可是总觉得小说还缺少应有的深度。于是，再进行设问：如果你是作家，如何才能让这篇文章具有小说应有的深度呢？

要想解决这个问题，就必须运用对比思维进行教学。

教学中，我让学生把三组细节对比找出来。这三组对比分别是："强壮"与"衰老"的对比、"舒适"与"不自在"的对比、"漫长准备"与"迷惘"的对比。让学生把语篇中的细节对比找出来不是目的，真正的意图在于引领学生关注那强烈的反差会引起读者什么样的反思。通过反思，学生明白了每一组的对比，不仅是为了塑造父亲这个人物形象，更在于引起读者的情感共鸣和深层思考：浙东农村的父亲们竟然这般充满悲剧性。而三组对比本身又在更高层面上构成了重重渲染，这便使得《台》文的悲剧性更加浓厚，更加深重。

（三）原因追问中洞察

从"有理想、有追求"到"充满悲剧性"，父亲的形象显然深刻了许多，从写作的角度讲，写到这儿，《台》文的确具有了小说的味道，但是，小说终究是小说，不是散文，不能像散文那样仅仅表达作者独特的情感，不能仅仅塑造某个特定的个体形象，而应该具有更为普遍的意义。也就是说，必须使"父亲"从这一个人，拓展开去成为浙东农村的"父亲们"才行。于是，我再次设问：如果你是作家，如何才能让这篇文章成为一篇真正意义上的小说呢？

要完成这一步，很困难。这就要用到一种特殊的思维方式——追因法了。

首先，引领学生关注语篇中的反常细节。通常来讲，细节渲染主要用来烘托人物形象或者表达某种思想、情感等，如果作者不按套路出牌，我们就要注意了，因为事出反常，必有妖。作者这样写，必有他特殊的意图。如课文第 7 自然段的"父亲又像是对我，又像是自言自语地感叹"，第 31 自然段中的"父亲又像问自己又像是问我"，都很反常。于是，我引领学生思考：课文中两次出现父亲又像是问"我"，又像问自己，其实，父亲既没有问"我"，也没有问他自己，那么，父亲究竟问的是谁呢？通过追问，学生立刻打开了思路：原来作者通过父亲之口，真正想问的是读者，是所有的人。而且，小说所表现的也不是"父亲"这个独特的个体，而是浙东农村的"父亲们"。这样，小说的主题一下子就拓展开来，具有了普遍意义。

其次，仅仅拓展开来，还不够，还要引领学生探寻其内在原因。教学中，主要抓住细节描写中的矛盾点展开。如，父亲是个成年人不是孩子，为什么新屋造好后，居然不敢放鞭炮呢？是因为胆小吗？为什么父亲尴尬得两手没处放呢？这不是他梦寐以求的时刻吗？当把这一切跟当时的时代背景联系起来后，学生才真正明白，父亲的悲剧性只是表面现象，其根本是骨子里的自卑。浙东农村的父亲们人性虽然觉醒了，但是如果不改变骨子里的自卑，再怎么努力都会折戟沉沙。所以，从本质上讲，《台》文展现的是一种生命的悲剧性，一种人生命运的悲剧性。

至此，我们以假想作者的身份，跟随作者的脚步，不但深刻、透彻地理解了语篇，而且在"意象营造""细节对比"和"原因追问"中也进行了一次假想性写作，这便为后续的写作教学打下了坚实的基础。

5. 嵌套式言语思维教学

课式简论

嵌套式言语思维教学是运用渲染思维进行任务群教学的一种课式。

所谓"嵌套"本是指在已有的表格、图像或图层中加进去一个或多个表格、图像或图层，或两个物体有装配关系时，将一个物体嵌入另一物体。这里借用为一种叙事策略，指以一个故事为主线，通过某个特殊的时空节点把多个故事串联起来，形成一个完整的故事。嵌套式叙事，本质上运用的还是渲染思维。

教学时，需从两个层面展开：

1. 如何嵌套为一个完整的故事

嵌套式叙事语篇通常由多个故事组成，学生阅读起来有一定的困难，常常感到眼花缭乱。教学时，要抓住一个主线故事，使学生形成清晰的概念。然后，抓住某个时间节点，或者某个地点节点，引领学生以假想作者的身份，把众多的故事串联在主线故事上。这个串联的过程，既是对小说语篇深度梳理的过程，又是假想性写作教学的过程，一举两得。

2. 如何渲染出更深刻的主题

嵌套式叙事，不是为了嵌套而嵌套，而是为了渲染情节和主题。教学时，要教学生理解作者运用了什么样的策略及方法，将多个故事串连起来，形成了一波三折的情节，又是如何一步步深化了主题。

《驿路梨花》教学实录

一

师：同学们，今天学习彭荆风的小说《驿路梨花》。课前，大家都预习过了，刚才又读了一遍。咱们检查一下学习情况。

【屏显】

人物	故事
"我"和老余	
瑶族老人	
哈尼小姑娘	
解放军战士	
梨花姑娘	

师：上述人物分别与小茅屋发生过什么故事？先来说说"我"和老余。你来说说。

生："我"和老余一起修葺小茅屋。

师：不太完整。你来。

生：在大山深处的梨树林边，"我"和老余发现了小茅屋，在小茅屋中得到帮助；第二天，"我"和瑶族老人一起修葺小茅屋。

师：嗯。那瑶族老人与小茅屋的故事呢？

生：瑶族老人打猎迷路了，他在小茅屋中得到了帮助，他非常感激小茅屋的主人。

生：他到小茅屋来送粮食。

生：还应该加上第二天瑶族老人和"我"，还有老余一起修葺小茅屋的事。

师：你连起来说一说。

生：瑶族老人打猎迷路，在小茅屋中得到帮助，很感激，专门到小茅屋送粮食，第二天和"我"、老余一起修葺小茅屋。

师：再来说说哈尼小姑娘跟小茅屋的故事。

生：姐姐出嫁之后，哈尼小姑娘就接替姐姐来照料小茅屋。

师：解放军战士呢？

生：解放军战士在森林里宿营，淋了雨。他们决定向雷锋同志学习。为了方便路人，就建造了小茅屋。

师：那梨花姑娘呢？

生：梨花姑娘是被解放军战士的精神感动而照料小茅屋的。

师：这就是说《驿路梨花》这篇小说一共写了五个故事。如果你是作家，能否把这五个故事分别写成一篇小说呢？为什么？

生：把这五个故事分别写成五篇小说，或许可以。

生：我不同意。这五个故事中的人物虽然不同，但是讲的内容是差不多的，分别写成五篇小说没有多大意思。

生：故事的内容也很简单，没几句就讲完了，没办法写成一篇小说的。

师：你的意思是说太短了。把这五个故事写出来，然后，把它们直接罗列在一起，不就长了吗？那样的话不就能成为一篇小说了吗？

生：我觉得也不行。

师：为什么？你说说看。

生：如果把这五个故事直接罗列在一起的话，它们之间就没有太大的关系，不是一个完整的故事。这样写出来太散了，根本就不像小说。

师：故事不完整，对吧？

生：对的。

板书　不完整

师：接着说。你来。

生：小说是很讲究情节的一波三折的，是很讲究是不是吸引人的，不然，没人愿意读啊。如果把这五个故事简单地罗列在一起，根本谈不上情节曲折，更谈不上吸引人。所以不行。

板书　不曲折　不吸引人

师：你接着说。

生：我觉得还有个问题，必须要注意。这五个故事其实讲的是同一个内容。都是讲的帮助别人，讲的雷锋精神。把这五个故事简单地放在一块儿，即便能成为一篇小说，这篇小说的思想内容也不深刻呀。

板书　不深刻

师：还有不同意见吗？

生：我觉得小说终究是个艺术品，要很美才行。把这五个故事简单地放在一块儿，怎么看也美不起来。所以不能成为一篇真正意义上的小说。

板书　不唯美

师：你们的意思老师明白了。这五个故事简单地叠加在一块儿，是不能成为一篇真正意义上的小说的，因为不完整、不曲折、不吸引人、不深刻，也不唯美。

二

师：那么，如果你是作家，如何才能用这五个故事写成一篇完整的小说呢？（屏显）

（学生不知如何作答。）

师：我们先来看看这五个故事分别发生在什么时间。然后，再来看看作者又是如何把这五个故事揉成一篇完整的小说的。

板书　　完整

【屏显】

	故事发生时间	故事内容
故事五		一队解放军战士修建小茅屋
故事四		梨花姑娘照料小茅屋
故事三		哈尼小姑娘接替姐姐照管小茅屋
故事二		瑶族老人打猎迷路借住小茅屋，回来道谢
故事一		"我"和老余借住小茅屋

师：我们先来看故事五，一队解放军战士修建小茅屋发生在什么时间？

生：十多年前的一天。

师：故事四中梨花姑娘照料小茅屋发生在什么时间？

生：十多年前的一天的第二天早上。

师：故事三中哈尼小姑娘接管小茅屋是在什么时间？

生：前几年梨花姑娘出嫁后。

师：再看故事二，瑶族老人打猎迷路借住小茅屋，回来道谢是在什么时间？

生：上个月。

师：最后再看故事一，"我"和老余借住小茅屋是在什么时间？

生：从暮色中到第二天的早上。

师：现在说说看，作者是如何把这五个故事揉成一篇完整的小说的？

师：我们先来看故事一，"我"和老余借住在小茅屋的时候遇到了谁？

生：遇到了瑶族老人。

师：瑶族老人便把什么事告诉了"我"和老余？

生：瑶族老人把上个月他打猎迷路，借住在小茅屋，现在回来道谢的事情告诉了"我"和老余。

师：你们有没有发现什么奇妙的东西？这样写，实际上就把故事二——

生：就把故事二跟故事一揉在一起了。

生：就把故事二套在故事一里面了。

师：对的。我们再来看故事三。第二天早上我们遇到了谁？又发生了什么？

生：第二天早上我们遇到了一群哈尼小姑娘。

生：我们知道了，前几年梨花姑娘出嫁后，是哈尼小姑娘接着照料小茅屋的。

师：这样又把哪个故事套在故事一里面了？

生：又把故事三套在故事一里面了。

师：我们接着往下看。后来我们从哈尼小姑娘的嘴里又听到了一个什么故事？

生：十多年前的一天，一队解放军战士修建小茅屋。

生：还听那个哈尼小姑娘说，十多年前的一天的第二天早上，梨花姑娘被解放军战士的精神感动而照料小茅屋。

师：这就是说又把故事四和故事五套在哪一个故事里面了？

生：套在故事一里面。

师：现在，谁来说说看，作者是如何把这五个故事揉成一篇完整的小说的？

生：作者把故事二、三、四、五揉到故事一中，形成了一个完整的故事。

师：对的。这是不是很有意思啊？

（生点头。）

三

师：仅仅完整还不行啊，还得曲折而吸引人啊！

【屏显】

如果你是作家，如何才能把这个故事写得曲折而吸引人呢？

板书　　曲折　　吸引人

师：刚才，通过把故事二、三、四、五揉到故事一中的方式，做到了形式上的统一、完整，但这是不够的，还要有一条线把这五个故事串起来才行。那么用什么样的线呢？我们先来看这五个故事有什么特点？

【屏显】

人物	故事
"我"和老余	在大山深处的梨树林边，发现了小茅屋，在小茅屋中得到帮助；第二天和瑶族老人一起修葺小茅屋。
瑶族老人	打猎迷路，在小茅屋中得到帮助，很感激；专门到小茅屋送粮食；第二天和"我"、老余一起修葺小茅屋。
哈尼小姑娘	接替姐姐，照管小茅屋。
解放军战士	在森林里过夜，半夜淋雨，为方便路人，建造小茅屋。
梨花姑娘	被解放军战士的精神感动，照料小茅屋。

师：请关注加点的词。通常情况下，只有什么人才会"建造""照料"，才会给小茅屋送粮食，才会主动"修葺"小茅屋？

生：只有小茅屋的主人才这么做。

师：从这个意义上来讲，其实，"我"和老余、瑶族老人、哈尼小姑娘、解放军战士和梨花姑娘都算小茅屋的——

生：都算小茅屋的主人。

师：对的，因为他们做了主人才会做的事情。

师：既然这样，那直接把小茅屋的主人说出来不就行了吗？

生：那可不行。

师：为什么？

生：如果那样的话，就太索然寡味了。

生：如果那样的话，"我"和老余借住小屋这个故事讲完，便找到了主人，整篇小说就可以结束了，整篇小说就没有多少意义了。

生：不能直接把小茅屋的主人说出来，不然的话没人愿意读这篇小说啦！

师：那怎么办呢？应该怎么做才能让这篇文章曲折一些呢？

生：我觉得不能把小茅屋的主人直接说出来。

生：我觉得要有意地引着读者去探究谁才是小茅屋真正的主人，这样才行。

师：这也就是通常所说的什么方法？

生：设置悬念。

师：设置悬念，故事自然就曲折多了，但是作者觉得还不够，他还用了一个办法，你们知道是什么吗？

生：是误会。

师：对的。现在来说说看，课文设置了哪几个悬念，又产生了哪几次误会？

生："我"和老余发现了小茅屋并得到了帮助，就自然产生了这样的疑问：这是什么人的房子呢？这是第一个悬念。

生："我"和老余以为前来送米的瑶族老人是小茅屋的主人，这是第一次误会。

生：第一次误会消除之后，必然引出第二个悬念：既然瑶族老人不是主人，那么主人是谁呢？

师：你接着说。

生：后来瑶族老人说，他从一个赶马人那里打听到一个叫梨花的小姑娘，是这个小茅屋的主人，这样就产生了第二次误会。

师：那第三个悬念呢？

生：结果梨花姑娘也不是小茅屋的主人。这个小茅屋是解放军战士建造的。这样就产生了第三个悬念：解放军战士为什么要盖房子呢？

师：你说是为什么啊？

生：因为解放军战士在森林里过夜，半夜淋了雨，为方便路人，建造了小茅屋。

师：我们小结一下。在这篇小说中，一共有三个悬念、两次误会，多重渲染下，原本很平常的情节就变得怎么样了？

生：就变得一波三折了。

生：就变得很吸引人了。

师：这样写故事，是不是挺有趣的？

（生点头赞同。）

四

师：解决了曲折、吸引人的问题，已经好太多了，但是作者觉得还是不太够。一篇小说，总得有点思想深度吧！如果把五个故事分别写成一篇小说的话，只能表现什么？这样写，有思想深度吗？

生：这五个故事的主人公虽然不一样，但其实，在内容上并没有太大的差别。

生：都是表现了某个人无私地帮助了别人。

生：只能表现某个人的品质好。

生：虽然这个主题也不错，但是总觉得思想的深度还不够。

师：如果写一群人呢？尤其是不同民族、不同时代、不同职业的人，为了同一个目标，前后十数年地无私帮助人，会如何呢？

当越来越多的人都具有了乐于助人、热情好客的品质时，这种品质便成了什么？

生：这种美好品质就成了社会公德。

师：那么，小说就赞扬了什么？

生：小说就歌颂、赞扬了这个社会有了良好的社会公德。

板书　公德

师：当这种公德深入每个人骨髓时，它便成了什么？

生：它就成了民族文化。

师：当人们把它一代又一代地传承下去时，小说便更进一步地赞扬了什么？

生：赞扬了一种优秀民族文化的传承。

师：你们看，文章的主题是不是深刻了许多？再来看，作者早年倍受迫害，曾在监狱中被关押七年，身心饱受摧残；本文是作者重获自由后的第一篇短篇小说。他不写悲伤与痛苦，却大肆描写如此美丽的人性美景，看似反常，实则饱含了作者深深的呼唤。那么，他在呼唤什么呢？

生：作者在呼唤美好人性的回归。

师：同学们，从赞扬个人的品质好，到赞扬社会公德，到赞扬优秀民族文化传承，再到呼唤美好人性的回归，这篇小说的思想是不是越来越有深度了？

生：对的。

师：这就是五个故事嵌套式渲染的魅力。

五

师：一篇小说，有了深刻的思想，已经很不错了。不过，小说终究是小说，它是艺术作品，不宜道德说教，必须把深刻的思想，用艺术手法表达出来才行。如果你是作家，你应该如何做呢？

板书　　唯美

师：是不是有点儿难？（生点头。）在这篇小说中作者一而再，再而三地提到了一种意象，是什么？

生：是梨花。

师：作者是如何渲染的？请找出来读一读。

（生读第6自然段，师播放幻灯片。）

【屏显】

（渲染一）

一弯新月升起了，我们借助淡淡的月光，在忽明忽暗的梨树林里走着。山间的夜风吹得人脸上凉凉的，梨花的白色花瓣轻轻飘落在我们身上。　　（课文第6自然段）

师：这段话中，哪些词最有味道，请试着读出来。

生：我觉得"淡淡"这个词很有味道，给人一种充满诗意的感觉。

师：你试着读一读。

生：一弯新月升起了，我们借助淡淡的月光，在忽明忽暗的梨树林里走着。（读得不太好。）

师：这是淡淡的吗？好像有点浓啊。（生笑。）

（生反复读，读得轻了一点，慢慢地有了点诗意。）

师：你接着说，还有哪些词有点味道？

生：我觉得"忽明忽暗"有点味道，营造出一种朦胧的美。

师：那你试着读出来。

生：一弯新月升起了，我们借助淡淡的月光，在忽明忽暗的梨树林里走着。（读得不太好。）

师：这是忽明忽暗的吗？我怎么觉得梨树林里的月光很明亮啊？（生笑。）要怎样读才有一种忽明忽暗的感觉？

生：要稍作停顿才行。

师：对呀，这不是知道吗？再试一试。

（生反复读，慢慢读出忽明忽暗的感觉。）

师：还有吗？还有哪些词有点味道？

生：我觉得"凉凉"这个词很有味道。

师：怎么讲？

生：我觉得要读出那种清凉的，很享受的感觉。

师：读的时候要轻一点，还是重一点？你试试看。

生：要轻一点。山间的夜风吹得人脸上凉凉的。

师：读得不错。那最后一句话呢？哪个词很有味道，必须把它读出来才行。

生：我觉得"轻轻飘落"这个词很有味道。要真的给人一种轻轻飘落的感觉，读出诗意来。

师：对的。你来试试。

生：山间的夜风吹得人脸上凉凉的，梨花的白色花瓣轻轻飘落在我们身上。（读得很有味道。）

师：我们一起来把它连起来读一遍，试着读出那种优美的意境。

（生渐渐读得越来越美。）

师：同学们，这段话真的写得好美。不过，请联系全文来看，作者仅仅是在渲染意境的美丽吗？

板书　　优美意境

生：好像不全是。

师：对啊。其实，作者是借渲染梨花意境的美丽，在渲染什么？歌颂什么？

95

生：在渲染公德之美。

生：在渲染优秀民族文化传承之美。

生：在呼唤美好人性的回归。

师：课文中还有哪里渲染了梨花？

（生读第 27 自然段，师播放幻灯片。）

【屏显】

（渲染二）这天夜里，我睡得十分香甜，梦中恍惚在那香气四溢的梨花林里漫步，还看见一个身穿着花衫的哈尼小姑娘在梨花丛中歌唱……　（课文第 27 自然段）

师：但是这种对公德的赞美之情，对优秀民族文化传承的赞美之情，以及呼唤美好人性的回归，都是不能直白地说出来的，否则就不是艺术，不是小说了。它得跟某种意境结合起来才行。作者是如何做的？请看渲染二有什么特点。

生："这天夜里，我睡得十分香甜"是实写。

生："梦中恍惚在那香气四溢的梨花林里漫步，还看见一个身穿着花衫的哈尼小姑娘在梨花丛中歌唱……"这是梦到的东西，不是真实发生的，属于虚写。

生：哦，我明白了，这叫虚实结合，艺术地表达了作者的赞美之情和真情的呼唤。

生：也叫虚实结合或虚实映衬。

师：对的。

　　　　　　板书　　**虚实映衬**

师：课文中还有一处渲染了梨花。谁来说说？

（生读最后一段，师播放幻灯片。）

96

【屏显】

（渲染三）我望着这群充满朝气的哈尼小姑娘和那洁白的梨花，不由得想起了一句诗："驿路梨花处处开。"　　（课文最后一段）

师：写一处景色的美丽，写一个人的品德、人性的美丽是没有深度的，必须把这样的美丽传承下去，延宕开来才行。作者是如何诗意地表达的？

生：作者借用了一句诗，要把梨花精神和品质"处处开"。这样，故事就更有深度了。

生：这样意境就升华了。

板书　　意境升华

师：不过，这篇小说，还是有两处地方说得较为直白，很是遗憾。知道是哪两处地方吗？

生：我觉得第24自然段中的一句话较为直白，她要用为人民服务的精神来帮助过路人。

生：我觉得第33自然段中有一句话不太好，是雷锋同志教我们这样做的。

师：真好，这么快就学会辨别啦。

同学们，读一篇小说跟写一篇小说，其实是相通的。真正会读的人，通常会从读中读到作者是如何写的，并指导自己的写作。当能够做到读写互通时，你的阅读能力和写作能力便获得了长足的进步。

课后，咱们也像作家彭荆风那样，尝试着把几个小故事嵌套在一起写一篇曲折、吸引人、有深度，且富有诗意的小说，好吗？

这节课就学到这儿。下课！

《驿路梨花》教学反思

一、教学起点反思

教学彭荆风的小说《驿路梨花》（下称《驿》文），要关注这样几点：

1. 《驿》文采用了什么样的叙事策略？

有一种观点认为，《驿》文采用了悬念、误会和一波三折的叙事策略，这种说法是值得商榷的。首先，悬念和误会能不能上升到叙事策略这个层面，还要再研究，而且，一波三折也不能与悬念、误会相提并论。事实上，作者层层设置悬念和误会，才使得故事情节一波三折，两者有着一定的因果关系。从总体上讲，《驿》文采用了嵌套式叙事策略，以"我"和老余的行踪为主线，把五个故事串联在一起，形成了一个完整的故事。悬念和误会只不过是作者在嵌套式叙事中采用的一种写作方法，而一波三折的情节，既源于这种写作方法，也源于嵌套式叙事策略。

2. 《驿》文的主题究竟是什么？

统编教材教师教学用书认为，《驿》文的主题是再现了西南边疆少数民族乐于助人、热情好客的淳朴民风，歌颂了互帮互助的良好社会风貌，但是如果联系文章的写作背景，运用渲染思维进行解读，我们完全可以再向前走一步：《驿》文表达了作者对助人为乐、知恩图报、为人民服务等美好人性的回归与传承的吁求与呼唤。

二、教学设想反思

实际教学中，其实是有所侧重的，有的教悬念和误会，有的教一波三折的故事情节，有的教梨花这个意象。这样教，《驿》文似乎只是一个语料，教师在凭借这一语料教相关的知识点罢了。如此，很难教出《驿》文独特的文体特征。其实，无论是悬念、误会，还是一波三折的故事情节，以及梨花这个意象都有机融合在嵌套式叙事中。我们完全可以从嵌套式叙事架构入手去教某个知识点，而不一定非要抽取某个点进行空中楼阁式的教学。这是从阅读教学的角度来考量的，如果放在任务群的教学情境下，可能还要做些调整。

鉴于此，我便以假想作者的身份，从言语思维的角度，设置了四个教学环节：如何写出一篇完整的小说；如何写出一篇曲折、吸引人的小说；如何写出一篇有深度的小说；如何写出一篇唯美的小说。

三、教学过程反思

《驿》文是一篇经典课文，研究的人很多，从哪个角度教的都有，似乎很难教出新意。其实，从本质上讲，教学并不太在意形式上有多新颖，它更在乎的是有没有进行深度解读，所确定的教学内容和所选择的策略及方法，是否有利于学生的听说读写能力同步提升。所以，教学《驿》文时，我便尝试着从假想性写作教学的角度设计任务群教学，取得了不错的效果。

（一）写出一篇完整的小说

教学时，先让学生梳理一下课文一共写了哪几个故事。在此基础上设问：如果你是作家，能否把这五个故事分别写成五篇不同的小说呢？为什么？写出来之后，把它们直接罗列在一起，能成为一篇小说吗？

这样设计教学，意在让学生充分认识到《驿》文的独特之处：五个故事很简单，且讲的内容是相似的，没有必要写成五篇不同的小说。强行把它们罗列在一起，也无法成为一篇小说，因为不完整、不曲折、不吸引人、不深刻，也不唯美。这便为下一步从写作的角度来教学《驿》文打下了基础。

于是，我再次设问：如何才能用这五个故事（零散的材料），写成一篇完整的小说呢？

这个问题并不容易回答，因为学生并不了解嵌套式叙事的基本策略及方法。教学中，我便设计了一系列辅助性的问题：课文以哪个故事为主？其他的故事又是在什么时间、什么地点、以什么样的方式插进主要故事的？有了这样的拐棍，学生很快便厘清了《驿》文的整体脉络，并初步了解《驿》文是如何进行嵌套式叙事的。

（二）写出一篇曲折的小说

把四个故事揉到一个主体故事中，只做到了形式上的统一、完整，这是不够的，还要有一条线把这五个故事串起来才行。

于是，我便再次设问：用什么样的线把这五个故事串起来呢？

这个问题并不好答，它涉及作者的一个十分重要的叙事方法。所以，先宕开一笔，让学生看看这五个故事有什么特点？只有什么人才会主动"建造""照料""修葺"小茅屋？当学生回答是主人时，再次追问：作者能直接把小茅屋的主人说出来吗？显然是不能的，不然就太直白了，太没有故事味了。那么，应该怎么说才能让这篇文章曲折一些呢？学生恍然大悟：要引着读者探究谁才是小茅屋的主人，故事才曲折，才吸引人。这样，便不露痕迹地把课后"思考探究一"的教学暗含其中了。

其实，引导读者探究谁才是小茅屋的主人，便是设置悬念。而层层设置悬念，再加上多次误会，便是运用渲染思维，使故事情节一波三折。于是，又在不经意间把课后"思考探究二"的教学暗含其中了。

（三）写出一篇有深度的小说

要写出一篇有深度的小说，也离不开渲染思维。教学中，我设置了两个辅助性的问题：如果用五个故事分别写一篇小说的话，只能表现什么？这样写，有思想深度吗？这两个问题并不难。学生立即就明白了，只能表现某个人无私地帮助别人，只能表现某个人的品质好。这样写没有思想深度。

然后，追问道：如果写一群人呢？尤其是不同民族、不同时代、不同职业的人，为了同一个目标，前后十数年无私地帮助人，会如何？

这是一个颇具思维张力的设问。因为孤立地看每一个材料，尤其是静止状态下，它们所表现的主题似乎都是一样的，但是，把这五个材料放在不同的时间维度里，而且是动态的情境下，进行层层渲染后，那就很不一样了。学生惊讶地发现，《驿》文不仅赞美了个人品德的美好，更是赞扬了社会公德，不仅赞扬了优秀民族文化的传承，更是在呼唤美好人性的回归。学生完全没有想到，这篇小说的主题思想竟然如此有深度。

这便是渲染思维的魅力。

（四）写出一篇唯美的小说

最后，便是要写出一篇唯美的小说。

小说终究是小说，它是艺术作品，不能道德说教，必须把深刻的思想，用艺术手法表达出来才行。这个艺术手法于《驿》文而言，便是"梨花"这个意象的运用。我引领学生赏读描写梨花的优美语句，让学生在朗读中体会意境的优美、虚实映衬的优美和意境升华的优美。同时，还指出课文中两处较为直白的地方。在悄无声息中，又把课后"思考探究三"的研习暗含于教学中了。

这样，一篇完美的小说便诞生了。纵观整个过程，我没有局限于教某一个固定的知识点，而是借助一系列问题让学生了解嵌套式叙事架构，最终不仅使学生深刻理解了《驿》文，也为后续的写作教学打下了基础。

6. 合理幻想式言语思维教学

 **课式简论**

合理幻想式言语思维教学是运用想象思维进行任务群教学的一种课式，主要强调通过合理的幻想来虚构人、事、物。

幻想属于想象思维的一种形式。幻想不是天马行空地胡思乱想，而是与某种愿望相结合，并且指向未来。它是一种符合客观规律的合理的想象。这是理解和创作科幻小说的第一步，也是最为重要的一步。

教学时，可从两个层面展开：

1. 哪些属于科幻内容

科幻小说历来有"软""硬"之分。"软科幻"往往回避科技原理，以传统的小说元素见长；而"硬科幻"，则对小说涉及的科技原理尽量运用、理性阐释，而往往忽略小说的人文关怀要素。[①] 但无论哪一类的科幻小说，或多或少都会涉及科幻内容。尤其是硬科幻，其

---

① 人民教育出版社课程教材研究所中学语文课程教材研究开发中心．义务教育教科书教师教学用书语文七年级下册［M］．北京：人民教育出版社，2017：298.

所涉及的科幻内容较为深奥。教学时，我们必须把它们找出来，并准确地理解，否则，便会影响阅读，不利于进一步的教学。当然，创作科幻小说时，要把它们尽可能通俗易懂地表达出来，尽量减少读者的阅读障碍。

2. 是否具有合理性

教学时，仅仅找出科幻内容还是不够，还要引领学生审视其是否符合客观规律，是否合理。对于阅读科幻小说而言，合理性的审视，是进一步理解课文的基础；对于创作科幻小说而言，科幻的合理性也是小说得以展开的基础。否则，人物形象再丰富，情节设计再曲折，它也成不了一篇合格的科幻小说。

《带上她的眼睛》教学实录

一

师：同学们，今天咱们学习一篇科幻小说《带上她的眼睛》。这篇小说的作者是刘慈欣。刘慈欣，大家有所了解吧？谁来说说看？

生：他是一位科幻作家。风靡全球的科幻电影《流浪地球》，便是根据他的同名小说改编的。现在都上映《流浪地球2》了。

生：他创作了很多科幻小说，据说，他创作的长篇科幻小说《三体》，还获得了美国的一个什么大奖。

……

师：对的。《三体》是中国科幻文学的里程碑之作。刘慈欣以一己之力，把中国的科幻文学推到了世界级的高度，真的很了不起。他的成就激起了老师对科幻小说的强烈兴趣，老师的手突然痒痒了，也想创作一篇科幻小说。可是，老师一点儿经验都没有，可怎么办呢？你们有什么建议吗？可以单独说一说，也可以结合这篇课文说一说。

先思考一下，然后再说。

生：我觉得老师可以读一读这篇课文，因为这篇课文就是科幻小说。先学习一下别人是如何写的，然后自己动手写，就会容易许多。

师：这是个不错的主意。

生：我觉得如果有时间的话，也可以读一读刘慈欣写的其他科幻小说。

师：也是从中汲取写作营养？

生：是。还可以读一读别人写的科幻小说。

生：我觉得既然是写科幻小说，肯定要有科幻的内容，要有趣味，吸引人。不然，还叫什么科幻小说呢？

师：嗯，你讲得更深入一点了。不过，有科学幻想就行了吗？天马行空地胡写、乱写，行吗？

生：那可不行。得有一定的科学道理，要合理，不能随便写的。

师：对的。你继续说。

生：我觉得科幻小说，终究还是小说，所以，还要学一些一般小说的写法。比如人物塑造、情节描写什么的。不然，写不好的。

生：而且主题要深刻些，不然，就没什么意义了。

师：你们的意思老师小结一下，看说得对不对啊。因为写的是科幻小说，那就得有点科幻的样子，写一些科幻的内容，而且要合理，要像小说那样去写才行，主题要深刻，对吧？还有，就是要阅读科幻文学作品，跟刘慈欣这样的作家去学习。我说得没错吧？

（学生点头。）

二

师：那这节课，咱们就试着通过阅读这篇课文，学习如何创作科幻小说，怎么样？（学生点头。）现在，我们一起来完成第一个学习任务：阅读课文，思考课文中哪些内容属于科学幻想？是否合理？

（屏显）

板书 合理的科幻内容

（学生读课文，教师巡视，相机指导。）

师：许多同学已经准备好了。谁来说说看，这篇小说中哪些内容属于科学幻想，而且还很合理？

生：课文第8自然段中的"传感眼镜"是科学幻想，因为依照人类目前的科技水平，还制造不出来。

师：合理吗？

生：我觉得还算合理。用"超高频信息波"传递信息，似乎有一定可行性。还有脑电波，也被人类科学证实是真实存在的。

生："落日工程"是科学幻想。目前，人类可以上天探索太空，但是还不能入地心。

师：合理吗？

生：我觉得有一定的合理性。科学技术一直发展，终有一天，人类是可以对地心进行探索的。

师：嗯，你继续说。

生：我觉得"落日一号"的发射是科学幻想，因为还没有发射过，将来是有可能的。发射的场景，也是科学幻想。

师：这个幻想合理吗？

生：也有一定的合理性。根据人类已有的知识，地球内部的确充满了高温、高压的液体岩浆，所以，这是合理的。

师：其实，有一件事情是可以证实地球内部有岩浆的。

生：火山爆发。

师：对的。你继续说。

生：我觉得"落日六号"的地心航行是科学幻想。在航行的过程中，对岩浆的描写也是科学幻想。因为人类并没有实现地下航行，并没有亲眼所见，这些不过是人类的幻想罢了。

105

师：这个幻想合理吗？

生：我觉得合理。人类既然能上天，终有一天能入地的。另外，人类知道地球内部的岩浆是炽热的液体，所以，这样幻想也是合理的。

生："落日六号"在航行中遇到的突发事故本身是科学幻想。但是，我们知道任何科学探险都是有风险的，从这一点来讲，这也是合理的。

生："落日六号"的中子材料外壳是科学幻想。目前人类还制造不出这样的材料，但是似乎只有这样的材料，才能在那样的高温高压下，把人类送到地球中心。

生：飞船上的生命循环系统可以运行五十至八十年，也是科学幻想。现实生活中，也有生命循环系统，但是还不能运行这么多年。不过，随着科技的不断发展，人类制造的生命循环系统也会越来越完善，越来越先进的。

……

三

师：好的。第一个学习任务并不难。通过学习，老师明白了，要想创作一篇科幻小说，不但要有科学幻想，而且还要合理。接下来，咱们完成第二个学习任务。

【屏显】

任务二：这篇小说是如何吸引人的？也就是说，它有什么样的吸引人的故事结构？请同学们再读课文，并画出来。

板书　吸引人的故事结构

师：友情提示，如果有困难，可以看一下课后的"阅读提示"。

师：谁来说说看，这篇小说是如何吸引人的？

生：是用设置悬念的办法吸引人的。

师：嗯，这在课后的"阅读提示"中也有说明。通常情况下，作者在课文的前面设置了悬念，后面，一般就会怎么样？

生：就会照应悬念，回答悬念。

生：有点儿像猜谜，就是在后面揭开谜底。

师：对的。那咱们来一个全班大合作，怎么样？这两组的同学负责找悬念，那两组的同学负责揭开谜底。要不要再跳读一下课文，准备一下？（学生说"要"。）五分钟，行吗？

生：行。

（学生准备，教师巡视。）

师：这组同学先来。

生：课文第 1 自然段就设置了一个悬念，人的眼睛怎么能带去呢？

生：课文第 8 自然段揭开了谜底，所谓的眼睛就是一副传感眼镜。

生：课文第 4 自然段设置了一个悬念，为什么这个决定对她似乎很难，似乎认为这次短暂的旅行之后，地球就要爆炸了？

生：课文第 43 自然段揭开了谜底，她将在这不到 10 立方米的地心世界里度过自己的余生。

生：课文第 10、11 自然段，设置了一个悬念，当"我"说，"可你现在并不封闭，同你周围的太空比起来，这草原太小了"时，她为什么沉默了？

生：课文第 41 自然段揭开了谜底，她在地心的世界是那个活动范围不到 10 立方米的闷热的控制舱。

生：课文第 14 自然段也设置了悬念，"我"看到小姑娘窄小的控制舱和隔热系统异常发达的太空服产生了疑问——你那儿很热吗？

生：课文第 38 自然段揭开了谜底，"落日六号"仿佛处于一个巨大的炼钢炉中。

生：课文第 17 自然段其实也有悬念，她对这个世界的情感为什么已经丰富到不正常的程度？

生：课文第 43 自然段揭开了谜底，她将在这不到 10 立方米的地心世界里度过自己的余生。

……

师：同学们刚才找出了课文中设置的悬念，并揭开了谜底。悬念的运用让这篇科幻小说很有趣味，吸引人们去阅读。

四

师：看来，这第二个学习任务也不是很难。可问题是，具有科幻内容，只是创作科幻小说的第一步；而运用悬念进行创作，也只是让小说有趣罢了。这样似乎还不太够，要知道，咱们不是在记流水账，而是在写小说。写小说，就得有主题呀，对吧？那这篇小说的主题是什么呢？要不要看一下课文再回答？（学生点头。）

好的，给同学们两分钟，跳读课文，寻找相关信息。

师：谁来说说看？

生：我觉得这篇小说歌颂了地航员"她"的乐观、敬业的精神。

生：还歌颂了她为了科学不怕献身的精神。

师：如果再从她这个个体延伸到整个人类呢？

生：那这篇小说还歌颂了人类探索未知世界的精神。

生：歌颂了人类探索未知世界的一种情怀。

师：对的。不过，这篇小说仅仅歌颂了这些吗？作者是否还有更深的用意？这便是本课我们要完成的第三个学习任务：

请画出课文中对比描写的语句，思考作者是如何使科幻小说的内涵更深刻的。（屏显）

板书　　深刻的小说内涵

师：我们先来看看地面环境什么样。

生：地面环境很广阔。第6自然段写道，这是高山与草原的交接处，大草原从我面前一直延伸到天边，背后的群山覆盖着绿色的森林，几座山顶还有银色的雪冠。

板书　　广阔

师：还有呢？

生：地面环境特别优美。如第12自然段中，广阔的草原上到处点缀着星星点点的小花。

板书　　优美

师：课文中还有哪里描写了地面环境的优美？

生：课文第12自然段中还有。我只好趴到地上闻，一缕淡淡的清香。

生：第13自然段中也有。我蹲下来把手伸进溪水，一股清凉流遍全身。

生：第20自然段中也有描写。我睡眼蒙眬中很不情愿地起了床，到外面后发现月亮真的刚升起来，月光下的草原也在沉睡。

师：然而，地航员"她"所生活的地心环境就不容乐观了。谁来说说看？

生：她生活的地心空间十分窄小。课文第41自然段中写道，她在地心的世界是那个活动范围不到10立方米的闷热的控制舱。

板书　　窄小

师：还有呢？

生：课文第35自然段中写道，炽热的岩浆刺目地闪亮着，翻滚着，随着飞船的下潜，在船尾飞快地合拢起来，瞬间充满了飞船通过的空间。

师：嗯，对的。谁再来说说看？

生：还是课文第35自然段，写她的生存环境很压抑。飞船上方那巨量的地层物质在不断增厚，产生了一种地面上的人难以想象的压抑感。

生：课文第38自然段描写了她的生存环境，飞船被裹在6000多公里厚的物质中，船外别说空气和生命，连空间都没有，周围是温度高达5000摄氏度，压力可以把碳在一秒钟内变成金刚石的液态铁镍！它们密密地挤在"落日六号"的周围，密得只有中微子才能穿过，"落日六号"仿佛是处于一个巨大的炼钢炉中！

师：这段话中，哪里指向了她的生存环境？

生：没有空气，没有生命，更没有空间，是写她的生存环境很恶劣。

生：一秒钟把碳变成金刚石，说明她的生存环境很恶劣。

生：处在一个巨大的炼钢炉中，也说明她的生存环境恶劣。

板书　　**恶劣**

师：同学们，当我们把地面环境的广阔与优美，跟她所处空间与环境的窄小与恶劣放在一起对比时，你们有何感想？

生：跟地面那广阔无边的空间比起来，不到10立方米的生存空间，实在是太小了。

师：关键是她还是一个"好像刚毕业的小姑娘"，她的人生才刚刚开始，却要在这窄小的地心控制舱里度过一生。这也太——

生：这也太悲惨了。

生：这也太悲剧了。

师：如果再联想到"飞船已下沉到6300公里深处，那里是地球的最深处，她是第一个到达地心的人"，而且是唯一的人时，你又作何感想？

生：她一定感到非常孤独、无助、寂寞。这是一个巨大的人生悲剧。

板书　　悲剧情怀：在地心与地面的对比中

师：跟地面那优美的环境比起来，没有空气、没有生命、没有空间，且高温、高压的地心环境实在是太糟糕了，对于地航员的生活，你们有何感想？

生：她生活得太压抑了。

生：地航员的生存环境实在是太恶劣了。

师：关键是以后漫长的数十年，她只能独自一人默默承受。你又作何感想？

生：这实在是太悲惨了。

生：这是一个巨大的悲剧。

师：对呀，而且地面越是广阔、优美，跟她所处空间与环境的窄小、恶劣形成的对比力度越大，这种悲剧性就越大。

师：我们再来看看文中的"我"，"我"原来是一种什么样的精神状态？

生："我"原来的状态不是很好，生活在灰色之中。

师：能具体说说吗？

生：课文第25自然段中说，又回到了灰色的生活和忙碌的工作中。这个"又"字说明，"我"的精神状态一直不是很好。以前不好，回来之后，还是不好。

生：还是这一段。明确写出了"我"生活在"孤独寂寞的精神沙漠中"。

师：其实，"我"去度假也跟"我"的精神状态不佳有一定的关系。以"我"的生命状态，如果让"我"从5000摄氏度高温环绕的控制舱看美丽的大自然，"我"会如何看？如何想？

生："我"会特别羡慕。"我"会想，为什么自己就不能到外面看看那美丽的大自然。

师：以"我"的生命状态，如果让"我"从不足10立方米的控制舱里看辽阔的草原，看巍峨的高山，"我"会如何看？如何想？

生："我"为什么就只能待在这 5000 摄氏度高温环绕的控制舱里，这实在是太不公平了。

师：以"我"的生命状态，如果让"我"从 6300 公里深处，孤独地看川流不息的街道，看人头攒动的集市，"我"会如何看？如何想？

生："我"会感到特别失落悲伤。

生："我"会觉得自己生活得太压抑、太憋屈。

师：以"我"的生命状态，如果让"我"或许是最后一次看这个美好的世界，"我"又会如何看？又会如何想？

生："我"可能会产生抱怨。

生："我"会感到深深的孤独和失望。

生："我"会感到深深的留恋，但留恋之后可能就是绝望，甚至是崩溃。

师：作为地航员的她，生活在这样绝望的环境里，感受像"我"一样吗？

生：不一样。在她眼里，"一缕淡淡的清香"，就"像一首隐隐传来的小夜曲"。

生：她给每一朵野花起名字。

生：她渴望看草原上每一朵野花，每一棵小草，看草丛中跃动的每一缕阳光；一条突然出现的小溪，一阵不期而至的微风，都会令她激动不已……

师：她对待生命的态度深深地感染了"我"，"我"便发生了哪些细微的变化？

生：当一天的劳累结束后，"我"已能感觉到晚风吹到脸上时那淡淡的诗意，鸟儿鸣叫已能引起"我"的注意，"我"甚至黄昏时站在天桥上，看着夜幕降临城市。

师：一句话，在"我"的世界里已经出现了——

生：已经出现了星星点点的嫩绿。

师：表面看来，是写的"我"的变化，"我"的灰色心情与绿色心态的对比，其实指向的是谁？

生：指向的是地航员"她"。

师：于是，"我"的灰色的内心世界，便再一次跟她丰富的内心世界形成了什么？

生：形成了强烈的对比。

师：在那样的极限状态下，这种对比力度越大，越是强烈，就越是突显了什么？

生：越是突出了这篇小说的力量。

师：一种什么样的力量？

生：一种悲剧力量。

师：对的。而且，这种对比力度越大，就越是凸显了这篇科幻小说强大而震撼人心的悲剧情怀。

板书 悲剧情怀：在"我"与她的对比中

师：让我们再回到刚才的问题上来。这篇小说仅仅是歌颂了她的乐观、敬业精神，歌颂了她为了科学不怕献身的精神，歌颂了人类探索未知世界的崇高情怀吗？

生：我觉得不仅仅是。

生：好像跟原来我们认为的不太一样了。

……

师：对啊。这篇小说还通过地心与地面的对比，通过"我"与她的对比，凸显了一种震撼人心的什么情怀？

生：悲剧情怀。

师：对的。课文学到这儿，让我们回顾一下。同学们，要想创作一篇科幻小说，首先得有什么？

生：得有合理的科幻内容。

师：然后呢?

生：然后，还要有吸引人的故事结构。

师：还有呢?

生：还可以通过对比赋予小说更深刻的内涵。

师：对的。科幻小说可以这样读，也可以这样去写。下课后，请同学们用本节课学到的写作方法，尝试着写一篇科幻小说。

这节课就上到这儿。下课!

《带上她的眼睛》教学反思

一、教学起点反思

教学《带上她的眼睛》（下称《带》文），需要注意这样几点：

1. 《带》文是一篇扁平化的科幻小说吗?

通常来说，科幻小说不同于主流文学（"文学即人学"），常常把人的位置放得很低，但是《带》文不同。它是刘慈欣的转型之作，它走上了科幻与社会现实的结合之路。小说中的人物开始丰满，也有了一个比较圆顺的故事情节。① 所以，教学《带》文时，不能只教科技原理是如何被尽量运用，作者是如何进行理性的阐释，而要在此基础上教人物、教情节，教科幻背后丰沛的人文关怀精神。

2. 《带》文的主题究竟是什么?

统编教材教师教学用书认为，《带》文的主题是歌颂一种乐观、敬业精神，一种为了科学不怕献身的精神和人类探索未知世界的崇高情怀。这显然失之偏颇。其实，在地心与地面、灰色与嫩绿和"我"

---

① 姚利芳."你那儿的世界真好"：谈刘慈欣《带上她的眼睛》的通俗化表达［J］.名作欣赏，2018（14）：7-8.

与她的强烈对比中，小说语篇突显的是一种震撼人心的悲剧情怀。

二、教学设想反思

实际教学中，教者常常从构思巧妙的角度教语篇中的大量悬念，这样教，少了一些科幻的味道；还有人从想象力和创造力的角度来教《带》文，这样教的确有了科幻的意味，却少了一些小说的魅力。所以，教学《带》文要把科幻与小说结合起来去教，而且还要在任务群的架构下去教。基于此，我便以假想作者的身份，从言语思维的角度，设置了三个教学重点：合理的科幻内容、吸引人的故事结构、深刻的小说内涵。

三、教学过程反思

《带》文是初中教材中唯一的科幻小说，教学此文既要教出科幻的味道，又要教出小说的特质，这已经很不容易了。而更加困难的是，还要把它放在任务群的架构下，使听说读写高度融合在一起。

（一）合理的科幻内容

为了解决上述问题，我设置了这样一个任务：这篇小说中哪些内容属于科学幻想？是否合理？

这样设计教学有两个意图：

意图一，从科幻小说特质的角度来梳理《带》文。《带》文毕竟是一篇科幻小说，教出科幻的味道这是必须的。《带》文中涉及的科幻内容比较多，要想把文中的科幻内容都找出来，就必须通读课文，一一筛选。而这个通读、筛选信息的过程，便是学生认真阅读语篇、梳理语篇的过程。

意图二，从科幻小说创作的角度来审视《带》文。科学幻想不等于胡思乱想，而是一种以当下科学技术为基础的符合客观规律的预想，所以必须有一定的合理性。这对于创作科幻小说而言尤为重要，因为离开了事物、事理的合理性，情感的合理性也必然会受到质疑，小说的审美价值就会大打折扣。所以创作科幻小说，不仅要设计科幻的内容，这些内容还要经得起合理性的审视。

（二）吸引人的故事结构

《带》文毕竟是一篇小说，是小说就必然要有吸引人的情节。为此，我设置了第二个任务：这篇小说有什么样的吸引人的故事结构？

这同样有两个教学意图：

意图一，再次梳理《带》文。刘慈欣很善于讲故事，尤其善于制造悬念，《带》文中多处埋下了伏笔，谜底既出人意料又在情理之中。不过，这些伏笔不是显露在外面的，而是悄然潜藏着，需要读者去寻找。谜底也一样，也需要读者去寻找。寻找伏笔、揭示谜底的过程，是一个深度梳理《带》文的过程。

意图二，为后续写作教学做铺垫。设置悬念、揭示谜底是小说常用的技巧。但是这个技巧的习得，却需要在阅读中体悟、理解。寻找伏笔、揭示谜底的过程，其实，也是一个假想性写作的过程，必然对后续的写作教学产生积极的影响。

（三）深刻的小说内涵

科幻内容是科幻小说的必需，运用悬念创作是为了让小说更有趣味，除此之外，还得有更深的主题才行。于是，在学生理解了地航员的乐观、敬业精神和她为了科学不怕献身的精神，体会到《带》文歌颂了人类探索未知世界的崇高情怀后，我再次追问：作者是否还有更深的用意？并出示本课第三个学习任务：请画出课文中对比描写的语句，思考作者是如何使科幻小说的内涵更深刻的。

在这一部分的教学中，主要运用的是对比思维。让学生在地面环境的广阔、优美与她所处空间与环境的窄小、恶劣的强烈对比中，体会《带》文的悲剧情怀；让学生在"我"的灰色的内心世界与她丰富的内心世界的强烈对比中，体会《带》文的悲剧情怀。而且，这样的对比越是强烈，便越是凸显了《带》文强大而震撼人心的悲剧情怀。这才是作者刘慈欣在《带》文中想要表达的深刻主题。

综上，以假想作者的身份，从言语思维的角度来教学《带》文，不但能使学生对《带》文的文体特点有一个切身的体会，而且能使他们更为深刻地理解《带》文的主题。同时这个假想性写作教学的过程，也会为后续真正的写作教学打下基础。

7. 对比深化式言语思维教学

课 式 简 论

对比深化式言语思维教学是任务群教学的一种课式，主要强调运用对比思维来深化语篇主题。

实际教学中从创作背景、人物塑造、情节发展、情感色彩等角度教小说主题是比较常见的，在我看来，这样教虽然可行，但由于太过注重语篇意义的理解，而很难指向表达，同样不太适合听说读写高度融合的任务群教学。本课式从言语思维的角度，在假想性写作中，教学生如何运用对比思维来深化语篇主题，在深层次地理解语篇主题的同时，为后续的写作教学打下坚实的基础。

教学时，可从两个层面展开：

1. 理解、确认

语篇中构成对比关系的言语材料并非都是显性可见的，而把那些隐性的对比材料找出来，是有一定难度的。首先，要有对比思维的自觉意识，然后，才谈得上寻找相关的言语材料、理解其内在涵义。事实上，在真实的阅读情境中，也不是先寻找、确认，然后再理解，更多的时候，可能是先理解后确认。这是因为任何言语材料上都不会写着"对比"两个字。

那么，如何理解言语材料，并确认其对比关系呢？

我们知道，任何言语都有一定的意图指向，小说语篇也不例外，所以，只要注意引领学生理解每一个言语材料的表达意图，然后，把这些言语材料放在一起进行比较，材料间的对比关系，就能显现出来。这样，便为下一步的言语思维教学打下了基础。

2. 反思、深化

在言语交流中，对比思维有两个突出的功能：一是使构成对比关系的言语材料所想表达的言语意图更为凸显，通俗地讲，便是黑的更黑，白的更白。所以，教学中首先要引领学生理解，在强烈的对比中，作者究竟想要鲜明地表达什么样的意图。二是强烈的对比、反差必然会引起读者同样强烈的反思，而反思的过程，其实，便是语篇意图的建构、深化的过程。所以，在理解了正反面两个言语材料（或言语材料群）的表达意图之后，还要引领学生进行反思：为什么会出现截然相反的状况？作者这样写，是不是别有用意？如果学生的基础较好，或是年级较高，还可以进一步反思：之所以这样，是历史的必然，还是现实的制约？是地理环境使然，还是地方文化的潜移默化所致？跟文明，跟民族心理是不是也有某种关系？如此反思、质疑，既是言语实践的过程，更是语篇意义的建构、深化的过程。

《社戏》教学实录

一

师：同学们，今天咱们学习鲁迅先生的小说《社戏》。课文都预习过了吗？（生：预习了。）刚才，又读了一遍，应该比较熟了。

板书　　社戏　　鲁迅

师：谁来说说看，这篇小说主要塑造了哪些人物形象？

生：课文塑造了双喜、阿发、桂生等人物形象。

生：还有"我"。

师：他们都是"我"的什么人？

生："我"的朋友。

生："我"在平桥村的小伙伴。

师：课文写了一件什么事儿？

生：写了"我"少年时代去水乡赵庄看社戏的往事。

生：写了"我"十一二岁时，一群农家少年朋友从平桥村夜航到赵庄看社戏的一段生活经历。

师：这样看来，小说中的人和事都很平常，按照一般的写法，只要把他们的外貌、语言、行为以及性格特点写出来就可以了。

生：不过……（略有停顿）我感觉这样写似乎只能表现"我"的小伙伴们有多可爱，有多活泼，有多淳朴。

生：我也有这样的感觉，似乎写不出什么新意来。

师：你们的意思是，按照通常的写法，虽然也能把小伙伴们的形象塑造出来，但是似乎太平常了些。这是说的人物形象。那情节呢？是不是只要把看社戏的过程写出来，把社戏本身的精彩写出来，就行了呢？

生：这样写，看起来是可以。不过，也比较平常。最多把故事写得很详细，把社戏写得很精彩。

生：平时写作文时，我们就是这样做的。这样写较为普通，不吸引人。

生：我也觉得很平常。这样写，即便社戏再精彩，看戏的过程再曲折，也会显得很平常。

生：我也有同样的感觉。

师：你们的意思是说，按照通常的写法去写，不是不行，只是太平常了些，太普通了些，没什么新意。对吧？

生：对的。

师：如果你是作家，如何才能用这些平常的素材写出一篇有着别样意味的小说呢？请看课文的最后一个自然段。

【屏显】

> 真的，一直到现在，我实在再没有吃到那夜似的好豆，——也不再看到那夜似的好戏了。

师：请注意加点的两个词。究竟是什么样的"好豆"，为什么"我""再没有"吃到呢？究竟是什么样的"好戏"，为什么"我""不再看到"呢？

（有学生匆忙举手。）

师：不要忙着举手。先请同学们把课文中描写"好豆""好戏"的句子分别画下来。左边两组同学思考、讨论第一个问题，右边两组同学思考、讨论第二个问题。

（学生读课文，思考，讨论；教师巡视指导。）

师：咱们先来说一说"豆"。跟一般的豆比起来，"我"和小伙伴们吃的豆是不是非常的特别？比如它比普通罗汉豆的两倍还要大，比如它像海鲜一样鲜美，等等。你是从哪里看出来的？

生：不是的。"我"所吃的豆就是普通的罗汉豆，没什么特别的。课文第26自然段中说，小伙伴们所吃的豆就是阿发家和六一公公家种的豆，都是从田里长出来的。

生：第39自然段中说，桌上的罗汉豆是六一公公家种的。可见"我"看社戏那夜吃到的豆，就是平常的豆。

师：这就很奇怪了。既然都是从田里长出来的普通的罗汉豆，那"我"为什么觉得第二天吃的豆没有昨夜的好吃呢？而且，一直到现

121

在，"我"都没吃到呢？这是为什么呢？

（学生有点儿犯难。）

师：王老师友情提示一下，既然吃的豆是一样的，那咱们就来看看，"我"是跟谁一起吃的，又是如何吃到的？谁来说说看？

生："我"是跟阿发、双喜、桂生等小伙伴们一起吃的。

师：他们都是"我"儿时在平桥村的——

生：好朋友。

师：其实，吃什么不重要，关键是——

生：关键是跟什么人在一起吃。

师：嗯，对的。因为吃的不仅仅是食物本身，还是什么？

生：还是一种氛围。

生：还是一种情分。

生：还是一种友谊。

师：对的。这才是关键。再来看看，当时，"我"和小伙伴们是如何吃罗汉豆的？

生：是偷着吃的，而且，就是偷的阿发自己家的罗汉豆。因为怕阿发娘哭骂，才又到六一公公家偷了一些。

板书 偷吃

师："偷"这个字很有意味。不过，对于这些小伙伴来说，到自己家和别人家地里摘一些罗汉豆来吃，能算是真正意义上的"偷窃"吗？

生：不能算的。他们只是肚子饿了，"摘"些来吃罢了。

生：我也认为不能算的。他们只是很顽皮而已。

师：既然行为上不能算"偷"，那他们"偷"来的究竟是什么呢？

生：他们偷来的是一种快乐。

生：偷来的是一种儿童时代特有的生活经历。

师：说得太好了。更何况摘的还是自家的豆呢？那就——

生：那就更有意思了。

生：更让人回味无穷了。

板书　偷吃　　回味无穷

师：说得真好！你接着说，课文中是如何描写他们吃罗汉豆的？

生：吃完之后，还把器具洗了，把豆荚、豆壳都抛到河里，什么痕迹都没有了。

师：也就是吃完还把什么消灭了？

生：还把他们"作案"的痕迹消灭了。

师：他们这是"毁尸灭迹"啊！（生笑。）刚才是"偷吃"，现在是怎么吃来着？

生：是藏吃。

板书　　藏吃

师：对的。悄悄地吃了，谁也不知道。这样神不知鬼不觉的，天真可爱的小伙伴们当时心里会是什么样的感觉？

生：一种说不出的愉悦。

生：窃喜。

板书　　藏吃　　窃喜

师：嗯。他们吃过走后，发现什么问题没？又是如何解决的？

生：发现了。他们害怕八公公很细心，会发现他们用了他的盐和柴。于是，就议论怎么处理这件事情。

师：嗯。这是什么吃？

生：这是"议"吃。

板书　　议吃

师：他们议论后，采取了什么办法？

生：他们采取的办法是，如果八公公骂他们的话，就让他归还"一枝枯柏树"，而且当面叫他"八癞子"。

师：他们这样做，八公公就不骂他们了吗？

生：还会骂的。

师：对啊。所以，他们这样做是不是太——

生：太幼稚了。

生：太好笑了。

师：不过，幼稚中却透着儿童特有的——

生：可爱。

师：对的。幼稚中透着可爱。

板书　议吃　幼稚可爱

师：现在，我们再来说说，"我"吃的仅仅是那个"罗汉豆"本身吗？

生：不是的。

师：那"我"吃的其实是什么？

生："我"吃的是"偷吃"时的"回味无穷"。

生：吃的是"藏吃"时的"窃喜"。

生：吃的是"议吃"时的"幼稚可爱"。

生："我"吃的是一种氛围。

生："我"吃的是一种情分。

生："我"吃的是儿时的友谊。

师：而这些，只有什么时候有，只有哪里才会有？

生：只有儿童时代有，只有平桥村才有。

师：对啊。这些在灯红酒绿的大都市里是没有的，所以，"我"实际上，吃的是什么？

生：吃的是一种乡村情感。

生：吃的是一种乡土情感。

师：用"乡土"这个词要好些。继续，你来说。

生：吃的是一种乡土情结。

生：吃的是一种乡土情怀。

生：吃的是一种乡土情思。

板书　乡土情怀

师：作者这样写，小说的主题是不是深刻了一些？

（学生点头。）

生：然而，多年之后，豆还是那个豆，可是，跟我一起吃罗汉豆的那帮小伙伴还是小伙伴吗？

生：不是了，都是大人了。

师：既然都是大人了，那么，那种"偷吃"时的"回味无穷"还有吗？

生：没有了。

师：那种"藏吃"时的"窃喜"还会有吗？

生：没有了。

师：那种"议吃"时的"幼稚可爱"还有吗？

生：都没有了。

师：对啊，都没有了。也就是说，一直以来"我"心心念念的，只有平桥村才有的那种"乡土情结""乡土情怀"，现在都没有了。所以，从这个"再没有"中，你能读出一种什么味道来？先读，后说。

【屏显】

真的，一直到现在，我实在再没有吃到那夜似的好豆。

（生读得不太好。）

师：你想从中读出一种什么味道？

生：我想读出"我"的留恋之情。

生：我想读出"我"的深深的遗憾。

生：我想读出"我"的无边的失落。

师：嗯。那你再试试。

（生一遍遍读，慢慢地有了感情。）

师：学到这儿，小说的主题是不是又深了一层？

（学生点头。）

师：同样道理，"我"儿时在平桥村所看的那场社戏本身是不是特别好看，特别精彩，精彩到"我"连眼睛都不眨一下呢？你来说说看。

生：不是的。其实，那场社戏并不好看。

师：能具体说说吗？

生：铁头老生一直不翻筋斗，可见那夜的社戏并不好看。

生："我"最愿意看的是蛇精和套了黄布衣跳老虎，可都没有看到。

生：老旦没完没了地唱戏，把大家的兴致都唱没了。

生：还有，戏没看完，我们就回去了，这也说明那夜的社戏并不好看。

师：既然不好看，为什么"我"还认为那是一场好戏呢？要不要友情提示一下？（稍稍停顿。）其实，跟吃罗汉豆一样，戏本身并不重要，重要的是什么？

生：重要的是跟谁一起看的社戏。

生：重要的是看社戏的过程中经历了什么。

师：对啊。谁来说说看？

生：看社戏和吃罗汉豆时的小伙伴都是一样的，都是双喜、阿发、桂生等，所以，"我"觉得那晚的戏是好戏。

师：那"我"在看社戏的过程中经历了什么，让"我"觉得那是一场好戏呢？

生：看社戏之前，因为没有船而看不成戏，"我"很失落、沮丧；

后来，在小伙伴们的陪同下，用八公公的船夜行看戏，"我"的心里忽而轻松，身体也似乎舒展到说不出的大。

师：简单地说一说。

生：就是看不成戏时，"我"很失落、沮丧；能够看戏时，"我"很轻松、愉悦。

师：还有吗？

生：还有去看戏的路上和回来的路上，那优美的夜景十分迷人。

生：还有夜里我们偷豆吃的过程。

师：而这些现在都没有了，都成了过去，所以，"不再看到那夜似的好戏了"跟"再没有吃到那夜似的好豆"一样，都表达了"我"的一种什么情感？

生：都表达了"我"对一种乡土情感的留恋之情。

生：都表达了"我"失去儿时的乡土情感的深深的遗憾之情。

师：对的。现在，让我们回到刚才的话题上来。如果你是作家，如何才能跳出常规，用这些平常的素材写出一篇别有意味的小说呢？

（学生总结有困难。）

师：看起来作者鲁迅写的是"好豆"，实际上这豆并不很好吃。这便有了什么？

生：这便有了矛盾。

师：看起来作者写的是"好戏"，实际上，那夜的戏并不十分好看，"我们"甚至都没看完就回去了，这样写，便有了什么？

生：这样写，便有了矛盾。

师：对啊。作者实际上是用什么策略在写作？

生：在运用矛盾进行写作。

板书　　运用矛盾进行写作

师：很聪明！不过，仅仅知道这些是不行的，还要明白作者为什么要这样写。谁来告诉我？

（学生思考。）

师：试想一下，文章中有了矛盾，会引起读者哪些反思呢？

生：读者会反思，为什么实际上不好吃的豆，在"我"看来很好吃呢？有什么特别的原因吗？

生：作家这样写，有什么特别用意吗？

……

师：同样道理，看起来写的是"好戏"，实际上，"我们"都没有看完就回来了，而且那戏实际上并不好看。这也产生了什么？

生：这也产生了矛盾。

师：这样同样能引起读者的——

生：同样能引起读者的反思。

师：对啊。能引起读者的反思，文章是不是就别有意味啦？

板书　　运用矛盾进行写作　　反思　　别有意味

生：对的。

二

师：运用矛盾进行写作，这的确是一个好办法，它能使平常的素材更有意味。不过，仅仅有一些意味还是不够的。如果你是作家，如何才能更进一步，用平常的素材写出一篇有深度的小说呢？

（下发《社戏》原文。）

请阅读《社戏》原文，尤其要注意被教材编辑删除的部分。边读边把有感触的地方画下来，在旁边写下批注。

（学生看原文，教师巡视，指导。）

师：都看完了吗？

生（齐）：看完了。

师：谁来说说看，原文跟课文最大的区别在哪里？

生：最大的区别在于，原文实际上写了"我"三次看戏的过程，但是课文中只有一次。

生：而且，前两次看戏，"我"都不喜欢，只有儿时看的社戏给
"我"留下了深刻的印象。

生：前两次在京城看戏，都写得很简略，儿时看社戏的过程写得
很详细。

师：我们再来看看课文的最后一个自然段，请注意加点的字——
一直到现在。课文中的"一直到现在"，是对哪一场戏的反思？而原
文呢？

【屏显】

　　真的，一直到现在，我实在再没有吃到那夜似的好豆，——
也不再看到那夜似的好戏了。

生：课文中的"一直到现在"，是对儿时的"我"在赵庄看社戏
的反思。

生：而原文中的"一直到现在"，是对近二十年来，"我"看的
三场戏的反思。

师：如果是这样的话，那问题就来了。我们刚才分析了课文
《社戏》的主题是什么？

生：表达了"我"的一种乡土情结，一种乡土情怀。

生：表达了"我"对童年美好生活的回忆和留恋之情。

师：那看到了原文，你们还坚持这样的看法吗？

生：不坚持了。原文的主题应该不是这个了。

生：至少不仅仅是这个主题。

师：你说得很有水平。那么，原文究竟表达了一个什么样的主题
或情思呢？作者又是用什么方法表达的呢？

师：请看原文。《社戏》原文一共写了三场戏，在剧场演出的是

哪几场戏？你说。

生：是"我"在北京看的两场戏。

师：我们把它称为"北京戏"吧。那在野外演出的戏是——你说。

生：在野外演出的是"我"在赵庄看的社戏。

师：我们先来看看社戏在"我"心中是一种什么样的存在。

生：很有趣味。

生：很有意思。

生：原文第 10 自然段中一个词怎么说的来着？

生：很有风致。

师：请同学们再次阅读课文，看看课文是如何描写赵庄社戏那特有的风致的？边读，边画出相关语句。

（学生阅读，教师巡视。）

师：谁来说说看？

生：课文第 12 自然段写道，那声音大概是横笛，宛转，悠扬，使我的心也沉静，然而又自失起来，觉得要和他弥散在含着豆麦蕴藻之香的夜气里。

师：横笛优美到什么程度？

生：优美到让我的心沉静，优美到让"我"自失起来。

师：还有吗？

生：还有第 14 自然段中的一段话，最惹眼的是屹立在庄外临河的空地上的一座戏台，模胡在远处的月夜中，和空间几乎分不出界限，我疑心画上见过的仙境，就在这里出现了。

师：一个戏台再怎么大，能谈得上屹立吗？

生：不能。

师：对啊。而且还像仙境一般，可见——你来说。

生：可见，赵庄的社戏在"我"的眼里多有风致了。

生：还有课文的第 22 自然段，回望戏台在灯火光中，却又如初来未到时候一般，又漂渺得像一座仙山楼阁，满被红霞罩着了。吹到耳边来的又是横笛，很悠扬……这里的仙山楼阁、红霞罩着以及悠扬的横笛都写出了社戏的风致。

师：可是，中国戏在剧场里却是一种什么样的情形？请看原文第 10 自然段中的这段话：

【屏显】

中国戏是大敲，大叫，大跳，使看客头昏脑眩，很不适于剧场，但若在野外散漫的所在，远远的看起来，也自有他的风致。

生：使看客头昏脑眩，很不适于剧场。

师：这就很让人奇怪了。同样都是中国戏，同样都是大敲，大叫，大跳，为什么"我"在剧场看的北京戏让人头昏脑眩，而社戏却那么有"风致"呢？

（学生有点儿迟疑。）

师：请看屏幕，你们从中读出了什么？你来说说看。

【屏显】

在鲁迅的眼里，中国的戏院不过是中国社会的一个缩影，他对戏院的观察与感受实际上就是对中国社会与中国国民性的认识与发现。　（钱理群）

生：在鲁迅眼里戏院是有特殊含义的。

师：对的。所谓戏院就是中国戏演出的场所。这个场所在哪里，就代表着哪一个地域的社会。比如说，社戏的演出地点在乡村，那么它代表了一种什么样的社会？

生：代表了一种令"我"十分留恋的乡村社会。

师：那北京戏呢？

生：北京戏代表了一种都市生活、都市社会。

师：这样，我们就明白了，"我"越是赞美、留恋赵庄的社戏，越是留恋理想中的平桥村，就越是跟什么形成了对比？

生：越是跟北京戏令人头昏脑眩形成了对比。

师：而社戏实际上代表了一种什么社会？

生：代表了乡村社会。

师：所以，"我"越是赞美、留恋赵庄的社戏，越是留恋理想中的平桥村，实际上就越是留恋什么社会？

生：就越是留恋乡村社会。

师：这便跟什么样的社会形成了对比？

生：跟令人头昏脑眩的都市社会形成了对比。

师：然而，这样的乡村社会似乎再也回不去了，所以，这种对比越是强烈，就越是表现了"我"的一种什么样的情思？

生：越是表现了"我"的一种忧愁。

生：越是表现了"我"的一种失落。

师：对啊。这种"忧愁"与"失落"是一种乡愁。所以，这种对比的力度越大，就越是在一种唯美的田园牧歌中凸显了都市人浓浓的乡愁。

板书　　北京戏与社戏对比　　都市乡愁

师：学到这儿，是不是有点意思了？刚才，我们讲到作者把矛盾贯穿于创作中，表达了"我"对童年美好生活的回忆和留恋之情。不过，这样的主题有点单薄。于是，作者把北京戏与社戏进行对比，文章的主题便向前走了一步，表现了都市人浓浓的乡愁。

不过，这样的都市乡愁似乎还不够浓厚，似乎还需要进一步强化才行。请看屏幕：

【屏显】

　　后来我每一想到，便很以为奇怪，似乎这戏太不好，——否
则便是我近来在戏台下不适于生存了。　（原文第5自然段）

　　我向来没有这样忍耐的等待过什么事物，而况这身边的胖绅
士的吁吁的喘气，这台上的冬冬喤喤的敲打，红红绿绿的晃荡，
加之以十二点，忽而使我省悟到在这里不适于生存了。　（原
文第7自然段）

　　师：请注意，原文两次出现了"不适于生存了"，一次是"我"
第一次看北京戏时说的话，一次是"我"第二次看北京戏时说的话，
你从中读出了什么？

　　生：从中读出了，看起来是写的"我"在北京看戏的过程，实
际上，是写"我"的生存环境的恶劣。

　　生：实际上，是写"我"在北京人际关系很差。

　　师：对的。不过，仅仅只是写"我"这一个都市人吗？

　　生：不是的。

　　师：所以，这里实际上写的是所有的都市人的生存环境很恶劣，
人际关系很差。我们再来看看"我"在平桥村的人际关系如何。请
到课文中找一找。

　　生：课文第2自然段中有，和我一同玩的是许多小朋友，因为有
了远客，他们也都从父母那里得了减少工作的许可，伴我来游戏。

　　生：课文第2自然段中还有，在小村里，一家的客，几乎也就是
公共的。

　　生：小伙伴们陪"我"一起掘蚯蚓、钓虾、放牛等。

　　生：小伙伴们陪"我"夜里看社戏。

　　……

师：这些都说明，"我"在平桥村的人际关系如何？

生：平桥村的人民热情好客。

生：平桥村的乡民都很淳朴，都很温厚。

生：平桥村是无私的。

师：所以，平桥村是"我"的乐土，是"我"的理想王国。

这样一来，都市里那种庸俗、冷漠、自私的不适合生存的人情人际关系，便跟平桥村和谐、淳厚的人际关系构成了什么？

生：构成了强烈的对比。

师：而且，越是对都市里的人际关系厌恶、不满，就越是凸显了"我"对平桥村美好的人际关系的——

生：向往。

生：渴望。

师：然而，令人遗憾的是，如此美好的平桥村，像是"我"儿时的一个美好的梦，现实生活中已经很难存在了。于是，对理想的平桥村的回忆里，便打上了"我"，也打上了作者一种什么样的情感？

生：忧愁。

生：失落。

生：都市乡愁。

师：我们刚才说了，这种"忧愁""失落"实际上是一种乡愁。这种对比的力度越大，田园牧歌中的都市乡愁便越是浓厚而深切。

板书　　都市与乡村人际关系的对比　　都市乡愁

师：同学们，写作是件很奇妙的事情。原本很平常的素材，运用矛盾法进行写作，小说便有了特别的意味。运用多层次的对比进行写作时，小说便在原有的基础上有了深度。其实，像这样的对比，原文中还有不少，有兴趣的同学可以课后探讨。不但可以探讨，还可以学着用这样的方法去写作。好的，这节课就上到这儿。下课！

一、教学起点反思

百年来，人们从多个角度解读《社戏》，并尝试着运用多种方法进行教学，取得了丰硕的成果。然而，在实际教学中，依然有许多问题需要从教学起点上做深度思考：

1. 《社戏》是否采用了儿童叙述视角？

统编教材教师教学用书认为，《社戏》（指教材中的《社戏》，下称"课文"）使用的是儿童叙述视角。这似乎不太准确。虽然课文主体部分的确如此，但就全文来看，并不尽然。且不说小说结尾处有"一直到现在"的字样，仅行文中不时出现的"那时""现在想"等词语，便足以表明课文还使用了成人视角。所以，准确地讲，课文使用的应该是儿童视角与成人视角交错的复调式叙述视角。以此来审视全文，课文主题可能会发生微妙的变化。

2. 《社戏》是否表达了作者对早年乡村生活的留恋之情？

统编教材教师教学用书还认为，课文表达了作者对早年乡村生活的留恋之情。这也是值得商榷的。或许童年的乡村生活的确给鲁迅留下了深深的烙印，使其很为留恋，然而，《社戏》毕竟是一篇小说，作品中的"我"并不能等同于作者本人。而且从《社戏》原文（下称"原文"）来看，这篇小说的主题也不能简单地界定为对早年乡村生活的留恋。

3. 《社戏》以删减版的身份进行文化传承是否合适？

根据王荣生的理论，《社戏》这样的经典作品具有"定篇"性质，其课程的主要意义在于传承文化。而文化向来是民族之根，是不能随意走样的。然而，《社戏》被选进教材时，做了较大幅度的删改，不但"很多颇具匠心的描写会失去根基"，而且"其精神隽永的艺术内涵无

135

从谈起，至多只能算是一篇不失优美的浅显的儿童小说而已"①。非但如此，小说主题也发生了巨大变化，其文化价值严重缩水。

二、教学设想反思

由于文本解读的差异和逻辑起点的不同，教师在教学《社戏》时，有的教民俗民间文化，有的教叙事策略，有的教表达方式，有的教语言特点，看起来差异很大，其实大多是就阅读教阅读，跟写作教学没有太多关联。然而，任务群的教学却是听说读写高度融合的教学，这样教，在当下的教育语境下，似乎不太合宜。

认真研读原文，我们发现原文主要运用了对比思维，如两次看北京戏与儿时看社戏的对比、礼教与礼数的对比、杂文手法与优美诗情的对比。而更为关键的是，由于作者巧妙运用了对比思维，使得原文的主题没有停留在对童年美好生活的回忆与留恋上，而是更进一层地表达了一种田园牧歌中的都市乡愁。鉴于此，可以以假想作者的身份，从言语思维的角度，教学生如何运用对比思维深化语篇主题，并为后续的写作教学打下基础。

三、教学过程反思

在定型的语篇中，言语思维并不是一个显性的存在，必须找到合适的切入口才能进入语篇内部，窥见其真容。而这，无论对于教师还是学生，都不是一件轻松的事情。

（一）更有意味

1. 寻找切入口

教学伊始，先带领学生整体回顾课文中写了哪些人和事，然后，

---

① 叶世祥. 都市人的乡愁：重读鲁迅小说《社戏》[J]. 名作欣赏，1990（1）：88.

顺势追问：如果你是作家，如何才能用这些平常的素材写出一篇有着别样意味的小说呢？这是本课的主问题，意在引领学生进入言语思维内部。不过，还缺一个切入口。这个切入口，便是文末的一句话：

真的，一直到现在，我实在再没有吃到那夜似的好豆，——也不再看到那夜似的好戏了。

做此选择，是因为从全文来看，这句话里含有两组矛盾：一是所谓的"好豆"，其实就是平常的罗汉豆，并没有特别好吃；一是所谓的"好戏"，实际上并不十分好看，小伙伴们甚至都没看完就回去了。

2. 分析矛盾

有了矛盾，便有了思维方向和思维内容：究竟是什么样的"好豆""好戏"？为什么"我"再没有吃到或看到呢？

通过讨论，学生很快就明白了。原来豆很平常，戏也不怎么好看，只不过是跟"我"一起吃豆、看戏的人不一样罢了。所以，"我"所吃、所看的并不是豆和戏本身，而是与小伙伴们"偷吃"时的"回味无穷"，"藏吃"时的"窃喜"，"议吃"时的"幼稚可爱"。"我们"吃的、看的、感受到的，其实，是一种氛围，一种情分，一种儿时的友谊，一种只有儿童时代才会有、只有平桥村才能有的乡土情怀。然而，现在这一切似乎都离"我"而去了。那种深深的留恋、遗憾和失落之情自然就充溢于字里行间。这样读，小说的主题就深了许多。

3. 探寻策略

此时，再回到上课伊始的主问题上来，学生便会很自然地明白，在写作中引入矛盾，可以引起读者的反思，使文章别有意味。

（二）更有深度

但是，仅仅使语篇主题别有意味，还是不太够的，作为一篇经典小说得更有深度才行，而这就需要用到对比思维了。

1. 都市乡愁：北京戏与社戏的对比

于是，再次回到主问题上来，只不过，有所拓展：如果你是作家，如何才能更进一步用平常的素材写出一篇有深度的小说呢？

教学中，把原文发给学生后，再让学生读课文结尾，学生很快便从"一直到现在"一语中明白，课文只是对"我"看社戏的反思，而原文却是对"我"曾经看过的三场戏进行了反思。这样一来，学生不但意识到语篇主题可能会发生某种偏移，而且还意识到看北京戏与看社戏之间构成了对比，且这样的对比，必然会引起读者强烈的反思：同样是中国戏，同样"大敲""大叫""大跳"，为什么北京戏使看客头昏脑眩，而社戏却别有风致呢？这样的对比有什么特别的意味吗？

原来，在鲁迅眼里，中国的戏院不过是中国社会的一个缩影罢了。所谓"北京戏"，其实代表着都市社会，而"社戏"则代表着乡村社会。"我"越是赞美、留恋代表乡村社会的社戏，越是凸显作者对代表着都市社会的令人头昏脑眩的北京戏的逃离。《社戏》一文的主题，便在对比思维的加持下，有了质的飞跃。

2. 都市乡愁：都市与乡村的人际关系的对比

然而，在作者看来，这样的都市乡愁似乎还不够浓厚，还需要进一步强化才行。于是，便把原文中出现两次的"不适于生存了"所表现的都市里那种庸俗、冷漠、自私的人情人际关系，跟平桥村和谐、淳厚的人际关系进行了对比。而且，这样的对比越是强烈，田园牧歌中的都市乡愁便越是浓厚而深切。

至此，《社戏》一文的主题，便在双重对比的加持下，由对"早年乡村生活的留恋"深化到了"田园牧歌中的都市乡愁"。

8. 复式对比式言语思维教学

课式简论

复式对比式言语思维教学是用复式对比思维进行任务群教学的一种课式。

复式对比思维，本质上仍旧是一种对比思维，只不过，在表层言语材料的对比中，还暗含着更深一层甚至两层的对比。运用这样的言语思维方式进行教学，不但能展现语篇的表层内容，还能把其内在的多层级的思想、情感展现出来。展现的过程，既是一个理解、体悟语篇的过程，同时，也是一个假想性写作教学的过程，这样，便把阅读与写作有机地融合在一起了。

教学时，可从下面两个方面展开：

1. 表层对比

只要运用对比思维进行写作，不管是显性对比，还是隐性对比，从材料指向意图的角度来看，一定会存在着一组或几组相反或相对的言语材料。所以，首先要引领学生找到相关的言语材料，弄清言语材料想要表达的意图，然后，再把言语材料进行比照，这样，就可以在强烈的反差中，明晰作者想要表达的真正的写作意图。

由于对比思维本质上也是一种审美思维，其审美张力的大小、色彩的丰富程度与内涵的多少，既取决于言语材料从什么角度进行对比，又取决于对比的力度有多大，所以，教学中，除了要注意引领学生体会言语材料是如何对比的，还要关注它们之间的反差度。因为反差越大，就越能凸显作者的写作意图，就越使语篇具有审美张力。

2. 深层对比

相较于表层对比，深层对比可能要复杂一些。

虽然都知道深层对比肯定要比表层对比所表达的思想、情感深刻得多，但是，由于它常常隐藏在表层对比之下，人们并不能轻易地发现它的存在。这是导致人们解读语篇的深度不够，教与学都在平面上滑行的主要原因之一。当然，延伸到写作教学中，如果学生只会表层对比思维的话，那么，想写出更深刻的文章也是相当困难的。

教学时，可以引领学生特别关注文中充满矛盾与纠结的言语材料或关键性的词语，从情感、心理的发展变化深入人物的灵魂深处。然后，再回头审视表层对比的言语材料，便能较为方便地窥视到隐藏在表层对比背后的深层对比，随之而解开的，则是作者运用复式对比所要表达的真正的写作意图。跟显性对比一样，隐性对比也是一种审美思维，所以，其对比的力度越大，作者的写作意图越是凸显，而且，越是具有审美张力。

《故乡》教学实录

一

师：同学们，今天学习鲁迅的短篇小说《故乡》。课文都预习过了吧？

生：预习过了。

师：那咱们检查一下。少年闰土的脸是圆圆的，而且是健康的紫色，二十多年后却变成了什么样？

生：脸色灰黄，有很深的皱纹。

师：他的眼睛如何？

生：眼睛也像他父亲一样，周围都肿得通红。

师：这说明什么？

生：说明他身体不好，不是很健康，而且人也衰老了许多。

师：先前头戴小毡帽，现在呢？

生：现在头上戴着一顶破毡帽。

师：而且身上——

生：而且身上只一件极薄的棉衣，浑身瑟索着。

师："破""只"是很有意味的，它们都说明了什么？

生：说明中年闰土的家里很贫穷。

师：先前颈上还能戴着银项圈，这说明什么？

生：说明少年闰土的家里不是特别的穷。不然的话，即便闰土的父亲再怎么爱闰土，再怎么怕他死去，闰土也没办法戴银项圈。

师：现在还戴吗？可能是什么原因？

生：现在不戴了。小孩子可以戴，成年人一般是不戴的，即便能戴，怕也穷得戴不起了。

师：先前红活圆实的手变成了什么样儿？

生：变成了又粗又笨，而且开裂的松树皮。

师：是什么让他的手变成了又粗又笨而且开裂的松树皮呢？

生：是艰难的生活。

生：是日复一日的劳动。

师：我们再来看看动作、语言。中年闰土变得麻木、迟钝，像个木偶人一样，二十多年前的少年闰土也是这样吗？

生：不是的。他非常会说。

生：他懂得很多东西。

师：学到这里，我们就要思考两个问题了。首先，第一个问题，是什么原因把一个健康、活泼、可爱的少年闰土苦成了这样呢？

生：多子，饥荒，苛税，兵，匪，官，绅。

师：这个问题不难。难的是第二个问题，作者为什么要把二十多年前的少年闰土和二十多年后的中年闰土进行对比，而且还如此强烈？仅仅是为了把闰土变成这样的原因告诉读者吗？

（生没有头绪。）

师：小说所表现的仅仅是闰土等某个具体人物的遭遇吗？

生：不是的。应该是当时所有的普通农民。

师：再联系一下当时的时代背景，小说揭示的是 1911 年辛亥革命之后中国农村的社会状况。现在知道为什么要这样对比了吗？

生：知道了。是为了告诉读者自然灾害和多子的家庭状况，对像中年闰土一样的广大农民的伤害有多大。

生：是为了揭示 1911 年辛亥革命后，军阀、盗贼、官僚、地主乡绅的迫害、压榨对广大农民的巨大伤害。

师：对的。而且少年闰土与中年闰土对比的力度越大，这种伤害被表现得就越深刻，越淋漓尽致。这是少年闰土与中年闰土对比的第一层含义。

通常来说，小说写到这儿已经不错了，但是，作者还嫌不够。如果你是作家，如何才能让平常的对比更深刻一些呢？（屏显）

我们先来看看，文章是如何描写中年闰土来见"我"的动作、语言、神态的，要知道，离乡二十余年的"我"刚从相隔两千余里的他乡异地回来。请读课文，把相关语句画下来。

（生看课文，并画下相关语句。）

师：像这样的描写，文中有很多。我们选择一个片段看一看。

【屏显】

他站住了，脸上现出欢喜和凄凉的神情；动着嘴唇，却没有作声。他的态度终于恭敬起来了，分明的叫道：

"老爷！……"   （课文第 59、60 自然段）

师：这是一段很有意味的话。我们来读读看。谁来读第一句？

生：他站住了，脸上现出欢喜和凄凉的神情。（读得没有感情。）

师：你读出中年闰土欢喜和凄凉的神情了吗？欢喜的神情应该用升调好还是降调好？（生：升调。）那凄凉呢？（生：降调。）那你再试试。

（生再读，有了进步。）

师：闰土为什么欢喜？又为什么感到凄凉？

生：闰土之所以欢喜，是因为他见到了分别二十多年的童年的朋友。他之所以感到凄凉，可能是想到自己的处境，过得十分艰难吧。

师：简单的一句话中包含了中年闰土欢喜与凄凉两种截然相反的情感。再请一位同学读一读，要把中年闰土内在情感的纠结读出来。

板书   欢喜与凄凉的情感纠结

（生读得不错。）

师：我们再来读一读第二句话，谁来试一试？

生：动着嘴唇，却没有作声。（没有读出感情。）

师："动着嘴唇"说明什么？

生：说明中年闰土的心里有许多话想对"我"说，毕竟他们曾经是无话不谈的好朋友。

师：为什么又没有作声呢？

生：毕竟时过境迁，现在大家都成年了，像儿时那样说话似乎不合适。所以中年闰土没有作声。

生：可能觉得他们的身份不一样吧。

师：这又是一重纠结，是欲说还休的纠结。

板书　欲说还休的纠结

师：谁再来试试，要把这种纠结读出来。

生：动着嘴唇，却没有作声。（有进步。）

师："动着嘴唇"应该读得快一点还是慢一点？

生：快一点。

师：为什么？

生：因为他心里有好多的话想对"我"说。

师：对的。而且还要升一点调，那样就更好了。"却没有作声"这句话，可以紧接着快速读出来吗？

生：不行，因为没有把闰土内心的纠结读出来。

师：应该如何读？

生：应该稍微停顿一下，慢一点。

师：这样，才能把——

生：闰土内心的纠结读出来。

师：对的。而且还要慢一点，再降一点调。谁再来试试？

（生尝试多遍，终于好了很多。）

师：我们再来读第三句话。谁来试试？

生：他的态度终于恭敬起来了，分明的叫道："老爷！……"（没有读出感情。）

师：这段话的前半句中有一个词特别有味道。是哪个词？为什么？

生：是"终于"这个词。因为这个词暗含中年闰土的内心经历了一个纠结的过程。

师：中年闰土的心里是怎样纠结的呢？

（生答不上来。）

师：少年闰土称呼我什么？（生：迅哥。）现在却称呼我什么？（生：老爷。）

师："叫"我""迅哥"，说明闰土跟"我"的关系怎么样？

生：亲近。

师：而叫"老爷"呢？

生：叫"老爷"看起来是恭敬，实际上，却说明闰土跟"我"之间的关系已经生疏了。

师：这种亲近与生疏之间的纠结，反映了闰土什么样的内心世界呢？

板书　　　亲近与生疏的纠结

生：在中年闰土看来，他和"我"其实是两个世界的人，是有等级差别的。

生：中年闰土的内心在搏斗。一会儿觉得应该亲近，一会儿觉得身份有别，应该恭敬。他很纠结。

生：一番纠结之后，他选择了恭敬。

师：对的。注意，哪里要读出中年闰土的纠结？（生：终于。）谁来试试？

（生读得不好。）

师：怎么读"终于"一词，才能突出闰土内心的纠结？

生：适当重读而拉长。

师：对的。这是今天教的第三种朗读的方法。咱们再来试试。

（生读得挺好。）

师：这后半句当中也有一个词特别有味道。是哪一个词？

生：老爷。

师：这个词表明对"我"称呼的变化，当然是有意味的。不过，有一个词比它还有味道。

生：分明。

师：为什么？

（生答不上来。）

师：什么叫分明？

生：清楚明白的意思。

师：这是这个词的字面意思。其实，去掉"分明的"这三个字，原句的意思也能表达得很清楚，不信你试一试。

生：他的态度终于恭敬起来了，叫道："老爷！……"

师：是不是很清楚啊？很显然，"分明"这个词除了表面上的陈述性意义，还暗含有特别的情感意味。那是一种什么样的情感意味呢？试想一下，是谁能清楚地听到闰土叫"我""老爷"呢？（生：闰土。）仅仅是闰土本人吗？想想，还有谁呢？

生：还有"我"，还有"我"听得分明。

师：我为什么那么清楚，那么明白地听到闰土叫我"老爷"呢？

生：因为二十多年前他都叫"我""迅哥"，现在竟然叫"我""老爷"。

师：所以我感到特别的——（生：特别的吃惊。）好，读出"吃惊"来。

生：他的态度终于恭敬起来了，分明的叫道："老爷！……"（没有读出感情。）

师：再夸张一些，就更好了。

（好了许多。）

师：还有别的情感吗？请看课文第 61 自然段。我们一起来读一读。

生（齐）：我似乎打了一个寒噤；我就知道，我们之间已经隔了一层可悲的厚障壁了。我也说不出话。

师：我们之间已经隔了一层可悲的厚障壁了。说明"我"与闰土之间已经有了什么？

生：有了隔膜。

生：陌生了。

生：有了等级的差别。

生：有了身份的差别。

……

板书　隔膜陌生

师：所以，"我"感到十分的——

生：悲哀。

生：难过。

师：好，读出"悲哀"来。

生：他的态度终于恭敬起来了，分明的叫道："老爷！……"

（读了数次，渐佳。）

师：但是二十年前"我"和闰土之间不是这个样子的啊。请
读——

【屏显】

绳子只一拉，那鸟雀就罩在竹匾下了。什么都有：稻鸡，角
鸡，鹁鸪，蓝背……　（课文第18自然段）

你便捏了胡叉，轻轻地走去……　（课文第23自然段）

他的皮毛是油一般的滑……　（课文第26自然段）

我们沙地里，潮汛要来的时候，就有许多跳鱼儿只是跳，都
有青蛙似的两只脚……　（课文第28自然段）

师：请注意这四个省略号。说明什么？

生：说明我们有说不完的话。

师：二十多年前"我"与少年闰土陌生吗？

生：不，他们并不陌生。他们无话不谈，十分快乐融洽。

板书　快乐融洽

师：同学们，学到这儿，我们再回头看少年闰土与中年闰土的第

147

一层对比，现在还觉得那仅仅是容貌、动作、语言上的对比吗？其更深一层的对比是什么？

生：是快乐融洽与隔膜陌生的对比。

师：对的。现在让我们回顾一下，作者是如何使平常的对比产生第二层深刻的含义的？

（生没有头绪。）

师：我们刚才读的几个词语都具有什么特点？

生：都能表现人物内在心理、情感的纠结。

师：现在明白了没？

生：明白了。就是通过能表现人物心理、情感纠结的词语，从人物的情感、心理的发展变化深入人物灵魂，使平常的对比产生第二层的深刻含义。

师：学到这里，我们对少年闰土与中年闰土的对比的理解又进了一层，但是作者写这篇文章，其实还有更深的用意。

请看课文第 31 自然段。

【屏显】

现在我的母亲提起了他，我这儿时的记忆，忽而全都闪电似的苏生过来，似乎看到了我的美丽的故乡了。 （课文第 31 自然段）

师：这里的"他"指的是谁？（生：少年闰土。）"儿时的记忆"包括哪些呢？

生：少年闰土与"我"之间的故事。

……

师：对，也包括这样一个画面——

【屏显】

深蓝的天空中挂着一轮金黄的圆月，下面是海边的沙地，都种着一望无际的碧绿的西瓜，其间有一个十一二岁的少年，项带银圈，手捏一柄钢叉，向一匹猹尽力的刺去，那猹却将身一扭，反从他的胯下逃走了。 （课文第 12 自然段）

师：这是一个什么样的画面？

生：一个美丽的明亮的画面。

师：在"我"心中这个美丽的画面，实际上代表了"我"的什么？（生：美丽的故乡。）而现实中的故乡又是什么样的？

生：灰暗的，悲凉的。

师：课文是如何描写现实中的故乡的？

生：时候既然是深冬；渐近故乡时，天气又阴晦了，冷风吹进船舱中，呜呜的响，从篷隙向外一望，苍黄的天底下，远近横着几个萧索的荒村，没有一些活气。我的心禁不住悲凉起来了。

师：作者在这里把记忆中的故乡和现实中的故乡进行对比，有什么深刻的用意吗？请看当时的写作背景。

【屏显】

辛亥革命后，我国农村凋敝，农民遭受残酷剥削压迫。1919 年 12 月，鲁迅回故乡绍兴接母亲赴北京，目睹故乡残破景象，农民日益贫困，感到十分悲痛，一年后，以这次经历为题材创作了小说《故乡》。

师：作者悲痛的是什么？

生：故乡残破景象，农民日益贫困。

师：作者记忆中的美丽故乡还在吗？

生：不在了。

师：所以，"我"感到十分悲痛。那么，作者根据这次回乡的经历，以"故乡"为题，创作这篇小说的目的又是什么呢？仅仅是感叹故乡残破，农民生活贫困吗？他还在寻找什么呢？

生：寻找失去的美丽故乡。

生：寻找新的生活的道路。

师：这便是少年闰土与中年闰土对比的第三层含义。现在再回头看看，这篇小说写的仅仅是闰土的故事吗？

生：不，还是"我"的故事。

师：对的，是关于"我"的精神历程的故事。

板书　　"我"的精神历程

师：从三个方面对比了少年闰土和中年闰土的生活之后，我们再来问一句，"我"喜欢、欣赏中年闰土这样的生活吗？为什么？

生：不喜欢。

师：为什么呢？

（生迟疑。）

师：可以用课文第86自然段中的一句话来回答。

【屏显】

　　然而我又不愿意他们因为要一气，都如我的辛苦展转而生活，也不愿意他们都如闰土的辛苦麻木而生活，也不愿意都如别人的辛苦恣睢而生活。他们应该有新的生活，为我们所未经生活过的。

生：因为他的生活太过辛苦而麻木了。

师：对的。

二

师：我们再来看看杨二嫂。二十多年前的杨二嫂是凸颧骨、薄嘴唇吗？

生：不，颧骨没这么高，嘴唇没这么薄。

师：二十多年前的杨二嫂像个细脚伶仃圆规吗？有那么丑吗？

生：不是的。她擦着白粉，人称"豆腐西施"，还是蛮漂亮的。

师：二十多年前是终日坐着，没有什么语言描写。二十多年后呢，是什么样子？

生：尖酸刻薄。

师：是什么原因导致她这样呢？

生：跟闰土一样，除多子之外，饥荒，苛税，兵，匪，官，绅，同样把她苦成了这样。

师：这是"豆腐西施"与"圆规"的第一层对比。上面我们刚刚说到，这篇小说写的不仅仅是闰土的故事，更是审视了谁的精神历程？

生：审视了"我"的精神历程。

师：所以，第一层对比之后，显然，作者还有更深的用意。二十多年前"豆腐西施"以色相卖豆腐时，因为年龄的关系，"我"对她未蒙感化。这里的"未蒙感化"，可以作何理解？

生：没有为她色相所迷惑。

师：既然没有被迷惑，那说明那时的"我"跟"豆腐西施"的关系并不很近。那"我"讨厌"豆腐西施"吗？跟她说话会觉得有障碍吗？

生：也不讨厌她呀。应该没有障碍。

板书 未蒙感化的无碍

师：但是二十多年后当"豆腐西施"变成"圆规"时，"我"对她的感觉发生了什么样的变化？请到课文中找一找，"圆规"跟"我"说话时，"我"说了什么话，神态动作又是怎样的？

生："那有这事……我……"我惶恐着，站起来说。

生："我并没有阔哩。我须卖了这些，再去……"

生：我知道无话可说了，便闭了口，默默的站着。

师：很显然"我"和"圆规"之间也产生了什么？

生：隔膜。

生：两人之间已经无话可说。

板书　　无话可说的隔膜

师：所以"豆腐西施"与"圆规"的外貌、动作、神态、语言表层对比中，还暗含着"我"的未蒙感化的无碍与什么产生了更深层次的对比？

生：与无话可说的隔膜产生了对比。

师：那么，"我"喜欢"圆规"这样的生活吗？

生：不喜欢。

师：为什么？也请用课文第86自然段中的一句话来回答。

【屏显】

　　然而我又不愿意他们因为要一气，都如我的辛苦展转而生活，也不愿意他们都如闰土的辛苦麻木而生活，也不愿意都如别人的辛苦恣睢而生活。他们应该有新的生活，为我们所未经生活过的。

生：不喜欢，因为太过"辛苦恣睢"了。

师：什么叫"恣睢"？

生：任意胡为。

三

师：对的。那么，"我"喜欢"我"这样的生活吗？为什么？

生：也不喜欢。因为太过"辛苦展转"了。

师：那"我"究竟期盼着"我"，期盼着人们都能过上一种什么样的生活呢？"我"从哪里看到了希望？

生：从"我"的侄子宏儿与闰土的孩子水生之间看到了希望。

师：对的，成人之间是隔膜的，但是孩子之间却是怎么样的？

生：一气。

师：这样，成人之间的隔膜便跟孩子之间的什么构成了对比？

生：一气。

师：对的。不过，成人之间的隔膜与孩童之间的一气的对比是表层的，其深层是一种什么样的对比？

（生沉默。）

师："我"喜欢成人之间的隔膜吗？

生：不喜欢。

生：我感到很失望。

师：但是，"我"却对孩童之间的一气充满了——

生：充满了希望。

生：哦，我明白了。成人之间的隔膜与孩童之间的一气的对比是表层的，其深层是失望与希望的对比。

师：对的。现在我们再来看一看当时的写作背景。

作者创作《故乡》，仅仅是表达悲痛吗？作者借"我"之口，实际上还表达了——

生：还表达了作者的希望。

师：对的。经历痛苦之后，终于看到了希望，欣慰之情溢于言表。请读出欣慰之情。（手指屏幕。）

【屏显】

我在朦胧中，眼前展开一片海边碧绿的沙地来，上面深蓝的天空中挂着一轮金黄的圆月。

（生读。）

师：经历痛苦之后，终于看到了希望，欣喜之情溢于言表。请读出欣喜之情。

（生读。）

师：而这种欣慰、欣喜之情，不仅仅是"我"个人的，更是民族的、国家的。再次读出其中饱含的感情。

（生读。）

师：那么，这个希望之路究竟在哪里呢？

生：作者并没有明确说出。

生：但是作者也说了，地上本没有路，走的人多了，也便成了路。

【屏显】

> 我想：希望是本无所谓有，无所谓无的。这正如地上的路；其实地上本没有路，走的人多了，也便成了路。

师：对的。作为一个新知识分子，作为一个文化的启蒙者，囿于时代的局限性，"我"虽然并不能确切地知道路在哪里，但是只要走起来，只要探索的人多起来总会找到路的。这样，人民就有希望，民族就有希望，国家就有希望。

这节课就上到这儿。课后，请同学们用这节课学到的复式对比思维完成课后习题五。

《故乡》教学反思

一、教学起点反思

《故乡》诞生百年来，人们从各种不同的角度进行教学实践研究，取得了丰硕的成果，但是依然有两个问题不容忽视：

1. 《故乡》主要讲的是闰土等人的故事吗？

从积存文献来看，许多关于《故乡》的解读和教学设计，大都是基于课文主要讲的是闰土等人的故事而展开的。这本没有太大的问题，只是我们不能忽略的是，《故乡》采用的是一种回故乡—在故乡—离故乡的"归来—离去"式叙事模式，表现的是"还乡"母题。所以，《故乡》讲述的不仅仅是闰土等人的故事，更是"我"的故事。闰土的故事是包含在"我"的故事之中的。这样理解和教学《故乡》，或许能更客观一些，更深刻一些。

2. 《故乡》的深刻主题是如何表现出来的？

人们大都认为《故乡》表现了深刻的思想、情感，却又不大说得清作者是如何表现出来的。有人认为，是运用现实与回忆穿插交织的叙事方式表现出来的；也有人认为是通过语言、动作、心理描写，在塑造人物形象的过程中表现出来的。这些观点自然有一定的道理，但是，总觉得缺乏足够的说服力。之所以会如此，那是因为这些大都是外在的、结构化的解读，太过表层化、平面化，很难深入下去。其实，只要从言语思维的角度切入，运用复式对比思维进行解读即可。

二、教学设想反思

人们在教学《故乡》时，由于教学起点不同，所教的内容和采取的策略方法大相径庭。有教"我"的情感的，有教闰土等人的情感的，有教最后的议论句的，还有从小说的"三要素"去教的。这样教不但很难深入语篇深处，也很难适应听说读写高度融合的任务群教学，所以，并不十分恰当。

其实，认真解读语篇，我们便不难发现《故乡》运用了大量的复式对比。如少年闰土与中年闰土的显性对比中包含着快乐融洽与隔膜孤独的对比，"豆腐西施"与"圆规"的显性对比中包含着未蒙感化的无碍与无话可说的隔膜的对比，成人之间与孩童之间的表层对比中包含着失望与希望的对比。鉴于此，我以为不妨从言语思维的角度，以"运用复式对比深化文章主题"为主线展开任务群教学，这样，便能兼顾《故乡》的阅读教学和后续的写作教学。

三、教学过程反思

然而，这样教学并不容易，不但要带领学生理解每组对比中暗含着什么样的显性对比和隐性对比，还要揭示每组复式对比都共同指向哪里，这样，学生才能真正理解《故乡》，并为后续的写作教学打下基础。

（一）第一组复式对比

1. 第一层对比

第一组复式对比是指少年闰土与中年闰土的对比。其只是言语表层意义上的对比，并没有深文大义，所以，教学难度并不大。教学中，只设计了一个很简单的问题：少年闰土的脸是圆圆的，而且是健康的紫色，二十多年后却变成了什么样？

对于这个问题，学生很容易从书中找到答案，但对其的解答本质上是一种认知性知识的获得，这显然不是对比思维的主要诉求。对比是为了使问题突出显豁，是为了引起人们的反思。于是，我便追问学生：是什么原因把一个健康、活泼、可爱的少年闰土苦成了这样呢？这样，学生便明白了，作者这样写其实是为了揭示 1911 年辛亥革命后，军阀、盗贼、官僚、地主乡绅的迫害、压榨对普通农民的巨大伤害。

2. 第二层对比

通常情况下，我们可以引领学生关注文中充满矛盾、纠结的言语材料或关键性的词语，从情感、心理的发展变化深入人物的灵魂深处。于是，我以课文第 59、60 自然段为突破口，抓住"欢喜"与"凄凉"，"动着"与"没有作声""终于"等充满矛盾、纠结的关键词组，引领学生读出闰土"欢喜与凄凉的情感纠结""欲说还休的纠结"和"亲近与生疏的纠结"等复杂而痛苦的情感心路。而这一切都说明，中年闰土同"我"有了隔膜，这跟儿时的"我们"显然是不一样的，于是，快乐融洽与隔膜陌生更深层次的对比，便显现了出来。

3. 第三层对比

其实，作者那么深情回忆的并不仅仅是少年闰土这个人物，更多的是记忆中的故乡，于是，我便再次设问：作者在这里把记忆中的故乡和现实中的故乡进行对比，有什么深刻的用意吗？这样一设问，第三层对比的含义也出来了：原来是为了寻找失去的美丽的故乡，是为了寻找新的生活。这样，学生自然而然就明白了，小说所写的不仅仅是闰土的故事，其实，更是关于"我"的精神历程的故事。至此，少年闰土和中年闰土之间的复式对比的全部含义便揭示了出来。

按说，教到这儿，本可以结束第一部分的教学了，但我追问了一句："我"喜欢、欣赏中年闰土这样的生活吗？为什么？

看起来，这是闲来之笔，可有可无，实则不然。因为本课有多组复式对比，它们不是彼此独立、毫无关系的，不然的话，就无法形成一篇完整的小说了，它们都有一个共同指向，那就是小说末尾所揭示的"我"的态度、"我"的情感和"我"的思考。第一组对比指向的，是我并不喜欢中年闰土这样的生活，因为太过辛苦而麻木。

（二）第二、三组复式对比

第二、三组复式对比是指"豆腐西施"与"圆规"、成人之间与孩童之间的对比。

有了第一组复式对比的学习经验，再来学习《故乡》的第二、三组复式对比，就容易了许多。比如，在教完第二组的表层对比之后，便引导学生：第二组对比跟第一组对比一样，也不仅仅写的是"豆腐西施"与"圆规"的故事，更是对"我"的精神历程的再次审视。于是，学生便明白了，在"豆腐西施"与"圆规"的外貌、言行的表层对比的背后，是未蒙感化的无碍与无话可说的隔膜的第二层复式对比。而这，同样指向小说末尾所揭示的"我"的态度、情感与思考：我并不喜欢"圆规"那样的生活，因为太过辛苦而恣睢。

同样道理，第三组对比也指向末尾所揭示的"我"的态度、情感与思考："我"并不喜欢"我"那太过"辛苦展转"的生活。而且，第三组表层对比的背后，也是对"我"的精神历程的审视，是失望与希望的复式对比。它使像"我"一样的新知识分子和文化启蒙者，从孩子之间的关系上看到了希望，尽管这样的希望由于时代的局限还不明晰。

总之，在上述教学中，学生不但深切地理解了作者是如何让平常的对比一层层深化的，还明白了所有的对比都要指向一个共同的方向，这样，才能用复式对比思维完成一篇小说语篇的创作。

9. 暗示式言语思维教学

课 式 简 论

暗示式言语思维教学是借鉴心理学的暗示理论，从言语思维的角度进行任务群教学的一种课式。

所谓"暗示"，就是通过某种手段使人不自觉地接受某种观点、信念、态度或行为模式的影响，从而在心理状态和行为上发生相应变化的过程。① 暗示本是心理学概念，这里借用来作为言语思维教学的一种策略及方法。

教学时，可从两个层面展开：

1. 找出暗示

通常来说，实用文重实用，它的言语较为直白，追求语义表达的准确性；文学作品则重审美，它的言语更隐晦一些，常常充满暗示，追求语义的多维性。教学文学作品，不仅要教学生读出言语的表面意义，更要教学生读出言语背后的隐含意义。不过，既然是隐含意义，

————————

① 林崇德，杨治良，黄希庭．心理学大辞典［K］．上海：上海教育出版社，2003：14.

它就轻易不会显示在表层。教学时，要注意带领学生从一些反常或是颇有意味的细节、矛盾等细微处，寻找具有暗示性的言语，以便进行下一步的教学。

2. 分析理解

我们知道，任何言语表达都要用到一定的言语思维策略，细节描写与矛盾叙事也不例外，不论其如何反常，如何有意味。细节描写通常运用的是渲染思维，教学时，要从材料指向意图的角度理解、分析其暗含的特殊意义；而矛盾叙事主要采用的是矛盾思维，意在引起读者的反思，进而窥见其特殊的意义。

其实，阅读与写作是相通的。从言语思维的角度，我们可以找出细节描写或矛盾叙事中的暗示，分析理解作者的特殊用意；反之，我们也可以运用一定的言语思维策略，通过细节描写、矛盾叙事进行暗示，以表达特殊的写作意图。

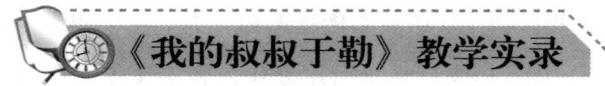

《我的叔叔于勒》 教学实录

一

师：同学们，今天，咱们学习法国作家莫泊桑的短篇小说《我们的叔叔于勒》。课前都预习过了吧？

生：预习过了。

师：好。那咱们检查一下预习情况。

【屏显】

1. 你觉得这篇小说最令人怜悯的是谁？你是从哪里读出来的？

师：你觉得这篇小说最令人怜悯的是谁？

生：我觉得最令人怜悯的是于勒叔叔。

师：你是从哪里读出来的？

生：课文第 30 自然段中写道，他又老又脏，满脸皱纹。

生：课文第 42 自然段中也有描写，那是一只满是皱纹的水手的手。那是一张又老又穷苦的脸，满脸愁容，狼狈不堪。

师：因为什么而怜悯于勒？

生：因为衰老、贫穷。

生：因为他生活艰难。

生：因为他生活愁苦。

生：因为他愁苦不堪。

师：既然如此，那就赶紧回家去吧？

生：他无家可归。

生：他之所以令人怜悯，还因为他无家可归。

师：课文中有哪个人物也在怜悯于勒呢？

生："我"——若瑟夫在怜悯于勒。

师：你能从"我"的哪些动作和神态读出"我"对于勒的怜悯之情？你来说说看。

生：我是从第 30 自然段中的"端详"这个词中读出来的。

师：为什么从"端详"一词就能读出"我"在怜悯于勒呢？要想解决这个问题，我们先来看看菲利普夫妇是如何做的。

生：菲利普夫妇看到于勒时，首先想到的是离开，是抛弃，而不是相认，当然不会仔细地看于勒。

师：菲利普夫妇为什么会离开、抛弃于勒？

生：此时的于勒没钱了，所以他们就离开、抛弃了于勒。

师：他们看重的是什么？

生：他们看重的是金钱。

师：因为他们看重的是金钱，于是，有钱就有——（生：弟弟。）就有——（生：亲情。）没钱就没有——（生：弟弟。）也没有——（生：亲情。）可见，在金钱社会人们的人性已经怎么样了？

生：扭曲了。

师：但是"我"——若瑟夫不同，"我"看重的是什么？

生：亲情。

师：所以，"我"会跟菲利普夫妇一样远离于勒吗？

生：不会。

师：不但不会，而且还会——

生：还会端详，还会仔细地看，因为那是他的亲叔叔。

师：还从哪里读出"我"在怜悯于勒呢？为什么？

生：还可以从第42自然段中的"看了看"和"又看了看"读出来。

师：这个"看了看"和"又看了看"，同样说明了这个世上还有——（生：温情。）还有——（生：亲情。）

在一个人性扭曲的金钱社会里，在一个到处都是势利、自私、贪婪、冷酷的社群里，竟然还有人如此看重亲情，是多么的弥足珍贵啊！

二

【屏显】

2. 你觉得这篇小说最令人欣慰的是谁？你是从哪里读出来的？

师：这篇小说最令人欣慰的是谁？

生："我"——若瑟夫。

师：除刚才说到的"端详""看了看"和"又看了看"之外，这种欣慰之情，还可以从哪里读出来？

生：还可以从第 42 自然段中"我"——若瑟夫说的话中读出来。

【屏显】

我心里默念道："这是我的叔叔，父亲的弟弟，我的亲叔叔。"

师：你来读第一句话。

生：我心里默念道："这是我的叔叔。"（没有什么感情。）

师：这是一个什么处境下的叔叔？

生：一个悲苦的叔叔。

生：一个衰老的叔叔。

生：一个无家可归的叔叔。

生：一个晚景凄凉的叔叔。

生：一个令人怜悯的叔叔。

师：对呀，一个令人怜悯的叔叔。请读出对叔叔的怜悯。你来读第一句。

板书 **读出怜悯**

生：这是我的叔叔。（有进步，但不够。）

师：稍微好一点儿了，不过，感情还是不到位，似乎只是在陈述一个事实——这个人是我的叔叔。要突出哪一个词才能读出我对叔叔的怜悯之情？

生："我"。

师：对啊。你再试试。

（生一遍又一遍地读，读出了怜悯之情。）

师：仅仅只有怜悯之情吗？请看第二句。"父亲的弟弟"是不是就是"我的叔叔"，仅仅是重复吗？

……

师：父亲知道于勒是他的亲弟弟吗？（生：知道。）他有没有相认？（生：没有。）明明知道是自己的亲弟弟，而且弟弟的境况又如此的糟糕，父亲竟然不相认。你说，此时的"我"会如何想？又会是一种什么心情？

生："我"不明白父亲为什么不认自己的弟弟。"我"对父亲有一种不满之情，他怎么能这样呢？

生：叔叔的生活境况如此糟糕，亲哥哥近在咫尺，就是不认自己，这也太悲凉了。

师：对的。你来读第二句话，要读出"我"的悲怆之情。

板书 **读出悲怆**

（生一遍又一遍地读；加上"啊"，体会读，直到读出悲怆之情。）

师：除了不满之情、悲怆之情，还有别的什么情感吗？请看第三句："我的亲叔叔。"重音应该落在哪一个词上？

生："亲"字上。

师：为什么？在当时的情况下，父母不认叔叔，"我"可以相认吗？

生：不能。

师：为什么？

生：我还没有独立，相认了也不能把他带回家，相认了也无法帮助他。

生：如果相认了，姐姐的婚事就黄了。

师：然而，他的确是自己的叔叔，相遇却不能相认，是多么无奈啊！请读出无奈之情。

板书　　**读出无奈**

生：我的亲叔叔。

师：加上一个叹词"啊"，再试试。

（生一遍遍地读，直到读出了无奈之情。）

师：把这几句话连起来读一读。

生：我心里默念道："这是我的叔叔，父亲的弟弟，我的亲叔叔。"（读得很有感情。）

师：读得真好！在一个人性扭曲的金钱社会里，在一个到处都是势利、自私、贪婪、冷酷的社群里，竟然还有人如此看重亲情，这多么令人欣慰啊！

三

【屏显】

3. 你觉得这篇小说最令人愤恨的是谁？你是从哪里读出来的？

师：然而，这只是一股清泉罢了。当时的主流社会是什么样子的呢？请再读课文，说说最令人愤恨的是谁？

生：最令人愤恨的是菲利普夫妇。

师：你是从哪里读出来的？

生：第31自然段中，她很快地说："我想就是他。去跟船长打听一下吧。可要多加小心，别叫这个小子又回来吃咱们！"

师：说说为什么菲利普夫妇令人愤恨？

生：克拉丽丝明明已经确认那就是他们朝思暮想的于勒，但是他们首先想到的不是相认，更不是接他回家，而是要多加小心防止于勒来吃他们。

师：这说明他们之间已经完全没有——

生：完全没有亲情了。

师：接着说。

生：第37自然段，父亲神色很狼狈，低声嘟囔着："出大乱子了！"

师：菲利普夫妇为什么令人愤恨？

生：因为菲利普已经确认那就是他的亲弟弟于勒，但是，他首先想到的，同样不是相认，更不是接他回家，而是害怕家里出乱子。

师：也就是说，他首先想到的还是自己。

生：还有第38自然段中，母亲突然暴怒起来，说："我就知道这个贼是不会有出息的，早晚会回来重新拖累我们的……已经够倒霉的了，要是被那个讨饭的认出来，这船上可就热闹了。咱们到那头去，注意别叫那人挨近我们！"

师：这段话很有意味，咱们来好好读一读。谁来读第一句？

生：我就知道这个贼是不会有出息的，早晚会回来重新拖累我们的。（没感情。）

师：嗯。读是读下来了，不过，味道似乎还不够。这里的"贼"指的是谁？

生：指的是于勒。

师：于勒来信说要赔偿父亲的损失之后，尤其是，表达出要跟菲利普一家快活地过日子的意思后，于勒在大家的眼里就变成了什么样的人？

生：变成了正直的人、有良心的人、好心的人。

师：于是，那封信便成了——

生：便成了我们家的福音书。

师：于勒本人便成了我们家的——

生：成了我们家的希望。

生：成了我们家的未来。

生：成了我们家的信念。

师：但是，现在呢？

生：虽然看到了于勒，但他却一无所有。

生（杂）：希望没有了，未来没有了，信念也坍塌了。

师：期待了十多年的希望没有了。你说，克拉丽丝能不愤怒吗？不，不是一般的愤怒，而是暴怒，一种崩溃的，歇斯底里的暴怒。你再来读读看。

生：我就知道这个贼是不会有出息的，早晚会回来重新拖累我们的。（有进步，还不太够。）

师：有进步。是有点儿愤怒了，但还没到暴怒的程度。你再来试试。

（生再读，有很大的进步。）

板书　　这是一种歇斯底里的暴怒

师：我们再来看第二句。谁来读一读？

生：已经够倒霉的了，要是被那个讨饭的认出来，这船上可就热闹了。（读得不是很好。）

师：这句话也是暴怒着说出来的。你再试一下。

（生再读，情绪是对的，但是声音有点大。）

师：嗯，声音很大，不过，这句话还要这样歇斯底里地读吗？似乎不太合适吧。那么，应该怎么去读？请看第37自然段。

【屏显】

父亲神色很狼狈，低声嘟囔着："出大乱子了！"

这里的"出大乱子"和母亲所说的那句话当中的哪个词的意思，其实是一样的。

生：这里的"出大乱子"和"这船上可就热闹了"的意思一样，都是指如果二姐夫知道于勒很贫穷的话，那么姐姐的婚事可能就要吹了。

师：为什么会吹呢？

生：这是因为二姐夫是看了于勒叔叔的信，确认他们家有钱才下决心求婚的。

师：是可能有钱。

生：对的。

师：也就是说二姐夫之所以向二姐求婚，仅仅因为看中他们家可能有钱，并不是因为二姐夫对二姐有多少感情。可见这二姐夫其实也是一个什么样的人？

生：也是一个势利的人、自私的人。

师：可见，在这金钱社会里，人性扭曲的仅仅是菲利普夫妇吗？仅仅是他们这代人吗？

生：不，还延伸到下一代人。

师：这样就使本文对金钱社会扭曲人性的批判力度大了许多，也使文章的艺术魅力提高了许多。好，咱们再回到刚才的话题上来。克拉丽丝明明气得暴跳如雷却不能声张出来，因为一声张出来，女婿就没了。如果是你，你会怎样？

生：气得牙根发痒。

生：气得咬牙切齿。

师：对呀，这是一种咬牙切齿的暴怒。谁再来试试？

板书　　**这是一种咬牙切齿的暴怒**

生：已经够倒霉的了，要是被那个讨饭的认出来，这船上可就热闹了。（有点味道了，但是还不好。）

师：这是咬牙切齿吗？这是暴怒吗？你再试试。要一字一顿地咬着牙切着齿去读才对呀。

（生多次朗读，终于读出了感情。）

师：我们再来看第三句。谁来读一读？

生：咱们到那头去，注意别叫那人挨近我们！（没什么感情。）

师：注意，这同样是克拉丽丝暴怒着说的，但是又跟前面两句有所不同。请看下面一句话。

【屏显】

　　　她说完就站起来，给了我一个五法郎的银币，就走开了。

（课文第 38 自然段）

"就"是什么意思？连用两个"就"字说明什么？

生：说明内心很慌。

生：要赶快离开，不然就会出乱子了。

师：所以，第三句话同样是暴怒着说的，内心却多了一些什么？

生：慌张。

师：对的。这是一种着急忙慌的暴怒。谁再来试试？

板书　　这是一种着急忙慌的暴怒

（生反复读，读出了感情。）

师：咱们一起把这段话连起来读一读。母亲突然暴怒起来，说——

（生读，连续几遍之后，很有感情。）

师：同学们，菲利普盼望多年的弟弟于勒终于回来了，克拉丽丝盼望多年的小叔子于勒，终于回来了。他们有没有与于勒相认并把他带回家？

生：没有。而是以最快的速度躲开了。

师：为什么？

生：因为于勒没有钱。

师：也就是说，他们的眼里只有什么？（生：金钱。）根本就没有亲情。他们在金钱社会里已经异化为一个势利、自私、贪婪、冷酷的人，他们的人性已经扭曲了。所以最让人愤恨的便是菲利普夫妇。

师：学到这儿，咱们来小结一下。统观全文，无论是令人怜悯的于勒，还是令人欣慰的若瑟夫，抑或是令人气愤的菲利普夫妇，作者的塑造都落在了对当时社会的批判，对扭曲人性的批判。所以，本文的主题是——

生：批判金钱社会对人性的扭曲，批判菲利普夫妇的势利、自私、贪婪、冷酷。

四

师：这便是通常人们对这篇小说的理解。然而，仅仅如此理解，似乎是不够的。要知道，这毕竟是一篇世界著名的小说，莫泊桑毕竟是世界短篇小说巨匠。作者究竟还赋予了这篇小说什么样的深刻内涵呢？我们不妨从作者写作的角度来看一看。

请看课文第 1、2 自然段。你们从中读出了什么？

生：我读出了菲利普夫妇家境的困难。

生：我读出了克拉丽丝面对拮据生活的痛苦。

生：我读出了他们的艰难与无奈。

师：所以，本文仅仅是批判金钱社会对人性的扭曲，批判菲利普夫妇的势利、自私、贪婪、冷酷吗？除此之外，还有什么？

生：还有对菲利普夫妇的同情。

师：老师再补充一个被教材编写者删去的细节，你们阅读后或许就更明白了。

【屏显】

我的母亲常常为我们的生活过得如此拮据而苦恼不堪，常常对她的丈夫说一些尖酸刻薄的话，常常语带讥讽地责备他。往往在这种时候，这个可怜的人就会做出一个令人痛心的手势。他什么也不说，只是张开手在脑门上揩揩，似乎想要揩去根本就不存在的汗水。那样一种无能为力的痛苦我能感觉得到。　　（选自谢红译文）

师：你们从中读出了什么？是从哪里读出来的？

生：读出了作者对菲利普夫妇的同情，我是从"可怜"和"令人痛心"读出来的。

师：读到这儿，你还认为这篇文章仅仅批判了金钱社会对人性的扭曲吗？仅仅批判了菲利普夫妇的势利、自私、贪婪、冷酷吗？

生：还有对菲利普夫妇的同情。

师：进一步说，还有对像菲利普夫妇一样的小人物的——

生：深深同情。

师：对的。不过，学到这儿，似乎有一个矛盾，需要引起我们的注意。作者一边批判菲利普夫妇势利、自私、贪婪、冷酷，一边又同情他们，这是怎么回事呢？

（学生答不上来。）

师：菲利普夫妇人性扭曲是事实，他们势利、自私、贪婪、冷酷也是事实，但是，这是他们愿意的吗？是什么造成的？

生：是生活造成的。

生：是当时的社会造成的。

师：对呀。这样，就由菲利普夫妇，引向了更为深层的造成他们人性扭曲的那个社会，如此一来，批判的力度、批判的深度是不是大大加强了？也就是说，这篇小说的内涵便在作家不经意间的细节描写中如何了？

生：深化了。

生：拓展了。

板书　　通过细节深化内涵

171

师：对的。读与写是互通的，作者通过细节描写来深化小说内涵，我们也可以通过细节描写来深读文章。这是一种很好的阅读方法。只可惜，像这样的细节在编进教材时，被大量删除了。因此，在不同程度上影响了人们对这篇小说的理解。

五

师：咱们再来看。于勒这个人物形象仅仅是令人觉得怜悯这么简单吗？请找出课文中跟于勒有关的句段，说说从中你读出了什么。

生：课文第 6 自然段。说明于勒早年不学好，是一个糟蹋钱的家伙。

生：从课文第 30 自然段中"眼光始终不离开他手里的活儿"可以看出他已经成为一个自食其力的劳动者。

生：从课文第 43 自然段中"赶紧谢我"看出，他是一个懂得感恩的人。

生：课文第 33 自然段中，也有一句写到了于勒，"据说他在勒阿弗尔还有亲属，不过他不愿回到他们身边，因为他欠了他们的钱。"从中可以看出他是一个自尊、要脸面的人。

师：你们看，于勒的形象是不是发生了一些变化？（生点头。）其实，课文中还有两处直接描写了于勒。在哪里？

生：于勒写回来的信。

师：我们着重看看第二封信。

【屏显】

两年后又接到第二封信，信上说："亲爱的菲利普，我给你写这封信，免得你担心我的健康。我身体很好，买卖也好。明天我就动身到南美去作长期旅行，也许要好几年不给你写信。如果真不给你写信，你也不必担心。我发了财就会回勒阿弗尔的。我

希望为期不远，那时我们就可以一起快活地过日子了。"　　（课文第 10 自然段）

你们有没有发现这封信里许多地方是前后矛盾的。咱们找找，看能不能从中读出一些什么来。

生：既然买卖很好，为什么放着生意不做，去南美作长期旅行呢？

生：长期旅行难道就不能写信了吗？

生：既然买卖很好，那就是很有钱啊，怎么还要等发了财才回勒阿弗尔呢？

师：于勒为什么要写这么一封前后矛盾的信呢？他为什么要骗家人呢？

（生答不上来。）

师：出门在外的人常常会怎么样？

生：报喜不报忧。

师：为什么报喜不报忧？

生：怕家人担心。

生：哦，我明白了。于勒也是怕家人担心。

师：对啊。于勒也是有家人的。那于勒还是从前那个行为不正、糟蹋钱的人吗？还是那个不顾别人的人吗？

生：不是了。他变得担心家人，理解家人了。

生：他的生命有了温度。

师：嗯，对的。那么，于勒还是那个仅仅让人怜悯的人物形象吗？显然不是的，仔细研读相关语段，我们发现他的身上散发着——

生：散发着生命的光彩。

生：散发着人性的光辉。

师：我们再来小结一下。作者是通过什么来深化小说的内涵的？

生：通过矛盾。

板书 **通过矛盾深化内涵**

师：对的。作者是通过矛盾来深化小说内涵的，刚才说了，读与写是互通的，因此，我们便可以通过文章中的矛盾来深读课文。

六

师：在一个人性扭曲的家庭成长起来的"我"，在一个没有亲情，只有势利、自私、贪婪、冷酷的家庭里成长起来的"我"，尽管小时候很善良，长大之后可能会如何呢？大家讨论一下。

生：有可能还会是善良的。

师：依据呢？

……

生：有可能会像菲利普夫妇一样势利、自私、贪婪、冷酷。

师：为什么？有依据吗？

生：有的。二姐夫是看到了于勒的信，也就是说看中他们家可能有钱才决定娶二姐的。

师：你的意思是说，二姐夫已经像他们父辈一样变得势利自私了。那么，"我"也有可能会变得势利的。不知道你们有没有注意到，"我"虽然跟二姐夫是同辈人，但那时候的"我"，其实跟二姐夫他们是不一样的。说说哪儿不一样。

生（杂）："我"还小，还没有成年，还没有独立。

师：而二姐夫他们已经成年，已经在谈婚论嫁。"我"跟二姐夫他们并不相同。再说了，如果真是一样，将来"我"也变得像二姐夫那样现实、势利的话，那这个社会还有希望吗？人类还有未来吗？作家写小说不是引导人们走向黑暗，而是走向光明的。

请看原文的开头和结尾。

【屏显】

　　一个白胡子穷老头向我们乞讨小钱，我的同伴若瑟夫·达佛朗司竟给了他五法郎的一个银币。我觉得很奇怪，他于是对我说：

　　这个穷汉使我回想起一桩故事，这故事，我一直记着不忘的，我这就讲给您听。事情是这样的……

（原文开头）

　　此后我再也没有见过我父亲的弟弟。

　　以后您还会看见我有时候要拿一个五法郎的银币给要饭的，其缘故就在此。

（原文结尾）

师："我一直记着不忘的"是什么？

生：当年没有与叔叔相认。

生：没有给予叔叔实质性的帮助。

生：不知道叔叔后来会怎么样？

师：所以他的良心一直——

生：不安。

师：尤其是从此"再也"没有见过"我"的叔叔于勒，"我"的良心更是不安。所以，若瑟夫一直在做什么事？即便是成年之后，也这样做。（生：施舍银币给穷苦人。）他这样做是为了什么？

生：是为了让自己的良心好受一点。

生：是为了救赎自己的灵魂。

师：所以，这个开头和结尾里面寄托了作者什么样的希望？

生：希望人人都能有人性。

生：希望每个人的生命都有温度。

师：对的。寄托了作者对人性的呼唤与救赎。

我们再来小结一下。作者是通过什么来深化小说的内涵的？

生：通过开头与结尾。

师：对的。作者是通过首尾深化内涵的。因此，我们便可以通过文章的首尾来深读课文。

板书  通过首尾深化内涵

师：学到这里，我们便明白了，读一篇小说不能仅仅看情节和人物，还要从作者的角度看作家是如何通过细节、矛盾、首尾去深化内涵的。这样，我们才能读得更深。同样，我们也可以此来写作，使你的文章更有内涵。这节课便学到这儿。下课！

《我的叔叔于勒》教学反思

一、教学起点反思

教学《我的叔叔于勒》（下称《我》文）时，要特别关注这样两点：

1. 究竟应该教删减后的课文还是原文？

这是一个颇有争议的话题。支持前者的人认为，教材内容具有一定的强制性，且编写者对原文进行删减，也是有一定的素养培育指向和课程意图的；支持后者的人认为，应该原汁原味地教。其实，这是需要辩证地看的。正常情况下的确应该教删减后的课文，但是，这里有一个问题不容忽视：并不是所有的语篇都可以随意删减的，有些语篇如果删减不当，就会跟原文相去甚远。尤其是一些经典文章，更要慎重。因为经典文章还承担着文化传承的重任，如果教删减后的课文不能原汁原味地把文化传承给学生，就需要结合原文进行教学了。《我》文的情况便是如此。所以，我认为可以适当地结合原文进行教学。

2. 《我》文的主题究竟是什么？

《我》文选入统编教材时被大幅删改了。大规模的删改，既严重影响了原文的艺术性和思想性，又影响了人们的阅读。莫泊桑通过这篇小说不仅批判了金钱社会对人性的扭曲，更是揭示、反思了人性、人情，呼唤与救赎人性，而后者更能表现一个作家的伟大和一部作品的伟大。

二、教学设想反思

基于以上思考，教学《我》文时，我首先引导学生进行删减后课文的阅读，让学生从"最令人怜悯的是谁""最令人欣慰的是谁""最令人愤恨的是谁"的讨论中，读出《我》文对金钱社会扭曲人性的批判，和对菲利普夫妇的势利、自私、贪婪、冷酷的灵魂的批判。然后，再运用暗示法，从言语思维的角度进行深度阅读，让学生结合原文，从细节、矛盾、首尾处读出《我》文对人性、人情的揭示、反思和对人性的呼唤与救赎。

三、教学过程反思

《我》文是一篇经典文章，入选教材多年。人们尝试着从各种角度去解读，去选择、确定教学内容，并开发了许多风格迥异的课例。然而，在长期的教学中，人们发现，该文的人物形象和主题思想，似乎有一种定型的倾向。其实，这并不奇怪。任何教学，都不是凭空舞蹈，都要根据课文在教材中的定位展开，而课文已被大幅度删减，据课文去教，自然会有趋同的倾向。

不过，也不必太过担心。教学毕竟不能太随意，从课文的角度去教，从普遍认可的角度进行教学，是可以的。只是，不能止于此。《我》文毕竟是一篇经典文章，被大幅度删改后，小说主题与人物形象都发生了巨大的改变，这是十分可惜的。我以为，应该还《我》

文原貌，教学时再向前走一步，进行适当的深度教学。

（一）常规阅读

教学中，我首先设计了三个问题：最令人怜悯的是谁？最令人欣慰的是谁？最令人愤恨的是谁？

1. 最令人怜悯的是谁？

答案很简单，这个最令人怜悯的人就是"我"的叔叔于勒。而这个怜悯于勒的人却不单单是读者，还有"我"——若瑟夫。教学时，我没有局限于于勒是如何令人怜悯，也没有局限于"我"是如何怜悯于勒，而是运用对比思维，把"我"和菲利普夫妇进行对比。在强烈的反差中，学生认识到，菲利普夫妇看重的是金钱，有钱就有弟弟，就有亲情，没有钱就什么都没有；而"我"看重的是亲情，无论对方是否有钱。这样教，意在让学生初步意识到，在一个人性扭曲的金钱社会里，在一个到处都是势利、自私、贪婪、冷酷的社群里，还是有人看重亲情的。

2. 最令人欣慰的是谁？

这个最令人欣慰的人是"我"——若瑟夫。教学时，紧扣这句语言渲染进行教学——我心里默念道："这是我的叔叔，父亲的弟弟，我的亲叔叔。"学生在反复朗读中，越来越深地体会到若瑟夫对于于勒的深深的怜悯之情和内心难以言表的悲怆、无奈之情。

这样设计教学，是为了让学生更深地体会到，在那样的金钱社会里，在那样的社群里，竟然还有人如此看重亲情，这是多么令人欣慰啊！

3. 最令人愤恨的是谁？

这个最令人愤恨的人就是菲利普夫妇。教学是紧扣第38段中菲利普的妻子克拉丽丝的一段语言渲染展开的。表面看来，通过层层朗读，主要体会、理解克拉丽丝歇斯底里的暴怒、咬牙切齿的暴怒和着急忙慌的暴怒。其实，更是对课文内容更深层次的梳理与理解。从而，让学生对那个金钱社会，和那个社会里扭曲的人性有了更深的体悟。

这样，便完成了常规阅读，让学生认识到《我》文主要批判金钱社会对人性的扭曲，批判菲利普夫妇的势利、自私、贪婪、冷酷。

（二）深度阅读

然而，仅仅这样阅读是不够的。《我》文毕竟是一篇世界著名的小说，莫泊桑毕竟是世界短篇小说巨匠，作者还赋予了小说深刻的内涵。可是，要想找到并透彻地理解作者赋予的深刻内涵，并非易事。这是因为文学作品的文学性和文学语言的模糊性，天然地决定了作者轻易不会直白地表达出来。要想更进一步地理解语篇内涵，就需要运用言语思维，从作者不经意间的暗示中去探寻。

1. 细节暗示

这种暗示常常隐含在作者的细节渲染之中。非常可惜的是，《我》文选进教材时，菲利普夫妇大量的生活细节恰恰被删除了。这必然会对原作的思想性、艺术性产生极大的影响。细节删改了，作者隐含其中的大量信息也随之被删除，轻者，上下语义脱节，不连贯，少照应，程度不同地影响阅读；重者直接改变了作者原意。所以，要想带领学生寻找到暗含在细节中的特殊意义，就要适度还原原文样貌。

教学中，抓住原文细节渲染中的"可怜"和"令人痛心"两个词语，让学生读出了作者对菲利普夫妇的同情，对小人物的同情。学到这儿还不够，我再次追问：这是他们愿意的吗？学生这才明白，《我》文不仅在批判金钱社会对人性的扭曲，批判菲利普夫妇的势利、自私、贪婪、冷酷，还在批判那个扭曲人性的社会。

这样，从同情菲利普夫妇到同情小人物，再到批判扭曲人性的社会，文章的主题深刻了许多，而这一切都有赖于具有暗示意味的细节渲染的支撑。

2. 矛盾暗示

文学性的暗示还常常隐含在矛盾叙事之中。不过，矛盾叙事本身并不重要，重要的是矛盾叙事所引起的读者的反思。作者想要表达的深意常常要通过反思才能发现。

所以，教学于勒这个人物形象时，就不能仅仅教他年轻时的轻浮、放荡，教他年老后的令人怜悯。我让学生找出描写于勒的相关语段，尤其是于勒的第二封信，找出自相矛盾的地方，并说说为什么。

这样设计教学，既是为了让学生对课文进行深度阅读，更是为了引起学生的反思：于勒为什么要这样说，他究竟有什么特别的意图？经提示出门在外的人常常会如何做后，学生恍然大悟：于勒这是怕家人担心。他开始理解家人了，他不再是一个行为不正、糟蹋钱的人了。他的生命有了温度，他的形象散发着生命的光彩、散发着人性的光辉。而这，在通常的理解中是没有的。

3. 首尾暗示

还有些暗示，隐含在首尾之处。只可惜，《我》文被选进教材时原文的开头与结尾都被删除了。这便严重影响了学生的阅读。

教学中，把原文的开头与结尾呈现给学生，扣住"我一直记着不忘""再也""还会"等词句进行教学，学生很快明白，《我》文不仅仅批判金钱社会对人性的扭曲，批判菲利普夫妇的势利、自私、贪婪、冷酷，更是寄托了作者对人性的呼唤与救赎。

这样，运用言语思维，从"细节暗示"到"矛盾暗示"，再到"首尾暗示"，学生便一步一步地对《我》文有了更为深刻的认知。

10. 打出常规式言语思维教学

课式简论

　　打出常规式言语思维教学是借鉴文学创作论中的打出常规理论，从言语思维的角度展开任务群教学的一种课式。

　　所谓打出常规，是指情节发展过程中，把人物有意地抛出正常的生活轨道，使之进入一种极端情境之中。这样做，意在把常规情境下稳定的情感结构打破，在人物情感的错位中，充分暴露、展现人物内在的情感、心理及其逻辑。这样，才能把人物真正的性格特点和深层的思想情感表现出来。

　　教学时，需从两个层面展开：

1. 打出常规

　　常规情境下的日常生活，常常会掩盖人真正的性格特点和思想情感。所以，教学之初，要把常规情境下的人物展现出来，让学生意识到，在这样的情境下，塑造人物是有局限的。然后，再引领学生看看课文是如何把人物打出常规的，是如何使人物进入一种极端的情境中的。这样，就使学生有一个鲜明的对比，对"非常规"情境下人物深层的思想、情感，有一个清醒的认知。

2. 展现情感

不过，打出常规只是第一步，展现人物内在的思想、情感，才是重点。而要展现极端情境下人物的思想、情感，依然离不开渲染、对比等言语思维。这是因为打出常规的极端情境，只是为人物活动提供了一个特殊的时空情境。人物在这一情境下，依然是正常的，依然有着合乎逻辑的思维和情感。所以，我们仍然可以用渲染、对比等言语思维来表现人物，只是思考的基点是非常规的极端情境罢了。教学中，我们可以梳理极端情境下人物内在的思想、情感，以进一步理解人物真正的性格和深层情感。

《孤独之旅》教学实录

一

师：同学们，今天咱们来学习课文《孤独之旅》，这篇文章节选自曹文轩的长篇小说《草房子》。课文都预习过了吧？

生（齐）：预习过了。

师：给你们的预习材料也看啦？

生（齐）：看了。

师：好。那咱们来说说看，跟父亲去芦荡放鸭之前，杜小康的家境如何？成绩怎样？

生：杜小康的家境很好。

师：能具体说说吗？

生：油麻地的孩子念书念到六年级都没有皮带，他才念一年级就有了。

生：油麻地的孩子一年只有两季衣服，但是杜小康却有四季的衣服。

生：油麻地的老师都没有自行车，他却有一辆。

生：他的成绩特别好，是班长。

师：用一句时髦的话说，那是别人家的孩子。他有着优越的生活条件，有着非常好的学习成绩。

说到这儿，问题便来了。如此优越的生活条件，如此优异的学习成绩，似乎从来不知道人间冷暖。如果你是作家，让你写这样的杜小康，你只能写些什么呢？

生：只能写写他的学习成绩是如何的好。

生：只能写写他的日常学校生活。

生：或者写一些有趣的课外生活什么的。

师：还有吗？

生：好像……没有什么可写的了。

师：这些材料大都只能表现杜小康的——

生：表现杜小康的快乐、幸福、开心等。

师：想要更进一步，写得更深刻一点，可以吗？比如，展现更复杂的生活，表现杜小康更为深层的性格特点，表现更深刻的思想、情感，等等，行吗？

生：似乎有点儿困难。

师：为什么？

生：因为生活太平常了。

生：因为生活太常规化了。

师：你的意思是，平常的常规化的生活，是很难表现人物深层的性格特点，很难表现更深的思想、情感的？

生：是的。

师：嗯，对的。其实，你们刚才的发言里，暗含了一个非常重要的逻辑，这个逻辑不但老师赞同，而且很多作家也赞同。这个逻辑便是：常规化的日常的生活，常常掩盖了人真正的性格特点，掩盖了人深层的思想情感。

那么，如何才能打出常规，选择一个不一样的角度，展现不一样的生活，让小说非同寻常呢？（屏显）这便是作者创作这篇小说时遇到的第一个难题。

师：谁来说说看？

（生答不上来。）

师：有困难对吧，别急，我们来看看作家是如何做的。请读一读课文第 1 自然段。

【屏显】

油麻地家底最厚实的一户人家，就是杜小康家，但它竟在一天早上，忽然一落千丈，跌落到了另一番境地里。杜家的独生子杜小康失学了，只好跟着父亲去放鸭。

师：用课文旁边批注的说法，这一段文字，交代了什么？

生：交代了故事发生的背景。

师：对的。不过，仅仅交代了故事发生的背景吗？作者这样写，还有没有更深的用意？

（学生有点儿犹豫。）

师：友情提示一下，读完第 1 自然段，你还认为这篇小说只是表现平常日子里的那个生活无忧无虑、学习成绩十分优秀的杜小康吗？

生：不是了。

师：你是从哪里读出来的？能具体说说吗？

生：我是从"一落千丈"读出来的，这说明他的生活条件发生了极大的改变。

师：那这篇小说表现的还是平常生活中的杜小康吗？

生：不是了。

师：而是——

生：而是非平常的，非常规的，走向了极端的杜小康。

师：接着说。

生：我是从"跌落到了另一番境地"看出来的，说明他的生活状况发生了极大的改变。

师：这里"跌落到了另一番境地"说明了什么？

生：说明文章表现的不是平常生活中的杜小康，而是打出了常规，走向了极端生活的杜小康。

生：我是从"独生子""失学""放鸭"读出来的，这说明杜小康被打出了常规，走向了极端。

师：对的。这就是说，第 1 自然段不仅仅是交代故事的背景，更是作者创作上的有意为之。他把故事的主人公杜小康打出了常规，让其走向了生命的极端，这样，便可以更为深刻地表现人物心理，更为深刻地表现思想、情感了。

二

师：学到这儿，我们知道了，小说的主人公杜小康被打出了常规，到了一种极端状况下。这样一来，小说的切入角度的确非同寻常了，但是，作者又遇到了第二个棘手的问题：如何叙事才能让小说非同寻常？（屏显）

师：这篇小说只有几个人物？

生：两个人物，一个是杜小康，一个是他的父亲杜雍和。

师：他们之间有尖锐的矛盾、激烈的冲突吗？

生：几乎谈不上什么矛盾。

生：也没有激烈冲突。

师：既然如此，又如何吸引读者呢？按照传统写法，是不是有点

185

儿写不下去了？

（生点头。）

师：那怎么办呢？

（生思考。）

师：同学们，既然这些都没有，那咱们索性把情节暂且放下。下面请同学们认真读一读这篇小说，看看小说中哪方面的描写最多，并把它们都画出来。

（生读课文，标出景物描写的语句。）

师：哪方面的描写最多？

生（杂）：景物描写最多。

师：好的。那我们先看这一处景物描写。

【屏显】

> 他盘腿坐在船头上，望着一片白茫茫的水。　　（课文第11自然段）

师：这里的"白茫茫"仅仅是描写自然界的水色茫茫吗？实际上，还写了杜小康的哪方面也是茫然的？

生：前途茫然。

生：心情茫然。

师：能具体说说吗？

生：杜小康从一个家庭条件优越的独生子变成了一个放鸭娃，他感到前途茫然。

生：杜小康不知道他的前方在哪里，他感到茫然和恐惧。

板书　　茫然

师：嗯，对的。咱们再来看这一处景色描写。你来读一读。

【屏显】

> 这才是真正的芦荡。是杜小康从未见过的芦荡……芦苇如绿色的浪潮直涌到天边……如万重大山围住了小船。 （课文第21自然段）

生：这才是真正的芦荡。是杜小康从未见过的芦荡。（没有什么感情。）

师：这个芦荡很一般吗？你再来试试。

（这次读得有点儿味道了。）

师：嗯。这个芦荡比刚才似乎大了一些。能不能再大一些，再广阔一些，要广阔到无边无际才好。

（感情比较充沛了。）

师：嗯。这回是广阔了许多，但是还不够震撼，还不够动人心魄。你再试试？

（生读。）

师：我们一起来试一试。

（生齐读。）

板书　广阔　　震撼

师：我们再来读第三、四句。你来。

生：芦苇如绿色的浪潮直涌到天边，如万重大山围住了小船。（没有什么味道。）

师：嗯，有点儿微波荡漾了。你再试试。这可是"浪潮"哟，是"涌"到天边，是紧紧地压迫过去，不是波澜不兴、悠闲自在哟！

板书　压迫

（生读，好了许多。）

师：前半句好多了，后半句还有点儿问题。你这是万重大山吗？

是紧紧地围住吗？

（生再读。）

师：这回好了许多。我们一齐读一遍。

（学生分三组，连续地递进地读，读出"广阔""震撼"和"压迫"感。）

师：面对涌到天边的"广阔"而"震撼"的绿色浪潮，面对如同万重大山般"压迫"过来的芦荡，十一二岁的杜小康显得那么的——

生：显得那么的渺小。

生：显得那么的微不足道。

师：所以，"芦苇如绿色的浪潮直涌到天边"这一美丽的景色，此时，却让杜小康感到特别——

生：特别害怕，特别胆怯。

板书　害怕

师：对的。我们再来看第36自然段的景物描写。

【屏显】

> 一大早，天就阴沉下来。天黑，河水也黑，芦苇荡成了一片黑海。杜小康甚至觉得风也是黑的。临近中午时，雷声已如万辆战车从天边滚过来，不一会儿，暴风雨就歇斯底里地开始了，顿时，天昏地暗，仿佛世界已到了末日。四下里，一片呼呼的风声和千万枝芦苇被风折断的咔嚓声。　（课文第36自然段）

师：这一段景物描写都不用怎么分析，同学们就能充分体会到当时的天气有多么的恶劣。按说，芦苇如绿色浪潮像大山般压过来，就已经让杜小康感到非常害怕了，现在又遇到如此恶劣的天气，他应该害怕得魂不附体了才对。可是他有这样吗？请看下面这两句——

【屏显】

鸭栏忽然被风吹开了……父子俩一起扑上去。　　（课文第
37 自然段）

杜小康忘记了父亲，朝一股鸭子追去。　　（课文第 38 自然段）

师：当暴风雨来临时，杜小康他慌张吗？

生：不慌张。

师：他是怎么做的？

生：他不顾一切地扑上去。

生：他毫不犹豫地追去。

师：可见，他不但不慌张，而且——

生：很沉着。

生：很镇定。

板书　　沉着

师：对的。我们再来看第 47 自然段的景物描写。

【屏显】

雨后天晴，天空比任何一个夜晚都要明亮。杜小康长这么
大，还从未见过蓝成这样的天空，而月亮又是那么的明亮。

（课文第 47 自然段）

师：谁来读一读这段话？

（指导朗读：①"任何""都要"重读、延长；②"从未""蓝
成"重读、延长；③"那么"延长。）

师：这里仅仅描写了天空和月亮有多明亮吗？其实，还描写了杜
小康的哪里也很明亮？

189

生：杜小康的心里也是明亮的。

师：对的。为什么他的心里也是明亮的呢？

生：因为他终于战胜了恐惧、孤独。

生：因为他终于成长起来了。

生：因为他终于坚强起来了。

师：对的。正因为他终于战胜了恐惧、孤独，他成长起来了，终于坚强起来了，所以，他激动，他喜悦，他的心里才那么的明亮。

板书　　激动　　喜悦

师：同学们，你们有没有注意到，从刚离开家时的"茫然"，到见到芦荡的"害怕"，到面临暴风雨时的"沉着"，再到终于战胜孤独的"激动""喜悦"，在这个漫长的孤独之旅中，杜小康的什么一直在变化？

生：杜小康的情绪一直在变化。

生：杜小康的心情一直在变化。

生：杜小康的心理一直在变化。

师：对的。随着杜小康情绪和心理的不断变化，小说的情节也在不断地向前推进。这就是说，作者并没有用一波三折的情节推动小说向前发展，而是用——

生：而是用杜小康的情绪、心理的变化推动小说的发展。

师：对的。虽然传统小说也描写人物的心理变化，但是通常用情节推动发展。而这篇小说不一样，竟然用人物的情绪、心理的变化来推动发展，所以，这是一种非常独特的诗意化的叙事方式。用这样的方法写出来的小说，是一种特殊的"诗化小说"，一种"散文化小说"。

【屏显】

非常叙事1：诗意化情节推进

"诗化小说""散文化小说"

师：我们再换一个角度看看。同学们，你们知道传统小说中景物描写大都起什么作用吗？

生：起铺垫故事背景的作用。

生：起衬托人物形象的作用。

生：起烘托氛围的作用。

师：这里的"铺垫""衬托""烘托"都说明，在传统小说中景物描写是不是最主要的写作内容？

生：不是。

师：那它实际上起一种什么作用？

生：起一种辅助作用。

师：嗯，对的。不过，这篇文章中的景物描写似乎是不一样的。例如：描写茫茫的水色，实际上是描写杜小康——

生：内心的茫然。

师：描写浪潮般的芦苇，实际上是描写杜小康——

生：害怕恐慌。

师：描写黑色的暴风雨，实际上是描写杜小康——

生：沉着冷静。

师：描写湛蓝的天空和明亮的月亮，实际上是描写杜小康——

生：内心的喜悦。

师：这样看来，文中"水色""芦苇""暴风雨"，以及"夜空"和"明月"的描写，还仅仅是传统意义上的铺垫吗？还仅仅是人物的衬托吗？

生：不，更是一种心理描写。

生：是一种抒情。

师：对的。这里的"景语"更是一种"诗化"的、"散文化"的"情语"和"心语"。所以，这不是传统意义上的景物描写，而是一种诗意化的景物描写，是一种非常独特的叙事策略。而这种诗意化的景物描写，就使得这篇小说成了一篇独具特色的"诗化小说"，一篇"散文化小说"。

【屏显】

非常叙事2：诗意化景物描写

"诗化小说""散文化小说"

三

师：让我们把目光再次投向课文的景物描写。杜小康从刚离开家时的"茫然"，到见到芦荡的"害怕"，到面临暴风雨时的"沉着"，再到终于战胜孤独的"喜悦"之情，这个非同寻常的"孤独之旅"，实际上就是写的杜小康的什么之旅？

生：心灵成长之旅

生：自我觉醒之旅。

生：成熟之旅。

师：对的。这也是关于这篇文章主题的最为常见的理解。不过，这里有一个问题需要引起足够的重视：一个人是不是只要身处极端的孤独之中，他就一定能成长起来呢？

请看课文第28—31自然段，说一说，在巨大孤独的压迫之下，杜小康的说话方式、心情、心理等发生了哪些明显的变化？

生：杜小康跟父亲的对话越来越单调，越来越干巴巴了。

生：他跟父亲的对话越来越少了。

生：他跟父亲的对话被大量省略了。

师：说话越来越少，对话被大量省略，说明了巨大的孤独已经使杜小康哪方面发生了变化？

生：生活习惯发生了变化，毕竟人是要说话的，就像人要吃饭一样，现在竟然发生了这样的变化。

生：说明他的性情也发生了变化。

生：说明他的性格都发生了变化。

师：这样的变化好吗？如果任其发展下去会如何？

生：这样的变化不好。

生：如果继续发展下去，就有可能生病了。

生：就有可能抑郁了。

师：还有什么变化？

生：杜小康开始强烈地想家。

师：想到什么程度？

生：想到做梦都想母亲，想到哇哇大哭。

师：也就是，巨大的孤独已经使杜小康的情绪也——

生：失控了。

师：如果任其发展下去，会如何？

生：杜小康的精神会崩溃的。

生：这样下去会对杜小康造成巨大的伤害。

师：也就是说，作者通过"非常角度"虽然能把杜小康打出常规，从而写出不一样的内容，通过"非常叙事"又使小说具有了"诗"的气质和"散文"的抒情，但是作者仍旧面临一个棘手的问题：孤独并不必然地意味着成长，如果任其自然发展，不但不能促进人的心灵成长，反而会严重伤害人的心灵、性情。这便跟作者的创作初衷背道而驰了。那么，如何才能让小说的主旨不但成立，而且还非同寻常呢？（屏显）这便是作者创作这篇小说所遇到的第三个问题。

师：请读课文的第 33 自然段。从这段话里，你读出了什么？

生：父子俩心里都清楚了这一点：他们已根本不可能回避孤独了。

师：也就是说，父子俩发生了什么样的改变？

生：对待孤独的态度发生了改变。

生：面对天空的一片浮云，面对浩浩荡荡的芦苇，面对一缕炊烟时，他不再忽然地恐慌起来。

师：也就是说，从回避孤独，害怕孤独，走向了——

生：积极应对孤独。

生：面对孤独。

生：直面孤独。

板书　　直面孤独

师：杜小康是如何面对孤独的？

生：当暴风雨来临时，他没有害怕，而是沉着应对。

师：能具体说说吗？

生：当鸭栏被风吹开时，杜小康扑了上去，企图修复鸭栏。

生：当鸭子被分成无数股跑掉时，杜小康忘记了父亲，朝一股鸭子追去。

生：杜小康的脸被芦苇割破了，他在追；他的脚被扎破了，他仍然在追。

师：此时的杜小康，还是刚刚离开油麻地时，那个想逃避孤独的杜小康吗？

生：不是了。

师：还是那个对前方感到茫然的杜小康吗？

生：不是了。

师：还是那个害怕、恐惧孤独的杜小康吗？

生：不是了。

师：杜小康终于成熟起来，他终于长大了，终于坚强起来了，他的生命发生了涅槃。而这并不仅仅因为孤独本身，更重要的是他能直面孤独。一起读——

板书　　直面孤独　　艰难成长

师：再读一遍。（生再读。）这，便是这篇小说非同寻常的主旨。

四

师：同学们，作品写到这儿，似乎已经很完美了。你看，这篇小说有"非常的角度"，有"非常的叙事"，又有"非常的主旨"，能不完美吗？

但是，我们还需要注意的是，这终究是一篇小说。如果是一篇散文，只要表达作者独特的、独一无二的内在情感就可以了。但是作为一篇小说就不能这样了，它需要使主旨更具有普遍意义与价值。这便是作者在创作这篇小说时，遇到的第四个难题：如何让小说具有非同寻常的普遍意义？（屏显）

让我们再回头看课文的第 1 自然段。（屏显）

上课之初，讲这一段时，我们关注了"一落千丈""跌落""另一番境地""独生子"和"放鸭"等词语，唯独落下了一个词，那就是"竟"。谁来说说"竟"是什么意思？

生：竟然的意思。

生：居然的意思。

生：出乎意料的意思。

师：能结合杜小康的家境具体说说吗？

生：杜小康家境那么优越，成绩那么好，他从来没想过，有一天，他竟然会失学，竟然会去放鸭。

生：杜小康原本以为他会一直像以前那样生活下去，绝想不到会有这么一天。

师：是啊，谁能想到呢？这世间的事情，哪有什么定数呢？哪有什么一成不变的事情？所以，这里的"竟"还包含什么意思？

生：人生无常的意思。

生：世事无常的意思。

师：同学们，你们想过没有，既然"人生无常""世事无常"，那么，在杜小康身上所发生的事情，就只能发生在他一个人身上吗？还有可能发生在谁身上？

生：还有可能发生在我身上。

生：还有可能发生在他身上。

生：还有可能发生在这个世界上千千万万的人身上。

师：这就是说，原本只是一个"在孤独中成长"的个案，因为一个小小的"竟"字，而具有了"普遍价值"，具有了"非常意义"。只不过，每个人被命运所抛，所面对的艰难并不一定是孤独，但是只有直面被抛，生命才能涅槃，这是必然的。齐读——

板书　　直面被抛　　生命涅槃

师：再读一遍。

（生再读。）

师：好，这一课就上到这儿。下课！

《孤独之旅》教学反思

一、教学起点反思

《孤独之旅》（下称《孤》文）节选自曹文轩的长篇小说《草房子》。要想教好这篇课文，需要关注两个问题：

1. 《孤》文是一篇什么样的小说？

《孤》文不是一篇传统小说，这在学界几乎是没有异议的。因为课文不像传统小说那样刻意追求小说情节的因果性，而是从个体的感受、情感、经验入手进行写作，这是符合"散文化小说"的文体特点的。再加上，行文过程中"诗化"的情节结构、描写手法和语言的运用，把《孤》文定位为一篇"诗化小说""散文化小说"是比较客观的。

2. 把《孤》文的主题仅仅落在"孤独"与"成长"上，是否合适？

不过，《孤》文显然不是一篇普通的"诗化小说""散文化小说"。统编语文教材教师教学用书把《孤》文的主题定位为少年的成长之旅，定位为给读者以心灵的启迪和奋发向上的精神动力，这是值得商榷的。因为有这样几个问题无法回避：孤独是否就必然地意味着成长？家道突变后，杜小康的被迫成长，是否也有某种生命的偶然性？较多地关注杜小康这一个人物的成长和这一个故事给人的启迪，是否太过"个案化"，而缺少小说应有的更为广泛更为深刻的隐喻性？

实际上，被抛是人生常态。常规化地解读和教学《孤》文是有一定缺陷的，必须另辟蹊径。借用孙绍振的打出常规理论，从言语思维的角度展开，能把这篇小说教得深入，并为后续的写作教学打下基础。

二、教学设想反思

《孤》文不是传统小说，也不是普通意义上的"诗化小说""散文化小说"，所以，仅仅教诗意的表达与诗意的思考，是不够的，因为这只是它的显性特色。按照哲学存在论的观点，被抛是人生常态。从这个意义上讲，这是一篇感受、体验、直面被抛，讲述在孤独、恐惧中成长的小说，是一篇带有普遍意义的富有哲学意味的小说，一篇关于人的存在性思考的小说。所以，教学《孤》文，可以借鉴孙绍振的打出常规理论，从言语思维的角度，教出"非常角度""非常叙事""非常主旨"和"非常意义"。

三、教学过程反思

人们通常认为，《孤》文并不难教。似乎只要紧扣"诗化""散文化"去确定教学内容，选择教学策略就行。其实，并不尽然。"诗化""散文化"只是《孤》文的外在特征，以此为切入点进行教学，倒也不是不可以，只是，稍有不慎，便很有可能停留在这些外部特征上，而变成一种浅层的认知性教学。这样教，于阅读教学而言，自然是有价值的，不过，对于听说读写高度融合的任务群教学来说，可能就不太合适了，因为很难迁移到后续的写作教学中。

（一）教出《孤》文的非常角度

那么，如何才能更深入地教好《孤》文，为后续的写作教学打下基础呢？要想解决这个问题，必须设法透过《孤》文那诗意表达与诗意思考的外在特点，从言语思维的角度进行教学。

教学之初，我设置了这样一个问题：如果你是作家，让你写这样的杜小康（指常规情境下的杜小康），你只能写些什么呢？

这样设计教学，意在结合学生的生活体验，让学生真切地体会到，常规情境下的日常生活，常常掩盖了人真正的性格特点和深层的思想情感。要想展现人物真正的性格特点和思想情感，要想更深入地表现生活，就必须把人物打出常规情境，让其进入一种极端情境。这样，便自然引出了第一个引导性的主问题：如何打出常规，选择非常角度，让小说非同寻常？

如果单纯进行阅读教学，这一主问题是可以不出示的。因为不出示，同样可以按照这个思路去教，学生同样可以充分地理解、体悟《孤》文，对后续的写作教学也有帮助。但是，我还是出示了。这样做意在带领学生以一个假想作者的身份，主动、自觉地进入学习过程。这很重要。许多时候学习知识、形成能力本身并不是终极教学目标，如何学习，以什么样的身份去学习，可能更重要。因为学习终究是要从"这一篇"，走向"这一类"的。再者，当学生有了一种角色意识之后，学习课文的过程，就是体验写作的过程，这对于后续的写作教学至关重要。

在具体教学中，我紧扣《孤》文第 1 自然段中"一落千丈""跌落""独生子"等关键词语进行教学。通过分析，学生很快便意识到，这一段看似稀松平常，似乎只是交代了故事发生的背景，其实，大有深意。它运用了孙绍振的打出常规理论，把杜小康打出了常规情境，让其进入了一种极端的情境之中，这便为进一步展现人物的真正性格和思想情感打下了基础。

（二）教出《孤》文的非常叙事

杜小康被打出常规，进入一种极端的情境中，只是为写好这篇小说准备了必要的条件。如何叙事才能让小说非同寻常？这是作者面临的第二个难题。当然这也是本课教与学的第二个难题。

由于《孤》文不是一篇传统小说，运用"三要素"理论进行教学，是比较困难的。于是，我让学生看看小说中哪方面的描写最多。这样设计教学，是为了紧贴《孤》文的特点，教出"诗化"和"散文化"的特殊意蕴。

教学中，抓住四处景物渲染，着重体会杜小康从"茫然"到"害怕"，再从"沉着"到"喜悦"的情绪与心理变化的过程。这样设计教学，有两个意图。意图之一：传统小说虽然也有景物渲染，不过，多是用来烘托人物或渲染背景，而《孤》文不同，其中的景物渲染已然不是烘托，而是一种"诗化""散文化"的"情语"和"心语"。而这，便是《孤》文的一个十分重要的叙事策略：诗意化的景物描写。

意图之二：让学生体悟到，即便没有一波三折的传统情节，也同样可以通过景物渲染来展现人物的情绪和心情的变化，并以之推动情节发展。而这，恰恰是《孤》文另一个十分重要的叙事策略：诗意化情节推进。

（三）教出《孤》文的非常主旨与非常意义

表面看来，杜小康非同寻常的"孤独之旅"，似乎可以理解为他的"心灵成长之旅""自我觉醒之旅"和"成熟之旅"。通常，人们教学《孤》文时，在潜意识里对此持一种默认态度，并停留在对"孤独"本身的理解上，这似乎是不太够的。因为这里有一个问题不得不正视：一个人是不是只要身处极端的孤独之中，他就一定能成长起来呢？

当我把这个问题抛给学生时，教学便带有审辩的意味了。

事实上，孤独已经改变了杜小康的行为、言语、性格和情感，如果任其发展下去，会出问题的。这样，便引出了第三个创作，同时也是教学上的难题：如何让小说主旨不但成立，而且非同寻常？

当学生仔细阅读课文第33自然段后，明白了，杜小康父子俩并没有一味地沉浸在孤独之中，任凭强大的孤独改变自己的行为、性格，而是采取了一种更为积极的态度：直面孤独。于是，就有了后来的艰难成长。而这才是《孤》文的非常主旨。

不过，《孤》文终究不是在讲一个人的故事，否则的话，故事的主旨再如何深刻，意义终究是有限的。必须让小说具有非同寻常的普遍意义才行。这是作者创作《孤》文和教学《孤》文遇到的第四个难题。

为此，我又让学生回到课文第1自然段，从"竟"字出发，让学生读出"居然""出乎意料"的字面意思后，再读出"人生无常""世事无常"的深层意味，这样，学生就不难理解了：其实，被抛是人生常态，谁都有可能被抛，谁都有可能面对极端的情境和不堪的人生。当我们被抛时，只要我们直面被抛，生命便有可能涅槃。这样，小说便具有了非同寻常的普遍意义。

教学至此，从"非常角度"到"非常叙事"，再到"非常主旨""非常意义"，学生不但深刻地理解了《孤》文，更为关键的是，在学习课文的过程中，还随着作家的言语思维，在课文中来回穿行了数遍，这便为后续的写作教学打下了坚实的基础。

11. 多重改编式言语思维教学

课 式 简 论

多重改编式言语思维教学是运用渲染、对比思维进行任务群教学的一种课式，主要强调从丰满、动人、深刻等角度多重改编原始素材。

许多小说都是有原始素材的。所谓原始素材，或是原生态的，在现实生活中真实存在过的，没作任何改编的材料，或是前人留下的较为朴素的写作素材。原始素材中的人物、情节、环境大都很简单甚至有缺漏，主要追求实用价值；成品定型的小说则不同，人物、环境典型，情节充满戏剧性，当然，现代小说略有不同，但在追求情感的审美价值这一点上是相同的。可见，原始素材与成品小说之间存在着巨大的差别。要想把原始素材改编为小说，就必须按照小说的要求对原始素材中的人物、情节、环境进行多重审美化改编。

教学时，需从两个层面展开：

1. 让小说更丰满

原始素材在人物、情节、环境等方面多有欠缺，小说则不同，不但人物众多，且大都强调曲折的情节和矛盾冲突。教学生把简单的原始素材改编成小说时，就得增加人物、增加情节和矛盾冲突。如果增加的人物或情节，具有某种相似性，则采用渲染思维；如果相对、相反，则采用对比思维。这样，改编出来的小说才能更为丰满。

2. 让小说更动人

不过，仅仅丰满是不够的，还得继续改编，使小说更动人才行。

我们知道，原始素材大都追求的是实用价值，至于是否动人，能否吸引人并不重要。但是小说不同，小说追求情感的审美价值，它得引起读者情感上的共鸣或反思才行，所以小说大多要动人。那么，如何教学生把原始素材改编成小说呢？可以引导学生运用对比思维，在正面性格中加点反面的因素以增加人物性格的丰富性；运用渲染思维，使情节一波三折，以增加小说的吸引力和可读性。当然，如有需要，还要使原始素材的主题更深刻一些。这样改编出来的小说，才更富有审美价值。

《智取生辰纲》 教学实录

一

师：同学们，今天学习《智取生辰纲》。课文选自元末明初小说家施耐庵的长篇小说《水浒传》的第 16 回。课前我们已经预习了课文及相关资料。现在，我们来学习这篇文章。

【屏显】

是年，正是宣和二年五月，有北京留守梁师宝将十万贯金珠、珍宝、奇巧匹段，差县尉马安国一行人，担奔至京师，赶六月初一日为蔡太师上寿。其马县尉一行人，行到五花营堤上田地里，见路傍垂杨掩映，修竹萧森（草木茂盛），未免（免不了，难免）在彼歇凉片时。撞着八个大汉，担着一对酒桶，也来堤上歇凉靠歇了。马县尉问那汉："你酒是卖的?"那汉道："我酒味清香滑辣，最能解暑荐（又）凉。官人试置（买）些饮?"马县尉口内饥渴瘦困（yǔ 疲乏），买了两瓶，令一行人都吃些个。未吃酒时，万事俱休；才吃酒时，便觉眼花头晕，看见天在下，地在上，都麻倒了，不知人事。笼内金珠、宝贝、匹段等物，尽被那八个大汉劫去了，只把一对酒桶撇下了。　　（节选自《大宋宣和遗事》）

师：这段文字节选自《大宋宣和遗事》，课文便是根据它改编的。谁来读一读这则材料？你来吧。

（生读材料。）

师：同学们，如果你是作家，人物、情节不作任何改变的情况下，能否把原材料直接改编成小说？你来说说。

生：不行的。人物太少了。

生：场面也少。

生：没有什么矛盾。

师：也就是太单薄了，对吧？

生：对的。

师：那么，怎样改编才能让小说更丰满些呢？我们先来说说人物吧。原材料中看起来写了很多人物，其实，着重写了几个人？

板书　　让小说更丰满

生：着重写了两个人。一个是县尉马安国，一个是劫匪。

师：劫匪好像不止一个哟。

生：是不止一个，但实际上似乎只写了一个人。

师：而且还不确定这个劫匪具体是哪个人，对吧？

生：对的。

203

师：不过，课文就不一样了。谁来说说看，作者作了怎样的改编？

生：课文里押送的人中，除重点写了杨志外，还写了老都管、虞候，还有厢禁军等人。

生：参加智取生辰纲的有八人，课文中重点写的有白胜、刘唐、吴用等人。

师：也就是说课文中写的其实不是两个人，而是两组人，对吧？你能按照下面的格式再说一遍吗？

【屏显】

课文写了两组人物，一组是_____，一组是_____。

生：课文写了两组人物，一组是以杨志为代表的押送人员，其中重点写了老都管、虞候、厢禁军等人；另一组是以晁盖为首的八位好汉，其中重点写了白胜、刘唐、吴用等人。

师：他们的性格相同吗？

生：他们的性格各不相同。

师：这就是说，作者在把原材料改编成课文时，不但增加了人物数量，而且丰富了性格。这样，课文是不是比原材料丰满了许多？

生：对的。

师：好的。我们再来看看情节。原材料写了哪几个情节？

生：原材料中，看起来有押送的情节和劫取财物的情节，不过，作者真正着重描写的情节只有一个，而且很简单，那就是在五花营堤上田地里财物被劫的情节。

师：课文中写了哪几个情节？先看课文的第1—7自然段。

生：第1自然段写的是梁中书送行的情节。

生：第2自然段写的是杨志责骂虞候的情节。

生：第 3 自然段写的是厢禁军、虞候搬口老都管的情节。

生：第 7 自然段写的是杨志与老都管正面冲突的情节。

师：概括起来说，这些都是什么情节？

生：都是押送的情节。

师：再看看课文第 8—13 自然段，还描写了什么情节？

生：还有黄泥冈丢掉生辰纲的情节。

师：请用下列句式说说看。

【屏显】

课文写了两个情节，一个是＿＿＿＿，一个是＿＿＿＿。

生：课文写了两个情节，一个是杨志等押送生辰纲的情节，一个是晁盖、吴用等人在黄泥冈智取生辰纲的情节。

师：这就是说，原材料被改编成课文后，除了塑造的人物多了许多，情节也多了，描写得更加生动、更加具体了。这样一来，课文是不是比原材料又丰满了一些？

但是，作者觉得还不够。我们再来看看矛盾。原材料有着力描写矛盾吗？

生：原材料并没有着力描写矛盾。如果一定要说有的话，那就是县尉马安国和那几个劫匪的矛盾。

师：那我们再来看课文，课文中写了哪些矛盾？

生：课文中写的矛盾就多了。

生：有杨志与厢禁军之间的矛盾。

生：有杨志与虞候之间的矛盾。

生：有杨志与老都管之间的矛盾。

师：这其实都是押送队伍的内部矛盾。还有别的矛盾吗？

生：还有押送生辰纲和智取生辰纲之间的矛盾。

师：这两种矛盾哪一种是主要矛盾，哪一种是次要矛盾？

生：押送队伍的矛盾是内部矛盾，所以是次要矛盾；而押送生辰纲和智取生辰纲之间的矛盾，则是故事的主要矛盾。

师：请用下列句式连起来说一说。

【屏显】

课文写了两种矛盾，一种是_____，一种是_____。

生：课文写了两种矛盾，一种是押送队伍的内部矛盾，分别是杨志与厢禁军之间、虞候和老都管之间的矛盾，这是小说的次要矛盾；另一种则是押送生辰纲和智取生辰纲之间的矛盾，这是小说的主要矛盾。

师：故事中的矛盾多了，小说的内容自然也就丰满了起来。

二

师：这样一改编，小说的内容的确丰满了起来。但是还不够，要想真正成为一篇经典小说，还得更加动人才行。

板书　　让小说更动人

而要想使小说更动人，首先得使人物性格分明。可是，我们再来看原材料，你能看出马安国是个什么性格的人吗？

生：原文对马县尉的性格似乎没作描写。

生：如果一定要说的话，那就是马县尉是一个粗心大意的人。

师：你是从哪里看出来的？

生：我是从"未免"这个词看出来的。未免，就是免不了、难免的意思。也就是说，马县尉在田地休息好像是避免不了的。然而，马县尉押运的毕竟是贵重货物，应该处处谨慎才是，他却丝毫不警惕，随随便便就在田地里歇凉了。

206

师：对呀！如此马虎，这不是给盗贼送货物吗？哪有人这样押送货物？所以，作者改编时，便对杨志的人物性格进行了重塑。跳读课文第1—7自然段，找一找杨志为了成功押运生辰纲做了哪些准备和哪些调整，思考从中可以看出杨志什么样的性格特征。注意是跳读课文，寻找信息。

（生跳读课文第1—7自然段。）

师：课前咱们已经预习过了，这个问题并不难回答。谁来说说看？

【屏显】

	准备和调整	目的	性格特点
行前装扮			
行走时辰			
行走路径			
遇到枣客			

（师提问，根据学生回答情况填写表格如下。具体过程略。）

【屏显】

	准备和调整	目的	性格特点
行前装扮	厢禁军—脚夫打扮 杨志—行者打扮 老都管—客人打扮 虞候—伴当	隐藏身份	精明
行走时辰	起身：辰牌（上7—9） 歇息：申时（下3—5）	避开强人	谨慎、睿智
行走路径	山中僻路：催促 黄泥冈：不停留	避开强人	谨慎、睿智
遇到枣客	盘问来历	担心枣客是强人	警惕

师：这样一改编，杨志的性格是不是鲜明了许多？（生齐说：是的。）但是，同学们，你们有没有注意到，"精明""谨慎""睿智"

"警惕"这些似乎都是优点。可问题是，现实生活中哪有没有缺点的人呢？再说了，如果杨志毫无缺点的话，生辰纲又怎么会丢呢？生辰纲不会丢，又谈什么智取呢？那怎么办呢？

生：那就给杨志写一点坏话。

生：给杨志的性格写一点不好的方面。

师：写一点坏话是一种通俗的说法。其实，就是来点反面的性格。这样人物才能立起来。你是这个意思吧？

　　　　板书　　来点反面的性格

生：对的。

师：那么，如何给人物来点反面的性格呢？

师：请同学们再读课文 1—7 自然段，看看杨志是如何对待厢禁军、虞候、老都管的？

（生读课文。）

师：我们先来看看杨志是如何对待厢禁军的？

生：杨志赶着催促要行，如若停住，轻则痛骂，重则藤条便打，逼赶要行。

……

师：像这样的内容还有很多，我们选择第 3 自然段的一处来看看。杨志不让众人趁早凉赶路，有没有向他们解释原因？

【屏显】

次日，天色未明，众人跳起来趁早凉起身去。杨志跳起来喝道："那里去！且睡了，却理会。"众军汉道："趁早不走，日里热时走不得，却打我们。"杨志大骂道："你们省得甚么！"拿了藤条要打。　　（课文第 3 自然段）

生：没有。

师：他没有解释，而是采用了一种什么方式？

生：跳起来呵斥、大骂，甚至要打。

师：可见他是一个什么样的人？

生：他是一个性格暴烈、蛮横的人。

板书　　暴烈　　蛮横

师：杨志为什么不好好跟众人解释原因呢？仅仅因为他性格暴烈、蛮横吗？友情提示一下：他此行的目的是什么？

生：因为他心里着急。他知道此去路途凶险。

生：因为他太想成功了。众军汉这样做是很危险的。

师：他这样急于成功，说明他是一个什么样的人？

生：急功近利的人。

生：是一个急于求成的人。

板书　　急功近利

师：同学们，从"暴烈""蛮横"到"急功近利"，杨志这些反面的性格特征，作者是通过什么表现出来的？

生：是通过杨志的动作和语言表现出来的。

师：对的。这是中国古典小说的一种独特的写法。

板书　　行动和语言 →来点反面的性格

师：这种通过人物的行动和语言来表现人物的性格特点的手法，在杨志与虞候、老都管的对话中，也多有体现。不过，在这里，咱们不再分析了，同学们只要读出来就行。

下面咱们以这样两句为例，谁来读读看？你来。

【屏显】

那虞候道："不是我两个要慢走，其实热了行不动，因此落后。前日只是趁早凉走，如今怎地正热里要行？正是好歹不均匀。"杨志道："你这般说话，却似放屁。前日行的须是好地面，如今正是<u>尴尬去处。若不日里赶过去，谁敢五更半夜走</u>？"

（课文第 2 自然段）

生：你这般说话，却似放屁。前日行的须是好地面，如今正是尴尬去处。若不日里赶过去，谁敢五更半夜走？（读得没感情。）

师：他有没有读出杨志的暴烈、蛮横？显然没有。再读。

（生再读，好了许多。）

师：可是，杨志此时内心是那么的急躁，他多么渴望能把生辰纲成功地送到目的地啊。你能把他的急功近利读出来吗？

（生读，好了一些。）

师：语速再快一些，就更好了。

（生读，好了许多。）

师：我们再来看看杨志跟老都管的对话。谁来读读看？你来。

【屏显】

老都管道："权且教他们众人歇一歇，略过日中行如何？"
杨志道："<u>你也没分晓了，如何使得！这里下冈子去，兀自有七八里没人家。甚么去处，敢在此歇凉</u>！"老都管道："<u>我自坐一坐了走，你自去赶他众人先走</u>。"　（课文第 7 自然段）

生：你也没分晓了，如何使得！这里下冈子去，兀自有七八里没人家。甚么去处，敢在此歇凉！（读得不好。）

师：老都管跟两个虞候一样吗？跟厢禁军一样吗？

生：是不一样的。老都管实际上是来监督杨志的，所以，他实际上是这支队伍的最高领导。

师：面对自己的领导，杨志即便再暴烈、蛮横，再怎么着急，再如何急功近利，他能毫无顾忌地表现出来吗？

生：不能。

师：对啊。不能表现得太明显，而心里又特别着急，那怎么办呢？读的时候，是不是就得——你来说。

生：就得稍微收着点，尽量不要表现得太蛮横，太急躁了。

师：好。你再来试试。

（生再读，有了点儿味道。）

师：这样，是不是有点味道了？

生：是的。

师：同学们，这样一改编，故事中的人物是不是慢慢地立起来了？（生一致认同。）可是，作者觉得还不够。我们再来看看原文。

【屏显】

撞着八个大汉，担着一对酒桶，也来堤上歇凉靠歇了。马县尉问那汉："你酒是卖的？"那汉道："我酒味清香滑辣，最能解暑荐（又）凉。官人试置（买）些饮？"马县尉口内饥渴瘦困（yǔ 疲乏），买了两瓶，令一行人都吃些个。

师：你们觉得原文有意思，有趣味吗？为什么？

生：没意思，没趣味。因为盗贼只说了一句好话，马安国就毫不怀疑地买酒了，盗贼轻而易举就把货物弄到手了。

师：也就是说故事缺少一点什么？

生：故事缺少一点故事味儿。

生：故事缺少一点波折。

师：对的。要想把原材料改编成一篇真正的小说，除了要让人物立起来，还要让故事一波三折才行，要充满故事味儿才行。请看课文第 10 自然段，画出挑酒的汉子不卖酒给杨志他们吃的语句。

板书　来点波折的情节

211

【屏显】

那挑酒的汉子看着杨志冷笑道："你这客官好不晓事，早是我不卖与你吃，却说出这般没气力的话来。"　（课文第 10 自然段）

师：这是卖酒人在什么情况下对杨志说，不卖酒给他的。

生：杨志训斥厢禁军想凑钱买酒时说的，因为很多好汉被蒙汗药麻翻了。他们太不小心了。

师：这说明什么？

生：说明杨志很警惕。

师：卖酒的汉子用什么办法才能打消他的警惕呢？

生：卖酒的汉子说，他根本就不想卖酒给杨志吃，又哪来的麻翻他呢？

师：对的。这样，故事就有了波折。不过，以杨志的精明，他会相信吗？

生：不会。

师：所以，还要有第二折才行。还有哪里写卖酒的汉子不卖酒给杨志他们吃的？谁再来说说？

（生找到第 11 自然段的一段内容。）

【屏显】

那七个客人说道："我只道有歹人出来，原来是如此。说一声也不打紧。我们倒着买一碗吃。既是他们疑心，且卖一桶与我们吃。"那挑酒的道："不卖，不卖！"　（课文第 11 自然段）

师：这是在什么情况下说不卖酒的？

生：这是在七个客人想要买酒的时候说的。

师：想买酒的这七个客人实际上是什么人？用现在的话说，他们是什么托来着？

生：是酒托。

师：这着太高明，太厉害了，你们知道为什么吗？

生：都不卖给酒托他们酒喝了，这酒里哪还会有毒啊？

生：对的。

师：故事又有了一折。不过，杨志不会轻易相信的。哪里还有故意写卖酒的汉子不卖酒的？请看课文第 12 自然段。

【屏显】

> 那卖酒的汉子道："不卖了，不卖了！"便道："这酒里有蒙汗药在里头。"众军陪着笑说道："大哥，直得便还言语。"那汉道："不卖了，休缠！"　　　（课文第 12 自然段）

师：这是在什么情况下说不卖酒的？而且，还连说了三个"不卖了"，看起来，态度还十分坚决。

生：是晁盖他们喝了酒，"证明"酒里没有蒙汗药之后，再次说不卖酒给杨志他们的。

师：这就更高明了。高明在哪里？

生：高明在酒托们已经喝了没事，卖酒的还是不愿意卖酒给杨志他们，这等于证明晁盖他们不是酒托。

生：高明在证明了晁盖他们不是酒托，那酒里自然是没有毒的。

师：对的。在经过这么多次的麻痹之后，那卖酒的汉子依然不卖。再警惕的杨志也架不住这么多次的欲擒故纵啊！于是，杨志陷入了圈套，喝了酒，丢了生辰纲。

像这样的充满波折的情节，课文中还有许多。课后，不妨仔细读一读，你们会有更多惊喜的发现的。这里我们就不多说了。同学们，通过这几次波折，作者仅仅是在写杨志的警惕吗？其实，更是写了谁？写了他们什么？

生：更是写了晁盖等八人，写了他们的机智与巧妙。

师：而这些都是通过什么去写的？

生：通过人物的动作和语言去写的。

师：对的。

板书　　　行动与语言　→　来点波折的情节

师：学到这儿，我们是不是有点儿明白了？（手指课件）中国古典小说通常通过"行动与语言"来——

生：来增加人物反面的性格。

生：来增加波折的情节。

师：这样，小说自然就生动了。

板书　让小说更生动 { 行动和语言→来点反面的性格
行动与语言→来点波折的情节

三

师：同学们，经过这样两步的改编，小说的确更丰满了，更动人了。但是仔细读原材料，似乎还是缺了点什么？我们再来看看原材料主要表达了什么样的主题思想。

生：原文似乎没有表达什么主题思想。

生：难道是表现了马安国的麻痹大意吗？那也没什么意思啊。

……

师：所以，改编后的小说，不但要丰满，要动人，而且还要在主题上有所突破才行，否则无法成为古典小说中的经典。那怎么办呢？

请看课文题目，题目叫什么？

生：《智取生辰纲》。

师：是谁智取生辰纲？

生：是晁盖、吴用他们智取生辰纲。

师：对啊。既然是晁盖、吴用他们智取生辰纲，按照常理，作者应该把大部分的笔墨用于描写谁？

生：应该主要用于描写晁盖、吴用他们是如何智取生辰纲的。

师：可文章是如何写的？

生：文章用大量的笔墨来写杨志是如何失去生辰纲的。

师：这是不是有点儿奇怪？试想一想，作者为什么要这样写呢？请看屏幕。

【屏显】

　　杨志是"三代将门之后"，他的理想是"指望把一身本事，边庭上一刀一枪，博个封妻荫子，也与祖宗争口气"。但他命运多舛，先是失陷了花石纲，又在盛气之下杀了泼皮牛二，吃了官司，被发配充军，后得梁中书抬举，收到门下。然而，押送生辰纲失败，不得不上二龙山落草。

　　他的人生是"失意—得志—幻灭"的人生，充满了悲剧性。

师：课文所选择的"智取生辰纲"这一段，实际上是杨志人生的哪一个阶段的故事？

生：是"幻灭"阶段的故事。

师：杨志一心想"博个封妻荫子"，想"与祖宗争口气"，所以他的精明也罢，他的机智也罢，他的暴烈、蛮横和急功近利也罢，其实，都是为了什么目的？

生：为了抓住梁中书这根救命稻草。

生：为了把生辰纲送到目的地。

生：希望自己的人生能实现一个华丽的转身。

师：然而，结果如何呢？

生：丢失了生辰纲，被迫上了二龙山落草。

师：他有没有实现自己的人生理想？这是一个什么样的人生？

生：他没有实现自己的人生理想。

生：这是一个充满悲剧性的人生。

师：现在明白作者为什么要用大量的篇幅描写杨志是如何失去生辰纲的了吧，表面看来是为了凸显——

生：是为了凸显杨志之"智"。

生：是为了凸显晁盖等人之"智"。

师：但是，还有一个不可忽视的目的。你来说。

生：是为了表现杨志充满悲剧性的人生。

师：对呀，这样一来，把原材料改编成小说之后，不但故事丰满了，生动了，而且主题也深刻了。像这样的精彩在《水浒传》中比比皆是，感兴趣的话，不妨好好读这部小说。

好的，今天这一课就学到这儿，下课！

《智取生辰纲》教学反思

一、教学起点反思

教学《智取生辰纲》(下称《智》文)时，有两点需要特别关注：

1. 应该教出《智》文哪些独特之处？

《智》文是一篇古典小说节选，跟现代小说强调心理描写不一样，它主要强调语言和行动描写。教学《智》文，要紧扣语言和行动描写，教人物正反两面的多重性格，教一波三折的情节设计。

2. 《智》文的主题究竟是什么？

《智》文是一篇小说节选，自然不能涵盖整部小说的主题，但也不仅仅是表现了晁盖等人有多智慧和杨志有多精明、谨慎和蛮横。纵观杨志一生，从光宗耀祖的理想追求到落草二龙山，再到逼上梁山，这是一个从"失意"到"得志"，再到"幻灭"的过程。从《智》文内容来看，它更多地表现了杨志如何从"得志"一步步地滑向"幻灭"的人生的悲剧性。

二、教学设想反思

人们大都从"智"处着手教《智》文，或是从矛盾处和人物形象处着手教《智》文。这是一种认知性的阅读教学，意在让学生对人物、情节，对文章的主题有一个较为深刻的感悟与理解。然而，这样教不太适合任务群教学，因为任务群教学，更强调听说读写的高度融合，也就是说，教学《智》文不仅仅要让学生有认知性的感悟与理解，更要为后续的写作教学提供必要的支持与帮助。

阅读相关文献，我们知道《智》文并不完全是作者的虚构，而是有原始素材的。于是，我便引领学生以假想作者的身份，从言语思维的角度，感受作者对原始素材的改编：让小说更丰满、让小说更动人、让小说更深刻。这既是一个阅读教学的过程，意在使学生对《智》文有一个深刻理解与感悟，同时，也是一个假想性写作教学的过程，意在为后续的写作教学打下坚实的基础。

三、教学过程反思

把原始素材改编成小说，不是一蹴而就的，需要从不同的层面进行多重改编才行。

（一）让小说更丰满

教学时，我首先设问：如果你是作家，人物、情节不作任何改变的情况下，能否把原材料直接改编成小说？

这样设问，意在告诉学生把原始素材改编成小说，并不是想改什么就改什么，是需要对原始素材进行审视的。缺什么，补什么，不足什么，改编什么，不能随心所欲。只有知道应该补什么、改编什么，学生才能真正地理解课文为什么这样补、这样改，这便为后续的写作教学积累了经验。

《智》文的原始素材并不复杂，稍加阅读，学生就会认识到其在人物、情节和矛盾上都有欠缺。在此基础上再次阅读课文，学生便明白了，作者运用渲染、对比思维，分别从"两组人物""两个情节"和"两种矛盾"的角度进行了改编。这样一改编，自然就比原始素材丰满了许多。

这个改编的过程，对于阅读教学而言，就是一个初读课文的过程；对于写作教学而言，就是正式写作之前的一个十分必要的准备的过程。

（二）让小说更动人

让小说的内容丰满起来，无论对于阅读还是写作，都是一个准备的过程，这显然是不够的。一篇小说只有动人了，读者才会阅读，才能使读者产生情感上的共鸣或引起强烈的反思，这样才能具备情感的审美价值。

要想使小说具有情感的审美价值，首先得使人物性格分明。可是原始材料中的人物，并没有鲜明的性格特征，必须进行改编。于是，让学生再读课文，看看杨志为了成功押运生辰纲做了哪些准备和哪些调整，思考从中可以看出杨志什么样的性格特征。

这样设计教学，不仅仅是为了寻找信息、梳理课文，更是为了学习作者是如何重塑人物性格的。然而，"精明""谨慎""睿智""警惕"这些都是优点，是从正面塑造的。这样塑造，太过单一，失真。而且更为关键的是，如果杨志毫无缺点的话，生辰纲又怎么会丢呢？

生辰纲不会丢，又谈什么智取呢？那怎么办呢？这便需要运用对比思维，进行改编，即从反面塑造。教到这儿还不够，又再次设问：从"暴烈""蛮横"到"急功近利"，杨志这些反面的性格特征，作者是通过什么表现出来的？这样一追问，《智》文作为一篇古典小说节选，重语言和行动描写的特点便呈现了出来。

要想让小说更动人，除了要让人物立起来，还要运用渲染思维，使故事一波三折才行。教学时，先让学生看看原始素材中如何设置情节的。然后，再让学生比较课文是如何运用渲染思维进行改编的。教学中，抓住挑酒的汉子一而再，再而三地不卖酒给杨志他们吃的情节，感悟、理解情节的一波三折。这样的情节渲染，既描写了杨志的警惕，又刻画了晁盖等人的机智与巧妙，可谓一举两得。而这些，也是通过富有特色的语言和行动描写得以实现的，这便再次使学生认识到古典小说的重要特点。

（三）让小说更深刻

任何一篇小说都是有特定主题的，但是，当学生仔细阅读原始素材时，却发现原始素材并没有什么特别的主题思想。而这，显然是不行的。

于是，我便从课文题目切入，让学生思考：是谁在智取生辰纲？这一问题设计颇有思维张力。因为智取生辰纲的是晁盖、吴用他们，按照常理，作者应该把大部分的笔墨用于描写晁盖、吴用他们才对，但是作者并没有这样做，而是极为反常地详细描写了杨志押运、丢失生辰纲的过程，这必然会起学生的反思：作者这样写有什么特别的意图吗？

《智》文毕竟是一篇小说节选，在没有上下文的情况下，这个特别的意图，学生是很难从课文中直接读出来的。这就需要教师给学生一个关于杨志人生发展的背景性的支架了。有了支架，学生这才明白，作者之所以要用大量的篇幅描写杨志是如何押运、丢失生辰纲的，其实，是为了表现杨志充满悲剧性的人生。

至此，从"让小说更丰满"到"让小说更动人"，再到"让小说更深刻"，学生对作者小说改编的过程有了深入的理解。

12. 超越实用式言语思维教学

课式简论

　　超越实用式言语思维教学是借鉴了文学创作论的"超越实用"理论，从言语思维的角度展开任务群教学的一种课式。

　　日常生活中，人们主要关注某个特定的人、事、物能否解决衣食住行的具体问题。如能解决，它便具有实用价值，即具有某种具体的实际功能、作用或用途。否则，就没有。文学作品中的原始素材大都源于日常生活，这便使得原始素材主要追求的，也是有益于日常生活的实用价值，而文学作品追求的却是审美价值。所以，通常情况下，原始素材不太适合直接拿来不加任何改变地进行文学创作。要想用原始素材进行文学创作，就必须对原始素材进行改编，有意淡化并超越其实用价值，使之具有情感的审美价值，这样，才能使作品具有文学价值。教学时，需从两个层面展开：

1. 明确实用价值

　　文学创作需要联想、想象，但这并不表示作家就可以天马行空地胡编乱造，事实上，大多数文学作品，是有生活原型或原始素材的。

运用超越实用理论教学时，通常先要找出作品的生活原型或原始素材，并分析其实用价值。这样便于学生形成清晰的思维脉络，知道作家是如何超越实用价值，走向审美价值的。

2. 超越实用价值

明确实用价值之后，我们才能设法淡化它，使之走向审美价值。通常的做法有：改变某个人物的职业、习惯、性格等，使之所做之事与其本身应有的样态产生矛盾，或是改变某个物品固有的实用功能，赋予其某种特别的意义或价值，也可以使某件事情明显有悖常理，看起来很不真实，等等。比如，使孔乙己的长衫成为某种身份的象征；再比如，因为失去了爱情，而把价值不菲的钻戒扔进河里；等等。教学中，我们要把那些看起来不实用，却具有某种情感的审美价值的内容找出来分析，并与其固有的实用价值进行对比。这个寻找与对比的过程，便是以假想作者的身份，从言语思维的角度，深刻地理解语篇的过程，同时也是一种特殊的体验性写作过程。

《范进中举》教学实录

一

师：同学们，今天我们学习一篇新的课文《范进中举》。作者是——

生：清代小说家吴敬梓。

师：本文选自——

生：选自吴敬梓的长篇讽刺小说《儒林外史》。

师：课前咱们已经自由朗读了课文，并预习了相关材料。《范进中举》其实并不完全是作者虚构的，它是有原始素材的。请看屏幕：

【屏显】

　　明末高邮有袁体庵者，神医也。有举子举于乡，喜极发疯，笑不止。求体庵诊之。惊曰："疾不可为矣！不以旬数矣！子宜亟归，迟恐不及也。若道过镇江，必更求何氏诊之。"遂以一书寄何。其人至镇江而疾已愈，以书致何。何以书示其人，曰："某公喜极而狂。喜则心窍开张而不可复合，非药石之所能治也。故动以危苦之心，惧之以死，令其忧愁抑郁，则心窍闭。至镇江当已愈矣。"其人见之，北面再拜而去。吁！亦神矣。

　　　　　　　　　　　　　　　　[（清）刘献廷《广阳杂记》]

　　这是一篇较为浅显的文言文。谁来说说看，这个原始素材讲了一个什么故事？主要赞美了什么？

　　生：主要讲了一个人中举之后喜极而疯，后被治好的故事。

　　师：对的。主要赞美了什么呢？

　　生：主要赞美了这位医生的医术非常高明。

　　生：主要赞美了这位医生看病的水平、技能很高。

　　师：你是从哪里看出来的？

　　生：我是从材料的开头看出来的：明末高邮有袁体庵者，神医也。这里的"神"字说明袁体庵这个医生的医术很高明。

　　生：我是从材料的结尾看出来的——吁！亦神矣。

　　师：这里也有一个"神"字，对吧？

　　生：对的。

　　师：你呢？

　　生：我是从材料的故事情节中看出来的。这个医生真是不简单，竟然不用一味药，就把病看好了。他给人看病的水平的确是高。

　　师：嗯，看来同学们都认为这个原始素材主要赞美了医生的医术很高明。我们知道，医术本身，其实就是医生这份职业的专业技能。能把病看好，说明这个医生的专业技能对他的病人是有实际用处的，也就是说，是有实用价值的。

板书　实用价值

这个原始素材主要赞美了医生的专业技能有多么高超，这说明，这个原始素材追求的是一种什么价值？

生：实用价值。

师：对的。但是《范进中举》毕竟节选自一部讽刺小说，既然是小说，它当然是艺术，而艺术主要追求的是什么？

生：主要追求的是美。

生：主要追求的是美的价值。

师：对的。通常，我们把美的价值，叫作"审美价值"。

板书　审美价值

这样问题就来了。原始素材追求的是实用价值，而小说追求的是审美价值，它们之间压根就不搭啊。那怎么办呢？如果你是作家，怎样做才能把一篇追求实用价值的原始素材改编成一篇追求审美价值的小说呢？

（生答不上来。）

师：咱们再来读一遍课文，不过，这一次是快读，看看作者改编原始素材时，对治病救人的那个人物形象作了怎样独具匠心的调整？

（生读课文。）

师：谁来说说看？你来。

生：原始素材和课文虽然都是讲一个考生中举之后喜极而疯，后被治好的故事。但是治病救人的人却不一样。

师：怎么不一样？

生：原始素材中治病救人的是一个真正的医生，而课文中却被作者改编成了杀猪的胡屠户——让范进既害怕又胆怯的老丈人。

师：对的。治病救人本是什么人的职责？

生：医生的职责。

师：作者却十分奇葩地改编成一个杀猪的屠夫。人们都说这是一个独具匠心的改编。你们怎么看？

（生没有头绪。）

板书　　独具匠心

师：（指着板书）原始素材中看好病的人是一个真正的医生，所以，原始素材只能赞美这个医生的——

生：医术高明。

师：而高明的医术只是一种对病人有用的什么价值？

生：实用价值。

师：对的。我们刚才已经说了，只追求实用价值的作品，能称得上是文学艺术作品吗？

生：不能。

师：而课文经过作者的改编，就有点儿不一样了……

生：哦，老师，我明白了。作者把治好病的那个真正的医生改成了一名杀猪的屠夫，一个屠夫把病人的病治好了，再怎么着也不能赞美屠夫的医术高明吧。因为他压根就不是一个医生，又哪来的医术呢？

师：嗯，对呀！正因为课文无法赞美一个杀猪的胡屠户的医术有多高明，所以，课文也就十分巧妙地淡化了什么价值？

生：淡化了实用价值。

师：对的。这种调整的妙处，还不限于此。同学们想想，作者竟然天马行空地让一个本该"杀生"的屠夫去"救生"，这是不是太——

生：太滑稽了。

生：太夸张了。

生：太具有讽刺意味了。

师：我们暂且先不管课文究竟"夸张"了什么内容，展示了什

225

么样的"滑稽"现象，或者"讽刺"了什么样的人或事，而是先来思考这样一个问题：这些内容是不是像碗一样可以盛饭、喝水，有着某种看得见摸得着的实用功能？

生：不是。

生：肯定不是。

师：也就是说，"夸张""滑稽""讽刺"指向的不是实用价值，那它指向哪里呢？

生：指向人的心理。

生：指向人的情感。

生：指向人的精神。

师：这是什么价值？

生：这是审美价值了。

师：也就是说，作者这样改编不但有效地淡化了实用价值，而且成功超越了实用价值，走向了"夸张""滑稽""讽刺"背后的审美价值。这是不是就离真正意义上的文学艺术作品更近了一步？这一步虽小，却十分关键，所以人们称赞其独具匠心。

板书　　独具匠心　　超越实用 → 审美价值

二

师：可是，如何才能让作品具有"夸张""滑稽""讽刺"背后的审美价值呢？我们再来看原始素材。

原始素材中的人物形象有什么独特的性格特点吗？我们先来看医生袁体庵。你来说说看。

生：原始素材中只写了他是如何看病的。开头说他是个神医，结尾赞扬他的医术很神。人物形象很平，没什么独特的性格特点。

生：那个何氏医生也很平，也没有什么独特之处。

生：考生好不容易考中举人，欢喜到极点发了疯，这是可以理解的，很正常。至于，病好了之后，再拜感谢，那也是人之常情。所以，考生形象也写得一般，谈不上有什么独特的性格特点。

师：嗯，是的。这样的人物实在是太平了，太一般了。要想把原始素材改编成一篇小说，首先得让人物活起来、立起来，然后，才能进一步谈"夸张""滑稽""讽刺"背后的审美价值。

我们先来看看作者是如何改编人物的？尤其是范进中举前后，对范进和胡屠户的称呼发生了什么样的变化？

师：中举之前，范进称胡屠户什么？

生：岳父。

板书　　岳父

师：中举之后，变成了什么？

生：老爹。

板书　　老爹

师：哪一个称呼显得更尊重一些？

生：岳父。

师：所以，"岳父"与"老爹"这两个称呼之间便形成了什么？

生：形成了对比。

师：对的。形成了微妙的对比。范进中举之前，胡屠户是一个什么样的岳父？

生：是一个趾高气扬的岳父。

生：一个居高临下的岳父。

生：一个高高在上的岳父。

……

板书　　趾高气扬岳父

师：范进中举之后，胡屠户在范进面前变成了什么样子？

生：变成了阿谀奉承的老爹。

生：变成了见风使舵的老爹。

……

板书　阿谀奉承老爹

师：这样，"趾高气扬岳父"又跟"阿谀奉承老爹"形成了——

生：形成了对比。

师：对的。而且是一种性格、品行上的更深层次的对比。我们再来看看另外一个人物：范进。中举之前，范进在胡屠户的眼里是一个什么样的人？

生：是一个烂忠厚没用的人。

板书　烂忠厚

生：是一个尖嘴猴腮，应该撒泡尿照照自己的人。

板书　烂忠厚尖嘴猴腮

生：是一个现世宝穷鬼。

板书　烂忠厚尖嘴猴腮现世宝

师：总之，范进就是一个一无是处的人，对吧？

生：对的。

师：那么，中举之后呢？范进在胡屠夫的眼里成了一个什么样的人？

生：成了贤婿。

板书　贤婿

生：成了老爷。

板书　贤婿老爷

生：成了天上的文曲星。

板书　贤婿老爷文曲星

师：同学们有没有发现，从"烂忠厚尖嘴猴腮现世宝"到"贤婿老爷文曲星"，它们之间又形成了——

生：又形成了鲜明的对比。

228

师：对的。我们再从情节看一看。中举之前，"趾高气扬岳父"是如何对待范进这个"烂忠厚尖嘴猴腮现世宝"的？你是从哪里看出来的？

生：是教训范进。我是从"你是个烂忠厚没用的人，所以这些话我不得不教导你，免得惹人笑话"这句话中看出来的。

生：是训诫范进。我是从范进跟胡屠户借盘费时，胡屠户骂范进的一番话中看出来的。

……

师：对的。范进中举之前，"趾高气扬岳父"训诫"烂忠厚尖嘴猴腮现世宝"。

板书　　**趾高气扬岳父训诫烂忠厚尖嘴猴腮现世宝**

师：那么，中举之后呢？胡屠户又是如何对待范进的？你是从哪里看出来的？

生：是奉迎范进。我是从胡屠户给范进扯了几十回衣裳后襟看出来的。

生：是巴结范进。我是从胡屠户的一声"老爷回府了！"看出来的。

……

师：对的。是巴结。

板书　　**阿谀奉承老爹巴结贤婿老爷文曲星**

师：同学们，从小说情节的角度来看，范进中举之前，"趾高气扬岳父训诫烂忠厚尖嘴猴腮现世宝"，中举之后，却变成了"阿谀奉承老爹巴结贤婿老爷文曲星"了，它们之间又形成了什么？

生：又形成了鲜明的对比。

师：学到这儿，咱们再回到刚才的话题上来。经过作者这样一改编，人物形象还那么单调，那么一成不变吗？故事情节还一波未起吗？

生：不是的。人物形象性格特点鲜明了许多。

生：情节上也有波折。

师：这就很有意思了，作者仅仅用简单的对比、反衬，就让人物活了起来、立了起来，让故事情节颇有意思。这是不是很奇妙？

生：对的，非常奇妙。

生：这样改编太有才了。

生：太独具匠心了。

师：独具匠心的还不止这些呢！同学们，范进还是那个范进，仅仅用一个对比、反衬的手法，就把一个"烂忠厚尖嘴猴腮现世宝"变成了"贤婿老爷文曲星"，这样的差距是不是太——

生：太大了。

生：太夸张了。

板书　　夸张

师：对的。曾经那么趾高气扬的胡屠户，竟然如此这般地巴结范进，我们闭上眼睛想想那个样子，那个样子简直太——

生：太滑稽了。

生：太可笑了。

板书　　滑稽

师：同学们，改编之后，人物、情节如此夸张、滑稽，有没有让你产生疑问，或者反思什么呢？

生：有的。我在想，范进还是那个范进，胡屠户也还是那个胡屠户，为什么他们前后的变化如此之大呢？

生：我也在想，究竟是什么原因让胡屠户、范进变得那么滑稽可笑呢？

……

师：那你们说说看，是什么原因？

生：应该是那个社会把人们变成了这样吧。

230

生：我觉得跟范进是否中举有关。没有中举之前，范进无权无势又无钱，胡屠户当然趾高气扬，中举之后，眼见着范进什么都有了，势利的胡屠户就来巴结了。

生：我觉得是当时的科举制度把人们变成了这样。

生：都是科举制度毒害了人们。

师：对呀。其实，像范进这样的读书人，像胡屠户这样的势利小人，在那个封建社会，还有很多很多。作者这样改编，实际上是为了——

生：是为了讽刺那个社会。

生：是为了揭露封建科举制度的罪恶。

板书 讽刺

师：而讽刺那个社会，揭露封建科举制度的罪恶，是一种具体实用的可以看得见摸得着的实用价值吗？

生：不是。

师：那是什么？

生：那是一种指向精神、情感的审美价值。

生：那是一种指向社会制度的审美价值。

师：对的。作者仅仅用简单的对比、反衬，就让人物立了起来，使情节有了波折。更为关键的是，对比、反衬的力度越大，讽刺力度就越大，从而使文章产生了强烈的审美价值。这才是真正的独具匠心。

板书 独具匠心 对比反衬 → 审美价值

三

师：同学们，通过这两步的改编，人物形象显然立了起来，而且强烈的讽刺无疑使文章具有了审美价值。但是，作者总觉得人物形象还是单薄了一些，讽刺的力度似乎还可以再大一些。

我们再来看原始素材中一个描写人物的细节。

【屏显】

　　　　　<u>其人见之，北面再拜而去</u>。吁！亦神矣。

　　师：从这个细节，我们可以看出那个考生什么样的内心情感？有没有矛盾、纠结，有没有波澜？

　　生：他感激医生救了他。但是，似乎没有什么矛盾、纠结，没有什么波澜。

　　生：我认为还有对医生的医术高明的赞叹之情。但是同样没有矛盾、纠结，没有波澜。

　　师：一个人的内心情感如果没有任何矛盾、纠结，没有任何波澜，这说明这个人物的内心情感如何呢？

　　生：说明这个人物的内心情感很单一。

　　生：说明人物的形象不够丰满。

　　师：既然人物内心情感很单一，没有变化，不够丰满，那么，文章的什么价值必然就会受到影响？

　　生：审美价值就会受到影响。

　　师：对啊。如何才能让人物的内心情感也丰满起来，使其具有审美价值呢？除对比、反衬的写作手法外，作者还需要运用什么方法来改编？我们来看课文中的一个细节。

【屏显】

　　　　屠户把银子攥在手里紧紧的，把拳头舒过来，道："这个，你且收着。我原是贺你的，怎好又拿了回去？"范进道："眼见得我这里还有几两银子，若用完了，再来问老爹讨来用。"屠户连忙把拳头缩了回去，往腰里揣。　　（课文第 11 自然段）

师：请一个同学读一读。

（生读。）

师：你们看出什么来了吗？作者用了什么方法？

（生说不出来。）

师：那我们换一个角度来看，这个细节如果这样来写，行吗？

【屏显】

> 屠户把银子攥在手里紧紧的，对范进说："那我就收着了。"说话间，连忙把拳头缩了回去，往腰里揣。

生：似乎不行。胡屠户的内心情感没有什么变化。

师：为什么？

生："屠户把银子攥在手里紧紧的"中的"攥"字，说明他本就不想把钱给范进。

生：他对范进说的话，也是"那我就收着了"。也说明他不想给。

师：这说明什么？

生：这说明他心里想的和嘴上说的是一样的。

生：这说明他的情感没有变化。

师：内心情感没有发生改变，人物的情感价值就少了很多，但是我们看看课文，课文中是怎么写的？

生：课文中说手中"攥"着银子，明显不想给的意思。但是又把拳头"舒"过来。这显然是矛盾的。

师：行动上的矛盾，说明他的情感也是怎样的？

生：说明他的情感也是矛盾的，他做出了想给的样子，心里其实根本就不想给，他的心里正经历着激烈的矛盾斗争。

师：还有哪里有矛盾？

小说可以这样教

生：他嘴上说着："这个，你且收着。我原是贺你的，怎好又拿了回去？"可行动上，当范进说不用给的时候，就"连忙"把拳头缩了回去，往腰里揣。这说明他说的和做的也是相互矛盾的，这同样反映了他的内心情感的变化。

师：这种矛盾错位越大，便越是讽刺了胡屠户的什么？

生：讽刺了他的嗜钱如命。

生：讽刺了他的庸俗自私。

生：讽刺了他的虚情假意。

师：对的。"心"与"口"的矛盾越大、错位越明显，就越能表现其内心情感变化的巨大。情感变化的幅度越大，就越能讽刺胡屠户嗜钱如命、庸俗自私的市侩性格，从而使人物形象更具有艺术魅力。这样的改编实在是独具匠心。

板书　　独具匠心　　矛盾错位 → 审美价值

师：课文中像这样的细节描写还有很多。比如课文第5自然段中的这个细节。读一读，看能不能读出其中的矛盾错位。

【屏显】

范进不看便罢，看了一遍，又念一遍，自己把两手拍了一下，笑了一声道："噫！好了！我中了！"说着，往后一交跌倒，牙关咬紧，不省人事。老太太慌了，慌将几口开水灌了过来，他爬将起来，又拍着手大笑道："噫！好！我中了！"笑着，不由分说，就往门外飞跑，把报录人和邻居都吓了一跳。走出大门不多路，一脚踹在塘里，挣起来，头发都跌散了，两手黄泥，淋淋漓漓一身的水，众人拉他不住，拍着笑着，一直走到集上去了。

（课文第5自然段）

生：噫！好了！我中了！

234

师：你想从中读出范进什么样的情感？

生：我想读出范进狂喜之情，因为范进毕竟考了这么多年，终于考中了，这真是莫大的喜悦。

师：对的。那你就把这种喜悦读出来。

生：噫！好了！我中了！

师：读得真不错！我们再看看范进说的第二句话。你来读一读，看有什么不同。

生：噫！好！我中了！

师：有什么不同？

生：少了一个字——了。

生：我觉得情感上也不太一样。第一句是自己因中了举人而狂喜。而这里少了一个"了"字，且是向外飞跑时说的，很显然，他想告诉别人，他中了，他终于可以扬眉吐气了。这是不一样的。

师：那你试着把他那种扬眉吐气的喜悦读出来。

生：噫！好！我中了！（很有感情。）

师：虽然原因不同，但无疑内心都是喜悦的。没有看出什么矛盾错位啊！

生：有的。课文中还描写了他外形上的失败。这样，便形成了矛盾错位。

师：你说说看。

生：他"一脚踹在塘里，挣起来，头发都跌散了，两手黄泥，淋淋漓漓一身的水，众人拉他不住，拍着笑着……"这哪里像一个马上要做大官的举人，外形上实在是太狼狈了。

师：对的。这样，内心的喜悦与外形的狼狈便形成了矛盾错位。这样的矛盾错位越是大，文章的讽刺意味便越浓，其审美价值便越大。

其实，课文中矛盾错位的地方有很多，课后，同学们不妨仔细找一找，并认真研究。

学到这儿我们就明白了，原始素材虽然很有趣，却没有太多的审美价值。改编后之所以能成世界名著，就在于作者独具匠心地采用"超越实用""对比反衬"和"矛盾错位"写作手法，使小说具有了深刻的内涵。因此，要想深刻地领会、理解这篇文章，我们不妨从三个方面入手，进行细致的研读。

好，这节课就上到这儿。下课！

《范进中举》 教学反思

一、教学起点反思

教学《范进中举》（下称《范》文），需要关注两个问题：

1. 如何理解《范》文与原始素材的关系？

根据清朝刘献廷的《广阳杂记》记载，《范》文并不完全是作者的虚构，而是根据袁体庵的故事改编的。但是，当我们仔细研读《范》文的原始素材，却发现原始素材主要追求的是实用价值，而《范》文主要追求的是审美价值，两者有着非常微妙的差异。这种差异，应该不是讹传或作者手误所致，而是作者刻意为之后的必然结果。这种从实用价值走向审美价值的独具匠心的改编，对于听说读写高度融合的任务群的教学而言，具有非常重要的教学价值。

2. 仅仅只需认知细节描写等手法的功能与作用吗？

统编教材对于《范》文的细节描写（含夸张、对比等手法）的教学定位，似乎落在对其功能与作用的理解上，这可从"隐含着什么""体会表达效果"等词句中看出端倪。如此定位，对于阅读教学而言是可行的，却不太适合任务群教学，因为认知性的理解，是很难迁移到写作教学中的。任务群教学，不仅强调认知相关手法的功能与作用，更强调如何运用这样的手法进行审美性的表达，这样，才能使读与写真正融通，才能达成任务群的教学目标。

二、教学设想反思

通常，人们大都从文本主题、人物形象、艺术手法或语言风格的维度来教学《范》文。这样教，如前所述，是不太适合任务群教学的。要想教好《范》文，不妨跳出常规，以假想作者的身份，运用超越实用理论，从言语思维的角度展开。为此，我设计了三个教学环节：素材改编的独具匠心、对比反衬的独具匠心和细节描写的独具匠心。这样设计，意在让学生充分体悟、理解作者如何运用"超越实用"的审美思维和"对比反衬""矛盾错位"的言语思维，来充分展现《范》文特有的审美张力与审美空间。

三、教学过程反思

那么，如何才能以假想作者的身份，从言语思维的角度展开任务群的教学呢？

我们不妨这样自我设问：如果让你来创作《范》文，你会遇到什么困难，又会如何克服困难？你会用什么样的言语思维及审美思维策略，把《范》文写成一篇经典的传统小说？循着这样的思路进行教学，或许能把听说读写融为一体，达成任务群的教学目标。

（一）教出素材改编的独具匠心

前文已经说到，原始素材不能直接拿来就用，需要进行适当的改编才行。而改编的前提，是对原始素材有个基本了解：这个原始素材讲了一个什么故事？主要赞美了什么？

这样设计教学，一是让学生知道原始素材主要赞美了医生的医术高明。二是让学生透过现象看本质：医术只是医生这份职业的专业技能，技能高，就有实际用途，就有实用价值，否则就没有。原始素材赞美医生的医术高明，说明它追求的是实用价值，而文学创作追求的却是审美价值。这便必然地注定了，原始素材是不能直接拿来为创作所用的。有了这样直接体验、感知的过程，便可进一步设问：如果你是作家，怎样才能把一篇追求实用价值的原始素材改编成一篇追求审美价值的小说呢？

通过对原始素材和课文的比较，学生深为作者独具匠心的改编所折服。一是折服于职业改变的独具匠心。作者把治病的医生改成了杀猪的屠户。屠户把病治好，再怎么着也不能赞美他医术高明。这便十分巧妙地淡化了原始素材的实用价值。二是折服于行为描写的独具匠心。作者天马行空地让一个本该"杀生"的屠夫去"救生"，这滑稽、夸张、讽刺指向的是人的心理、情感和精神的审美价值。经过作者这样一改编，《范》文的诞生便具备了必要的条件。

上述教学，有两个教学意图。意图一：在以假想作者的身份改编原始素材的过程中，深度理解课文；意图二：在改编的过程中学习写作。

（二）教出对比反衬的独具匠心

不过，仅仅具备诞生的必要条件，还是不够的，还得使作品具有夸张、滑稽、讽刺背后的审美价值才行。为此，我设计了三个教学环节：

教学环节一：如何用对比思维塑造人物形象？

传统小说是离不开人物形象塑造的，可是怎么塑造就大有讲究了。《范》文的独具匠心，在于用对比思维来塑造人物形象，而且，还塑造得非常生动、丰满。教学中，让学生把范进中举前趾高气扬的岳父，跟中举后阿谀奉承的老爹进行对比，把范进中举前胡屠户眼里的烂忠厚尖嘴猴腮现世宝的范进，跟中举后变成了贤婿老爷文曲星的范进进行对比。这种对比越强烈，范进和胡屠户的人物形象就越是生动、丰满。

教学环节二：如何用对比思维设计曲折情节？

《范》文在情节设计上也独具匠心。教学时，让学生把范进中举前后胡屠户对待范进的态度进行比较。在比较中，让学生明白：中举前，趾高气扬的岳父对待烂忠厚尖嘴猴腮现世宝的范进的态度是训诚，而中举后，就变成了阿谀奉承老爹对贤婿老爷文曲星的范进的巴结。两者之间形成了鲜明的对比。虽然《范》文并没有刻意地营造一波三折的故事情节，但是由于巧妙地运用了对比思维，同样使故事情节跌宕起伏，而且，对比越是强烈，情节就越是曲折，越是具有戏剧性。

教学环节三：如何使对比思维指向审美价值？

不过，仅仅在人物形象塑造和故事情节设计上独具匠心还不够，还要指向审美价值才行。于是，又从言语思维的角度设问：仅仅因为中举，范进和胡屠户就发生了如此大的变化，强烈的对比所营造的夸张、滑稽指向哪里？在那个封建社会，范进和胡屠户绝非个案，作者这样写究竟是为了什么？这样一追问，一讨论，学生便能深切地体会到《范》文的独具匠心：人物还是那个人物，情节还是那个情节，作者仅仅是巧妙地运用了对比思维，就不露痕迹地使《范》文指向了情感的审美价值。

（三）教出细节描写的独具匠心

至此，人物的外部形象已然立了起来，且在强烈的讽刺中，文章也具有了一定的审美价值。不过，从作者的角度来看，人物的内在形象略显单薄，文章的讽刺力度稍显欠缺，还需要进一步营造才行。

从全文来看，作者选择的策略是细节描写。不过，《范》文的细节描写很为特别，它独具匠心地运用了错位思维（言语思维的一种），使语篇的审美价值实现了最大化。比如，在教学第11自然段的细节描写时，我主要抓住"攥"与"舒"心口不一的矛盾错位进行教学，矛盾越大，错位越是严重，便越是强烈地讽刺了胡屠户嗜钱如命、庸俗自私和虚情假意的性格特点。教学第 5 自然段的细节描写时，则抓住范进的外在形态与内心欢喜的矛盾错位，让学生认识到范进这个人物形象是如何极具讽刺意味。当然，像这样的矛盾错位的细节描写还有很多，学生课后可以继续研读。

综上，我们以假想作者的身份，跟随作者的脚步，运用"超越实用""对比反衬""矛盾错位"等审美思维、言语思维策略，把一个只有实用价值的原始素材一步步地改编成了一篇具有深刻的审美内涵的小说。学生在这一过程中，不但深切地理解了这篇小说，更是在假想性写作的过程中锻炼了写作思维。

13. 虚构细节式言语思维教学

 课 式 简 论

　　虚构细节式言语思维教学是运用渲染、对比思维进行任务群教学的一种课式，主要强调根据一定的写作意图虚构动作、语言细节，塑造人物形象。

　　历史演义类小说，是一种特殊的小说，它根据真实的历史改编而来，主要情节和主要人物都在历史上真实存在过，不能虚构。但它毕竟是小说，是小说就会有虚构，就会追求情感的审美价值。

　　对这类文章的教学，可从两个层面展开：

1. 细节渲染

　　历史演义类小说，当然需要细节虚构，但不能无缘无故地随意虚构，必须指向一个共同的方向，表达作者想要表达的思想、情感。教学时，首先要让学生弄明白文中的细节究竟指向哪里。其实，这个共同的思想、情感指向，就是作者的交际意图。明确了交际意图，才能教学生如何运用渲染思维虚构与之相适应的细节。

2. 人物对比

在人物对比上也是一样，也必须指向共同的思想、情感的表达，即作者的交际意图。教学中，要根据特定的交际意图，教学生运用对比思维虚构与之相适应的细节。

《三顾茅庐》教学实录

一

师：同学们，今天我们学习一篇小说节选《三顾茅庐》。这篇文章咱们刚刚读过，作者是——

生：是元末明初的小说家、戏曲家罗贯中。

师：这篇文章节选自哪部小说？

生：节选自《三国演义》。

师：《三国演义》是我国第一部什么类型的小说？

生：第一部章回体长篇历史演义小说。

师：这是我们要在初中阶段学习的唯一的历史演义小说。对于这种类型的小说，我们应该如何阅读呢？

（生答不上来。）

二

师：既然是历史演义小说，它必然以什么为基础？

生：必然以真实的历史为基础。

师：对呀，不然，怎能叫历史演义小说呢？所以，阅读历史演义小说的第一步是干什么？

生：了解这部小说的历史背景是什么。

生：了解这部小说是根据什么样的基本史实改编的。

板书　　了解基本的史实

师：嗯，对的。《三国演义》的历史背景是什么，你们知道吗？（学生略有迟疑。）其实，课下第一个注释是有介绍的。谁来说说看？

生：这部小说以东汉末年到西晋建立期间的社会历史为背景，着重叙述魏、蜀、吴三国的兴衰过程，反映了东汉末年及三国时期政治腐败、生灵涂炭、农民起义、诸侯割据的社会现实。

师：课前，我们读了晋朝史学家陈寿写的《隆中对》，也就是史书《三国志·蜀书·诸葛亮传》的节选。现在，我们再结合课后"阅读提示"，请同学来说一说《三顾茅庐》这篇文章是根据什么样的基本史实改编的。

生：是根据史书中记载的历史"由是先主遂诣亮，凡三往，乃见"改编的。

生：是根据"隆中对"改编的。这在史书中也有记载。

师：对的。作者对"凡三往，乃见"，即"三顾茅庐"的故事情节的改编跟对"隆中对"的改编有什么不一样吗？

生：作者对刘备三顾茅庐请诸葛亮出山的故事情节，进行了大幅度的改编。

生：但是对"隆中对"的内容却改编得很少，而是大篇幅地复制了陈寿的记载，仅在个别语言上稍作改变罢了。

师：同样是演义历史，作者在改编时为什么处理得如此不同呢？这是不是很反常啊？作者为什么要这么做呢？要想弄清楚这个问题，我们先来看看"隆中对"主要写了什么内容，主要展现了什么？

（生迟疑。）

师：其实，课后"阅读提示"中有提示的。

生：主要写的是诸葛亮对天下大势的分析，展示了诸葛亮的雄才大略。

师：你能用课文中的话具体说说"隆中对"是如何具体分析天

下大势的吗？比如曹操，"隆中对"中是如何说的？

生：今操已拥百万之众，挟天子以令诸侯，此诚不可与争锋。

师：这句话什么意思？

生：这句话的意思是，曹操现在拥有百万军队，他挟持皇帝来号令诸侯，的确不能跟他争斗。

师：用诸葛亮的话说，他占着什么优势？

生：他占着天时的优势。

师：那么孙权呢？

生：孙权据有江东，已历三世，国险而民附，此可为援而不可图也。

师：这句话的意思是——

生：孙权占据着江东地区，历经了三个时代，吴国地势险要，民众归附。这个人可以作为外援，不能谋取。

师：用诸葛亮的话说，他占据着什么优势？

生：他占着地利的优势。

师：那么，刘备有什么有利条件呢？

生：荆州是用武之地，"非其主不能守"，这是有利条件。它的主人刘表不久于人世，这对于刘备来说，是一个机会。

生：益州刘璋暗弱，民殷国富，而不知存恤。这也是一个有利条件。

师："不知存恤"什么意思？

生：就是不知道爱惜、体恤民众。

师：这对刘备来说也是个机会。所以，诸葛亮说他占着什么优势？

生：刘备占着人和的优势。

师：诸葛亮给刘备制定了什么样的战略？

生：先取荆州为家，后即取西川建基业，以成鼎足之势，然后可图中原。

师：这就是说，诸葛亮不仅准确地分析了天下形势，还给刘备制定了建国方略。如此当世奇才，换谁不爱惜呢？换谁不想请他出山呢？同学们，现在明白作者为什么要大篇幅保留"隆中对"这段史实了吗？谁来说说看？

生：如果诸葛亮没有才华的话，刘备是不会请他出山的。当然，也没有"三顾茅庐"这一说了。

师：嗯，对的。诸葛亮的才华是刘备请他出山的根本原因。所以要——

生：所以要保留"隆中对"，因为这段史实表现了诸葛亮的才华。

师：可是，让老师不太明白的是，作者似乎只要简单交代一下就好了呀，为什么要如此大篇幅地复制陈寿的记载呢？

生：因为只有把诸葛亮的雄才大略具体地、充分地展现出来，才值得刘备三顾茅庐啊。

师：你是说，大段保留"隆中对"，实际上是为大幅度地虚构"三顾茅庐"做准备。对吧？

生：对的。

师：其实，除此之外，还有一个原因。这在"阅读提示"中也是有说明的。谁来说说看？

生：因为"隆中对"在《三国演义》整个故事中具有相当重要的地位，此后的情节基本上是对"隆中对"策略的逐步实施。

师：对的。这个基本史实不单关系小说中的人物刘备、诸葛亮等的塑造，而且对整篇小说，都有着极为重要的作用。所以，作者才大篇幅地复制了史书中的记载。

三

师：了解基本史实只是阅读历史演义小说的第一步。那么，第二步应该怎么去做呢？我们知道历史演义小说虽然以真实的历史为基础，但它终究还是什么？

生：还是小说。

师：对呀。既然是小说就必然有什么？

生：就必然有虚构。

师：是的。初中阶段我们学习了很多小说，都知道小说是虚构的。但是，历史演义小说的虚构和一般意义上的可以自由写作的小说的虚构一样吗？

生：似乎是不一样的。

师：哪里不一样呢？

生：历史演义小说不能随便虚构故事，因为历史演义小说是根据真实的历史改编的。小说的故事是基本确定了的，不能随便改编。

师：你能结合《三顾茅庐》这篇文章说说吗？

生：比如史书记载了"由是先主遂诣亮，凡三往，乃见"这段史实，《三国演义》中便有了"三顾茅庐"的故事情节。

板书　**主要情节不虚构**

师：还有哪里不能随便虚构？

生：还有主要人物也不能随便虚构。因为这些人物在历史中是真实存在的。

师：比如呢？

生：比如刘备、诸葛亮、关羽、张飞等，这些人物在历史上都是真实存在的，所以不能随便虚构。

板书　**主要人物不虚构**

师：那么，作家只能虚构什么？

生：只能虚构一些细小的东西。

师：也就是虚构一些细节，对吗？

生：对的。

246

师：好的，回到刚才的问题上来。阅读历史演义小说，了解基本史实只是第一步，第二步应该怎么去做呢？

生：着重阅读作者虚构了哪些细节。

生：这些细节是如何虚构的。

生：这些细节有什么意义。

生：还有为什么要虚构这些细节。

……

师：总之一句话，从细节入手去阅读历史演义小说。对吧？

生：对的。

板书　　研读虚构的细节

师：知道了第二步怎么做之后，还有一个问题要弄明白。同学们，如果你们是作家，会无缘无故随意地虚构细节吗？

生：不会。

师：那么，你们会如何做呢？

生：我会围绕着一个共同的方向虚构细节。

生：我会围绕一个共同的主题虚构细节。

师：对的。这些虚构的细节必须指向一个共同的方向，都能表达作者想要表达的思想、情感。那么，究竟指向哪里呢？请看屏幕，你能从中读出什么信息？

【屏显】

刘备三顾茅庐之前寄居于刘表的辖地荆州，自言"上无片瓦盖顶，下无置锥之地"，可见处境艰难。他被刘表多次暗算，侥幸存活。后得徐庶帮助，他的局面才有所好转。但是随着徐庶被逼转投曹操，局面再次变得不容乐观，刘备禁不住放声大哭，甚至动了"亦欲远遁而避世"的念头。

师：谁来说说看？你来说。

生：刘备没有自己的地盘。

生：刘备的处境很艰难。

生：刘备的生存都成了问题，就更不要谈霸业了。

生：刘备身边没有得力的人才，当徐庶被逼投靠曹营之后，甚至都想放弃自己的霸业了。

师：在这样的情况下，刘备最需要什么？

生：刘备最需要一个旷世奇才去辅佐他成就霸业。

生：他需要一个大才来改变他的处境。

师：就在这时候，诸葛亮出现在他的视野里，而且还是一个可比肩兴周八百年的姜子牙、旺汉四百年的张子房的大贤。面对如此大才，刘备会如何做？以刘备的处境，跟普通人请人出山辅佐比起来，他的"三顾茅庐"有什么特别之处？

生：刘备会特别急切。

生：刘备会特别诚恳。

生：刘备会特别真诚。

师：所以，从刘备的角度讲，作者在虚构"三顾茅庐"的细节时，应该都围绕哪方面去虚构？

生：围绕刘备的真诚去虚构。

生：围绕刘备恳切的心情去虚构。

板书　　真诚　　　恳切

师：好的，下面请同学们细读课文，看看作者是如何从真诚、恳切的角度来虚构刘备三顾茅庐的细节的？

是不是觉得有点儿难？那我们就换一种思路，看看课文中哪些动作、语言描写很反常。比如第2自然段开头，就有一个细节很反常。谁来说说看？

生：我觉得"离草庐半里之外，玄德便下马步行"这个细节比较反常。

师：具体说说看。

生：文官落轿，武官下马，这是古人对特别有地位或者令人敬仰的人极大的尊敬，而诸葛亮当时只是一个没有多少名气的隐士，根本不值得刘备这样做。这太反常了。

生：我也觉得是。"半里之外"就下马步行，更是反常。

师：然而，越是反常就越是渲染了刘备请诸葛亮出山时的态度——

生：很真诚。

生：很恳切。

师：其实，课文中像这样的动作渲染还有很多。谁再来说说看？

板书　　虚构细节　　动作渲染

生："徐步而入"这个细节很反常。以刘备当时急切的心情，马上就要见到他朝思暮想的诸葛亮了，他应该"疾步而入"才对。但是，想到诸葛亮此时正在草堂上"昼寝未醒"，刘备担心人多声杂影响了诸葛亮的休息，就一个人徐缓地进入房间。可见刘备对诸葛亮的尊重。

生：我觉得"拱立阶下""犹然侍立"的细节也很反常。不管怎么说，当时的刘备已经是皇叔，而诸葛亮只是还没有出山的一介布衣，从身份地位上来说比诸葛亮高了很多。按理说他不应该这样做的。但是，刘备还是这样做了，足见他的真诚与恳切。

生：作者还虚构了"下拜之礼""顿首拜谢"这个细节，这也是很反常的。"下拜之礼""顿首拜谢"通常都是以下对上。而刘备以皇叔之尊，却向一个还未出山的年轻人行这么大的礼，这很反常。然而，正是反常，才更可见刘备请诸葛亮出山有多么的真诚、恳切。

师：补充一下，当时的诸葛亮，只是一个二十七岁的年轻人，而刘备已经有四十七岁，即便从年龄上来讲，刘备对诸葛亮行如此大礼，也足可见刘备对诸葛亮的尊敬，足见刘备的真诚与恳切。这些都是从动作的细节渲染刘备的真诚与恳切的。

我们再来看看刘备的语言，看看是不是很特别，甚至很反常。咱们先把刘备对诸葛亮说的话找出来。

板书　虚构细节　语言渲染

生：且休通报。

生：且勿惊动。

生：已书贱名于文几。

生：望先生不弃鄙贱，曲赐教诲。

生：开备愚鲁而赐教。

生：备不量力，欲伸大义于天下；而智术浅短，迄无所就。惟先生开其愚而拯其厄，实为万幸！

生：备虽名微德薄，愿先生不弃鄙贱，出山相助。备当拱听明诲。

师：请看这句话：备虽名微德薄，愿先生不弃鄙贱，出山相助。备当拱听明诲。这句话中有两个"备"字。以刘备的身份，他可以称自己为"本将军""本皇叔"吗？

生：可以的。

师：那你把这句话中的两个"备"字分别换成"本将军""本皇叔"读一读，看看有什么新的发现？

生：本将军虽名微德薄，愿先生不弃鄙贱，出山相助。本皇叔当拱听明诲。（读得很一般。）

师：你这是名震天下的"刘将军"吗？你这是血统高贵的"刘皇叔"吗？再试一试。

（生重读"本将军""本皇叔"。）

师：可以再夸张一点。

（生读得很有感情。）

师：同学们，这样一改，你们读出了一个什么样的刘备？

生：我读出了一个高高在上的刘备，丝毫没有谦虚的意思。

师：能具体说说吗？

生：刘备如果这样说的话，他等于明白地告诉对方，我是将军，我是皇叔，你诸葛亮算什么？不过是一介布衣罢了。

师：嗯，你再来读，看看还能从中读出什么。

生：本将军虽名微德薄，愿先生不弃鄙贱，出山相助。本皇叔当拱听明诲。我读出了刘备的虚伪，完全看不到他对诸葛亮的尊重。

师：能具体说说吗？

生：他哪里是"名微德薄"，这不是在沾沾自喜地炫耀自己"名著德厚"吗？

生：他哪里是说自己"鄙贱"啊，明明是在告诉对方自己高贵得很。

师：所以刘备不是恭敬地听诸葛亮教诲，而是在——

生：而是仿佛在听取下属向他汇报呢。

师：能看到他对诸葛亮的尊重吗？

生：看不到，一点儿都看不到。

师：但是，当刘备自称"备"时，就很不一样了。再请一位同学读一读，看看有什么不一样。

生：备虽名微德薄，愿先生不弃鄙贱，出山相助。备当拱听明诲。

师：同学们，有没有注意到他哪个词读得轻了一点？

生："备"这个字轻了一点。

师：对的。你读完"备"这个字稍微停顿一下试试看。

（生再读。）

师：你把第二个"备"稍稍强调一点，再试试看。

（生再次尝试。）

师：我们一起来读一读，看看有什么不一样的体验。

（生齐读。）

师：你从中读到了一个什么样的刘备？

生：读到了一个谦逊的刘备。

板书　　谦逊

生：读到了一个虚怀若谷的刘备。

生：读到了一个真诚恳切的刘备。

板书　　真诚、恳切

师：其实，刘备的话语里，像这样很有味道的词语还有很多，谁来说说看？

生："已书贱名于文几"中的"贱名"。

生："望先生不弃鄙贱，曲赐教诲"中的"鄙贱""曲赐""教诲"等。

生：还有"开备愚鲁而赐教"中的"愚鲁""赐教"等。

师：对的。这里就不一一细品了。刚才主要讲的是作者通过动作和语言的渲染来虚构细节，表现了刘备三顾茅庐的真诚与恳切。

为了表现刘备三顾茅庐的"真诚""恳切"，除直接虚构刘备本人的动作、语言细节外，还可以换一个思路来虚构。比如关于张飞，课文中虚构了哪几个细节？

生：关于张飞，作者虚构了两个细节。一个是刘备准备第三次拜访诸葛亮时，张飞表示反对，对刘备说了这段话：哥哥差矣。量此村夫，何足为大贤！今番不须哥哥去；他如不来，我只用一条麻绳缚将来！

生：还有一个细节是刘备拱立阶下，等候良久，张飞大怒对云长说的一段话：这先生如何傲慢！见我哥哥侍立阶下，他竟高卧，推睡不起！等我去屋后放一把火，看他起不起！

师：我们先来看第一个细节的第一、二两句话，看看能从中读出什么味道。你来试试。

（生读得不好，没有感情。）

师：老师都被你读蒙了。难道张飞同意刘备第三次去拜访诸葛亮吗？

生：没有啊。

师：既然没有，就要通过你的朗读把这个意思表达出来呀。你再来试试。

（生重读"差"，有进步。）

师：张飞是一个武将，是个粗人，听你这么一读，我怎么感觉他像一个大学教授呢。你再试试，要粗犷一点，嗓门大一点。

（生重读"差"，且粗犷，有进步。）

师：嗯，有点味道了。可是第二句话好像不太对，张飞特别喜欢这个"村夫"诸葛亮吗？你再试试。

（生再读。）

师：你来说说，他刚才读的时候强调了哪两个词？你再夸张一点试一试。

生：哥哥差矣。量此村夫，何足为大贤！（突出了"村夫""何足"两个词。）

师：你来说说看，你从中读出了什么味道？

生：我读出了张飞对诸葛亮的不屑。因为张飞根本就瞧不起诸葛亮，根本就不认为诸葛亮是一个贤才。

板书　　不屑

师：再来看第一个细节的第三、四两句话。我们再请同学读一读，看能不能从中读出不同的味道来。你来。

生：今番不须哥哥去；他如不来，我只用一条麻绳缚将来！

师：你想从中读出什么味道？

生：我想从中读出张飞的粗俗。对待像诸葛亮这样的旷世奇才，他竟然想用一个麻绳把他绑来，实在是太粗俗了。亏他想得出来。

师：那你试试。

（生读不错。）

板书　粗俗

师：读得不错！我们把第一个细节连起来读一读。

（生读得很有感情。）

师：可是，刘备又是如何对待诸葛亮的呢？我们刚才已经赏读过刘备的话语了。现在，让我们连起来读一读，看看能不能从中读出不同的味道来。请这两组同学读张飞说的话，这两组同学读刘备说的话。"哥哥差矣"预备起——

生：哥哥差矣。量此村夫，何足为大贤！今番不须哥哥去；他如不来，我只用一条麻绳缚将来！

生：备虽名微德薄，愿先生不弃鄙贱，出山相助。备当拱听明诲。

师：张飞"不屑""粗俗"，刘备"谦逊""真诚""恳切"，这形成了一个什么？

生：一个对比。

生：张飞对诸葛亮越是"不屑"，越是"粗俗"，就越能反衬出刘备的"谦逊""真诚""恳切"。

师：对的。这是通过人物反衬来虚构细节。

板书　虚构细节　　人物反衬

师：同学们，现在，让我们回顾一下。我们应该如何阅读历史演义小说？

生：先了解历史史实，然后，认真阅读作者虚构的细节。

师：对的。不知道你们发现了吗？在刚才的学习过程中，同学们并没有刻意地分析刘备这个人物形象，仅仅通过作者虚构的大量细节，如动作渲染、语言渲染和人物反衬，我们就很容易地看到了一个什么样的刘备？

生：看到了一个求贤若渴、礼贤下士的刘备。

生：看到了一个谦逊、真诚的刘备。

师：而且，还在不经意间，学习、感悟到了什么样的中国传统文化？

生：感悟到了礼贤下士、尊重人才的中国传统文化。

师：对的。是不是很神奇啊？其实，读与写是互通的，我们既可以通过虚构细节来写作，也可以从写作的角度去阅读文章，而且效果很好。

这篇文章我们还可以从诸葛亮的角度去学习，看作者虚构了诸葛亮的什么细节，是怎么虚构的，为什么要这样虚构。这样去读，你或许会有不一样的体验。有兴趣的同学不妨去试一试。

好，这一课就上到这儿，下课！

《三顾茅庐》教学反思

一、教学起点反思

教学《三顾茅庐》（下称《三》文）时，需要关注这样几点：

1. 《三》文的教学重点应该落在哪里？

教学《三》文时，教师大都教小说生动曲折的故事情节，教诸葛亮、刘备、张飞等人物独特的性格特点。这当然没错。但是，我们不要忘了《三》文的文体特点——历史演义小说。这是一种根据真实的历史改编的小说，在主要的历史人物和情节不能改变的情况下，只能虚构细节。正是由于细节的虚构，才使得小说有了生动曲折的故事情节和独特的人物性格特点，所以，教学《三》文的重点应该落在细节虚构上。

2. 《三》文所有的解读成果是否都可以教给学生？

《三》文的解读成果非常丰硕，有原因解读，有原型批评解读，有情节演变解读，广涉史学、文艺学、言语思维学等，这些解读成果能否都教给学生呢？一方面，这些解读成果大多是学术研究成果，有的只是一家之言，并未得到普遍认可。所以，有些不太适合作为课程内容教给学生。另一方面，任务群教学是讲究阅读与写作的互融共通的，上述学术研究成果并不都适合任务群的教学，必须有所取舍。

二、教学设想反思

基于上述原因，教学《三》文时，就不能单纯地只教生动曲折的故事情节，也不能单纯地只教诸葛亮、刘备、张飞等人的性格特点，而应该在任务群的架构下，根据《三》文的历史演义小说这一文体特点，把阅读与写作结合起来设计教学。为此，我设计了两个大的教学环节：了解基本的史实、研读虚构的细节。这既是一种单篇阅读的任务群教学，以期以假想作者的身份，根据特定的交际意图，通过渲染、对比思维理解《三》文的细节描写，进而理解文章的主要人物、情节及主题；同时，这也是一种假想性写作教学，必然会为后续真实的写作教学打下坚实的基础。

三、教学过程反思

在确定了上述教学方案之后，还有两个问题需要处理好。一是"三顾茅庐"里的"隆中对"。它虽然不是"三顾茅庐"这个故事的核心，却也不容忽视。况且它在《三国演义》中具有相当重要的地位。再者，把"隆中对"抽出来，也是一篇有一定难度的文言文。这样看来，似乎从哪个角度讲，都需要把"隆中对"作为重点去教。但是一旦把它作为重点去教，必然会冲淡"三顾茅庐"这个故事本身的教学。这就需要找到一个平衡点。二是小说中的人物形象以及这篇小说透出的传统文化。如果单独去教，可能跟上述教学方案有所冲突，而且孤立地去教某个知识点，稍不注意，就有可能变成一种认知性的阅读教学。这同样需要寻找一个平衡点。

（一） 了解基本的史实

在明确《三》文是一篇历史演义小说后，让学生思考：既然是历史演义小说，必然以什么为基础？然后，引领学生根据陈寿的《隆中对》和课后"阅读提示"，说说《三》文是根据什么样的基本史实改编的。这一教学设计，意在引领学生，以假想作者的身份，从言语思维的角度来阅读《三》文。

此时，便可把"隆中对"的教学不露痕迹地揉在其中了。为此，我设置了一个总问题：作者对"凡三往，乃见"的改编跟对"隆中对"的改编有什么不一样？作者为什么要这样？这里包含了两个问题，我设计了两个与之对应的教学环节。

环节一：我们先来看看"隆中对"主要写了什么内容，主要展现了什么？这样设计教学，意在从天时、地利、人和以及诸葛亮制定的战略的角度，理解"隆中对"。这样，既教了"隆中对"的要点，又不过分突出，且又能为下面的教学服务，一举多得。

环节二：作者为什么要大篇幅保留"隆中对"这段史实？有了"隆中对"中诸葛亮对天下形势的准确分析和给刘备制定的建国方略，位高权重的刘备三顾茅庐的一系列行为便具有了合理性，"隆中对"的重要性不言而喻。作者大篇幅地保留"隆中对"这段史实，便可以理解了。

（二） 研读虚构的细节

然而，历史演义小说毕竟是根据真实的历史改编的，小说的主要情节和主要人物在历史上都是有记载的，不能随便改编，作者所能做的便是虚构细节。不过，也不能随意虚构。根据刘备的生存处境，作者在虚构刘备三顾茅庐的细节时，围绕"真诚"与"恳切"展开。

那么，如何进行虚构呢？为此，我设计了两个环节。

环节一，看看课文中刘备的哪些动作、语言描写很反常？这个反向设计是有一定的思维张力的。学生不仅要找到课文中虚构刘备的细节，还要分辨出反常在什么地方？这便具有了审辩的意味，这样教学，理解得会更深一些。而这个反常的动作、语言描写本身，从言语思维的角度来讲，运用的是渲染思维。刘备的谦逊、真诚、恳切便在渲染思维的加持下，被鲜明地展现了出来。

环节二，如何从张飞的角度来描写刘备。这里运用的是对比思维。张飞对诸葛亮越是"不屑""粗俗"，就越能反衬出刘备的"谦逊""真诚""恳切"。

教学中，我没有刻意地分析刘备这个人物形象，仅仅通过作者虚构的大量细节描写，如动作渲染、语言渲染和人物反衬，就将一个求贤若渴、礼贤下士的刘备，一个谦逊、真诚的刘备，呈现在了学生面前。而且，还在不经意间，感悟了礼贤下士、尊重人才的中国传统文化。

14. 多层情感式言语思维教学

课 式 简 论

多层情感式言语思维教学是借鉴了文学创作论的"多层情感"理论，从言语思维的角度展开任务群教学的一种课式。

多层情感理论认为，小说形象中通常有两个以上的人物的情感特征，加上渗透在其间的作家的情感特征，三者交融起来就构成了小说特有的多层次复合情感。^① 由于阅读与写作从言语思维（含审美思维）的角度来看是互逆相通的，所以，多层情感理论作为一种创作理论，既可以用来教阅读，也可以用来教写作。教学时，需从两个层面展开：

1. 关注多层情感

通常情况下，教师大多喜欢从人物、环境、情节的角度教小说，虽然也涉及某个人物的情感，但较少从多层情感的角度来关注。我们知道，小说追求的大都是情感的审美价值，小说中的每个人物都有自己的情感线和情感逻辑，再加上作者的情感也渗透、交织其中，这便

① 孙绍振．文学创作论［M］．福州：海峡文艺出版社，2009：430.

使得小说充满了审美张力。教学中,我们要透过情节本身,关注不同人物的多层情感。当小说中的人物只有两三个时,我们只要关注每个人物的情感就可以了;当小说中的人物是一个群体时,则需要对他们的情感进行分类,以便于进一步的教学。

2. 探寻情感交织

运用多层情感理论,从言语思维的角度进行教学时,不但要教学生关注小说中某个(或某类)人物的情感线和情感逻辑,还要教学生探寻多层情感是如何交织在一起的。这是因为,小说中的人物不是孤立的,而是彼此联系、相互交融的。从外在形态上看,他们大都聚焦某个相同的场景或者某个故事情节;从内在内容上看,他们大都指向一个共同的思想、情感,从而使小说展现出巨大的审美张力。

从"关注多层情感"到"探寻情感交织"的教学过程,是一种基于言语思维的阅读教学的过程,也是一种假想性写作教学的过程,对于后续的真实的写作教学颇为重要。

《刘姥姥进大观园》 教学实录

一

师:同学们,今天我们学习一篇新的课文《刘姥姥进大观园》。这篇文章节选自清代著名小说家曹雪芹的长篇小说《红楼梦》。说到"刘姥姥进大观园",现代人通常用它来干什么?谁来说说看?

生:通常用它来揶揄那些没见过世面、少见多怪的人。

师:为什么会这样?是因为什么?

生:因为刘姥姥进入大观园后,她的语言、行为非常搞笑,非常风趣。

师：对的。那我们今天就从刘姥姥搞笑的语言、行为切入本课的学习。请看课文第6自然段。凤姐和鸳鸯商量好了，拿了一双沉甸甸的不伏手的筷子给刘姥姥，刘姥姥见了，说道——你来读。

生：这个叉巴子，比我们那里的铁锨还沉，那里拿的动他？（读得没有感情。）

师：好像没什么味道啊。你说说看，刘姥姥的这句话为什么会引人发笑？（学生答不上来。）你们知道"叉巴子"和"铁锨"是干什么用的吗？

生：它们都是农民种田用的农具。

师：刘姥姥手里拿的是什么？

生：拿的是吃饭用的筷子。哦，我明白了，种田用的农具压根就跟吃饭用的筷子八竿子打不着，一点儿关系都没有，刘姥姥竟然把它们揉在一块儿，所以，引人发笑。

师：对的。不过，以刘姥姥乡下农民的身份，两次提到种田的农具，倒也贴切自然，这便使得刘姥姥的话语中多了一点什么味道？

生：多了一点生活的味道。

生：多了一点田园的味道。

生：多了一点乡村的味道。

师：对呀，正因为刘姥姥的话语中有一点生活的味道、田园的味道、乡村的味道，所以，让我们看到刘姥姥身上一种什么样的品质？

生：看到了刘姥姥的淳朴。

生：看到了刘姥姥的朴实。

板书　　淳朴

师：对的。现在，你再来读一遍试试。

（生读得有进步。）

师：嗯，这回有点儿味道了，不过，还不够。其实，这种淳朴的味道还可以读得更浓厚一些。请看《红楼梦》的另外一个版本——

261

【屏显】

　　　刘姥姥见了，说道："这叉爬子比俺那里铁锨还沉，那里犟的过他。"

　　请注意加点的字，你们发现什么了吗？这里的"俺"比"我们"更具有什么样的味道？

　　生：更具有乡村的味道。

　　师：这里的"犟"跟"拿"比起来，显得更加——

　　生：显得更加形象。

　　生：显得更加生动。

　　师：好。那你再读一读试试。

　　（生重读"俺"和"犟"，较有味道。）

　　师：再夸张一些，就更好了。

　　（生读得很有味道。）

　　师：我们再来看第7自然段的一段话。贾母这边说声"请"，刘姥姥便站起身来，高声说道——你来读。

　　生："老刘，老刘，食量大如牛：吃个老母猪，不抬头！"说完，却鼓着腮帮子，两眼直视，一声不语。（没大有感情。）

　　师：你想从这句话中读出什么味道？

　　生：我想读出刘姥姥的风趣。

　　生：我想读出刘姥姥的幽默。

　　师：好的，你再试试。

　　　　板书　　幽默

　　（生再读，稍稍有进步。）

　　师：你这是食量大如牛吗？小肚子小胃的，好像三两口就饱了呀。而且像个小姐似的，樱桃小口，细嚼慢咽。你再读一读刘姥姥说

262

的话。

（生一遍遍地读，慢慢地有了感情。）

师：刘姥姥的动作也十分风趣幽默，你再试试看，夸张一点。

师：同学们，我们连起来读一读。

（生读得较有感情。）

师：同学们读得真不错！不过，老师的心里总觉得不是滋味。牛是什么？牛是畜牲啊。刘姥姥把自己比成牛，比作畜牲，这是对自我的——

生：贬损。

生：丑化。

师：对呀！刘姥姥当时已经七十五岁了，为了引人发笑，竟然甘愿把自己比作牛。从她幽默风趣的语言和动作中，我们还读出了刘姥姥内心深处——

生：读出了刘姥姥的无奈。

生：读出了刘姥姥的卑微。

板书　卑微

师：我们再来看第 8 自然段。刘姥姥拿起箸来，只觉不听使，又道——

生：这里的鸡儿也俊，下的这蛋也小巧，怪俊的。我且得一个儿！

师：一个在农村生活一辈子的农民，你们说，她会分不清鸡蛋和鸽子蛋吗？

生：分得清的。

师：既然分得清，为什么还要这样说，而且还不停地赞美鸽子蛋的"小巧""俊"呢？你们从中读出了什么味道？

生：从中，我读出了刘姥姥的奉承。

生：我觉得她是一个善于逢迎的人。

板书　逢迎

师：那就请你把她的"逢迎"和"奉承"读出来。

……

师：这句话里仅仅只有逢迎的味道吗？我们再来看这段话的另外一个版本——

【屏显】

> 这里的鸡儿也俊，下的这蛋也小巧，怪俊的。我且肏（cào）攮（nǎng）一个。

这里的"肏攮"是吃饭的意思，是一种方言，很粗俗。就像把"睡觉"说成"挺尸"一样。你再试着读一读，思考一下，又从中读出了什么样的刘姥姥？

（生读并思考。）

师：你读出了一个什么样的姥姥？

生：我读出了一个粗俗的刘姥姥。

板书　粗俗

师：课文中像这样的描写还有很多，同学们要是感兴趣的话，课后不妨再仔细品味品味。

现在，让我们回顾一下。通过刚才的阅读，你们觉得刘姥姥还仅仅是个搞笑的老太太吗？

生：不是的。她是一个淳朴、风趣幽默、善于逢迎而又卑微、粗俗的老太太。

生：不是的。作者为我们塑造了一个底层农民的形象。

师：对的。我们不能仅仅停留在刘姥姥的搞笑上，还应该通过她的语言、行为，读出她个性化的性格特点。

同学们，学到这一层已经很不错了。不过，还不够。咱们能不能在此基础上，再往前走一步，进入她的内心情感世界呢？要知道，小说的意义在很大程度上体现在情感的审美价值上哟。

（生答不上来。）

师：是不是有困难？（生点头。）请看第 5 自然段。鸳鸯一面侍立，一面递眼色，刘姥姥怎么说的？

生：刘姥姥说，姑娘请放心。

师：再看课文第 11 自然段。当鸳鸯走进来，向刘姥姥赔不是时，刘姥姥忙笑着说了些什么？

生：她说，"姑娘说那里的话？咱们哄着老太太开个心儿，有什么恼的！你先嘱咐我，我就明白了，不过大家取笑儿。我要恼，也就不说了。"

师：同学们，从这两句话里，你们读出了什么？

生：刘姥姥的心里跟明镜似的。

生：刘姥姥心里知道自己在做什么。

生：说明刘姥姥是有意把"筷子"说成农具"叉巴子"，说成"铁锨"的。

生：说明刘姥姥是有意丑化自己，把自己说成牛的，是有意扮出"鼓腮""直视""不语"这些搞笑的样子的。

师：也就是说，她不仅仅是被贾家众人取笑的对象，其实——

生：其实，刘姥姥也在哄弄着那些贵族公子和小姐。

生：其实，刘姥姥也在取笑着，甚至是耍弄着贾家众人。

……

师：是不是有点儿意思了？一个看起来被人取笑的人，其实，也在有意地取笑着别人。这让我们又读到了一个什么样的刘姥姥？

生：读到了一个不一样的刘姥姥。

生：读到了一个内心情感丰富、复杂的刘姥姥。

师：是不是更进了一层，而且是从心理、情感上更进了一层？

生：对的。

师：这是这场"笑剧"的第一条情感线。然而，这条情感线中，有许多地方值得思考：试想主角刘姥姥已经七十五岁高龄了，竟然还被贾家这么多人取笑，你们作何感想？

生：这太让人生气了。

生：这太荒唐了。

师：一个七十五岁的老人家，为了生存，竟然如此卑微地取悦贾府上下，你们又作何感想？

生：太无奈了。

生：太令人心酸了。

师：是啊。可是"荒唐"和令人"心酸"的又何止刘姥姥被取笑呢？试想一下，那些高高在上、锦衣玉食的贾府上下人等，竟然被一个乡下老人取笑，是不是也让人觉得很——

生：也让人觉得很荒唐。

师：对呀。这就难怪作者在《红楼梦》第一回中自言——

【屏显】

满纸荒唐言，一把辛酸泪。

师：一起读。

生：满纸荒唐言，一把辛酸泪。

师：再读。

生：满纸荒唐言，一把辛酸泪。

二

师：好的。刚才，我们学习的是刘姥姥这个主角的情感线。但是一条情感线对于一篇小说来讲，是远远不够的，必须创作更多的情感线，才能使小说的审美价值最大化。作者曹雪芹深谙其道。

现在，让我们再回到课文的第 7 自然段。当刘姥姥说自己食量大如牛，还做出鼓腮、直视、不语的搞笑动作时，惹得贾家上下都大笑起来。你来读大家是如何笑的。

生：湘云掌不住，一口茶都喷出来。

师：湘云是如何笑的？提炼出关键动词，简单地说。

生：湘云喷着笑。

板书　　湘云　　喷着笑

师：还有呢？先读课文，后说说是如何笑的。

生：黛玉笑岔了气，伏着桌子只叫"嗳哟！"黛玉是伏着笑。

板书　　黛玉　　伏着笑

生：宝玉滚到贾母怀里，贾母笑的搂着叫"心肝"，王夫人笑的用手指着凤姐儿，却说不出话来。宝玉是滚着笑；贾母是搂着笑；王夫人是指着笑。

板书　　宝　玉　　滚着笑

　　　　贾　母　　搂着笑

　　　　王夫人　　指着笑

生：薛姨妈也掌不住，口里的茶喷了探春一裙子。探春的茶碗都合在迎春身上。惜春离了座位，拉着他奶母，叫"揉揉肠子"。薛姨妈是喷着笑；探春是合着笑；惜春是拉着笑。

板书　　薛姨妈　　喷着笑

　　　　探　春　　合着笑

　　　　惜　春　　拉着笑

师：丫鬟、婆子们又是如何笑的呢？

生：地下无一个不弯腰屈背，也有躲出去蹲着笑去的，也有忍着笑上来替他姐妹换衣裳的。丫鬟、婆子是躲着笑、忍着笑。

板书　　丫鬟、婆子　　躲着笑　　忍着笑

师：同学们，你们发现没？贾母、宝玉、黛玉的笑跟丫鬟、婆子们的是大不相同的。这是为什么呢？

生：因为贾母、王夫人、宝玉、探春等人是贾府的主人或亲戚。

生：因为他们都是有权势，有资格坐着吃饭、慢慢品茶的上层贵族。

师：所以，他们可以——

生：所以，他们可以放松地笑，不用克制地笑。

师：这就是说，虽然他们的性格不一，表现各有不同。但是，总体来讲，跟那些丫鬟、婆子比起来，他们的情感都处于一种什么状态？

生：处于一种自由放开的状态。

生：处于一种随意流淌的状态。

师：但是丫鬟、婆子们就不同了，只能"躲着笑""忍着笑"，这又是为什么呢？

生：因为他们身份低下，再怎么着也不能像主子一样，毫无顾忌地大笑。

师：所以，她们虽然也在笑，但是他们的情感——

生：但是他们的情感并不能完全放开，是有所收敛的。

师："收敛"这个词稍带贬义，能不能换一个词？

生：他们的情感并不能完全放开，是有所克制的。

师：对的。学到这儿，我们已经逐步深入这场"笑剧"的观众的内心情感世界了。不过，似乎还不够，我们还可以再进一层。同学们，试想一下，他们仅仅是观众吗？请看课文第8自然段。贾母笑的眼泪出来，只忍不住；琥珀在后捶着。贾母笑道——你来读。

生：这定是凤丫头促狭鬼儿闹的！快别信他的话了。

师：再看课文第10自然段。众人已没心吃饭，都看着他取笑。

贾母又说——你来读。

生：谁这会子又把那个筷子拿出来了，又不请客摆大筵席！都是凤丫头支使的！还不换了呢。

师：你们从贾母的两句话中读出了什么？

生：从贾母的两句话中可以看出，贾母从一开始就知道这是凤丫头她们在逗她乐呢。

师：既然如此，她为什么还乐成这样？仅仅因为刘姥姥的表演真的特别好笑吗？还有没有别的什么原因？

（生不知如何回答。）

师：谁是这贾家贵族的最高"领导"？

生：贾母。

师：对呀！试想一下，如果领导没有笑，也就相当于领导还没有发话呢，她的那些"下属"们，即贾府的公子、小姐们会如何呢？

生：如果是那样的话，那么，湘云、黛玉、王夫人、薛姨妈等人都不会笑的。

生：丫鬟、婆子们更不会笑了。

师：那么，这场笑剧的主角刘姥姥，还有导演凤丫头、鸳鸯会怎样？

生：他们会非常尴尬。

师：这个道理连你们都懂，贾母一生阅人无数，她能不懂吗？所以她笑也得笑，不笑——

生：也得笑。

师：对呀，她得配合着演才行啊。不然，哪来这场笑剧呢？这就是说，贾母不仅仅是这场笑剧的观众，其实，更是非常重要的——

生：非常重要的配角。

板书　　配角

师：也就是说，通过刚才的阅读，我们不仅深入到观众的情感线中，其实，更是深入到了配角的情感线中。

这是不是就有点意思了？我们再往深处想一下。贾家的最高领导人贾母都已经发话可以笑了，那么，其他的观众会怎样呢？

生：会不得不笑。

师：也就是说，除了贾母，贾宝玉等人，其实，也是这场"笑剧"的——

生：也是这场笑剧的配角。

师：不过，略有不同的是，这些人不单是刘姥姥主演的这场笑剧的配角兼观众，其实，也是贾母这个配角的——

生：配角。

师：对啊！学到这儿，我们还能笑得出来吗？你们从中读到了一点什么味道？

生：读出了一点无奈的味道。

生：读出了一点心酸的味道。

师：对的。一起读。

【屏显】

满纸荒唐言，一把辛酸泪。

（生多次读，读出感情。）

三

师：同学们，这是课文的第二条情感线——这场笑剧的配角兼观众的情感线。我们再读课文，看看，除他们之外，还有没有人没有笑？

生：有的。鸳鸯和凤姐没有笑。

师：他们是这场笑剧的什么人？

生：导演。

师："你是从哪里看出他们没有笑的？

生：我是从第 7 自然段看出来的：独有凤姐鸳鸯二人掌着，还只管让刘姥姥。

师："掌"是什么意思？

生："掌"字用法同"撑"，支撑、忍耐的意思。

师：对的。课文中有这个词的注释。你从中读出了什么？你来说。

生：我读出了凤姐和鸳鸯不是不想笑，而是苦苦支撑着、忍耐着才没有笑出声来。

生：他们表面上虽然没有笑，其实，内心里早已乐开了花。

师：对的。他们想笑，但是作为这场笑剧的导演却不能笑，就只能强忍着故意憋着不笑。可见，她们的情感世界是不是也很复杂呀？

生：是的。

师：不过，作者并没有就此停下。请同学们再读课文，看看，鸳鸯和凤姐是不是最终真的一直都没有笑出声来？

生：不，她们笑出声来了。

师：你说说看。

生：在课文第 11 自然段，凤姐儿忙笑道，"你可别多心，才刚不过大家取乐儿。"

生：还是在课文第 11 自然段，鸳鸯也笑着说，"姥姥别恼，我给你老人家赔个不是儿罢。"

师：凤姐为什么怕刘姥姥多心，鸳鸯为什么要赔不是呢？刘姥姥当时说了什么？

生：刘姥姥说，"别的罢了，我只爱你们家这行事！怪道说，'礼出大家'。"

师：什么是"礼出大家"？"大家"是什么意思？

生："大家"就是指大贵族之家。

生："大家"就是指世家望族。

生："礼出大家"的意思是礼节仪式来自世家望族。

师：同学们，在贾家人自己看来，他们是一个什么样的人家？

生：是一个有权有势的贵族人家。

生：是一个高贵、风雅的人家。

师：刘姥姥呢？

生：刘姥姥是一个农民。

生：一个七十五岁的乡下老人。

师：同学们，一个自我标榜如此高贵、如此风雅的贵族人家，竟然拿一个七十五岁高龄的乡下老人取笑。这简直就是对所谓"高贵""风雅"的——

生：这简直就是对"高贵""风雅"的讽刺。

生：就是对贾家的讽刺。

师：这简直太——

生：太荒唐了。

生：太不可思议了。

板书　　荒唐

师：所以当刘姥姥说出"礼出大家"时，他们——

生：他们就多心了。

师：因此，真正多心的并不是刘姥姥，而是——

生：而是凤姐和鸳鸯。

师：对的。其实，还有更荒唐的。你们想想，如此高贵、风雅的太太、公子、小姐们，竟然被一个乡野老妇人逗得人仰马翻。设想一下，如果你们是凤姐和鸳鸯，当刘姥姥说出"礼出大家"时，你们会怎么想？

生：被一个乡下老太婆搞成这样，实在是有失颜面。我会担心，刘姥姥这样说是不是在讽刺贾家呀？

生：夫人、小姐是多么高贵的身份呀，竟然被一个乡下老妇人弄成这个样子。如果传出去，岂不是让人笑死！哪还有什么礼节？哪还是个大家？

师：这简直太——

生：太荒唐了。

生：太匪夷所思了。

师：对啊。一个所谓的"礼仪之家"竟然被鸳鸯和凤姐搞得如此失礼，所以，当刘姥姥说"礼出大家"时，她们就怎么样了？

生：就多心了。

师：学到这儿，我们再来读一读这句话，是不是有了更深的认识？我们一起读——

【屏显】

满纸荒唐言，一把辛酸泪。

师：没想到，作为导演的凤姐和鸳鸯，他们的情感世界竟然如此复杂。这是本文的第三条情感线。

至此，我们已经学习了这篇文章的三条情感线。哪三条？

生：一是主角的情感线，一是配角兼观众的情感线，还有一条便是导演的情感线。

师：对的。这三条情感线是彼此独立、毫不相干的吗？

生：不，他们彼此交织在一件事情上。

师：哪件事上？

生：都交织在鸳鸯、凤姐为导演，刘姥姥为主角，贾母及其他人员为配角兼观众的笑剧上。

师：这三条情感线还共同指向哪一句话？

生：满纸荒唐言，一把辛酸泪。

师：其实啊，这两句话不但是这篇文章的指向，更是《红楼梦》整部小说的指向，意义深远。同学们，要想对这篇课文，对课文中的人物有更深的了解，请课后阅读《红楼梦》这本著作。今天这节课就学到这儿。下课！

《刘姥姥进大观园》教学反思

一、教学起点反思

教学《刘姥姥进大观园》（下称《刘》文），有两点需要关注：

1. 是否主要教刘姥姥这个人物？

人们在教学《刘》文时，呈现出两种倾向。一部分人以刘姥姥为中心进行教学，这样做不是没有缘由的。刘姥姥是《红楼梦》中最成功的形象之一，她的语言、动作极富个性，虽然不是《红楼梦》的主要人物，却实实在在是这篇选文中的主要人物。以刘姥姥为中心设计教学自然有其合理之处。但是，凡事不能过，如果教者把绝大多数的精力和时间都放在刘姥姥一个人物身上，就要慎重了。这毕竟是一篇小说节选，不是散文。散文大都侧重作者一人的独特情感（写人散文常常包含两条情感线），但是，小说不一样。小说通常涉及两个以上的人物关系。如果只教一个人物形象就离散文近，而离小说远了。

2. 是否主要教笑剧本身？

还有一部分人则不同，他们把教学的重点落在笑剧的喜剧效应、细节描写或世家文化上，也就是说，主要教笑剧本身。这样教，当然也能教出《刘》文的审美价值。不过，如果从任务群教学的角度来考量，学生更需要知道，更需要学习的是《刘》文那特有的审美价值，究竟是用何种言语思维和审美思维，用何种写作策略呈现出来的。只有既考虑如何阅读，又兼顾如何写作，才能把听说读写高度融合在一起，才能为后续的写作教学打下基础。

二、教学设想反思

文学作品主要追求的是情感的审美价值。由于小说中的情感线通常在两条以上，所以，教学小说语篇，不但要教语篇中有几条情感线，还要教这些情感线是如何交织在一起的，他们共同指向哪里，这样，才能使小说语篇的审美价值最大化地呈现出来。

鉴于此，教学《刘》文时，我们不能停留在刘姥姥这一个人物身上，也不能停留在对笑剧本身的分析与理解上，而应该运用多层情感理论，从言语思维的角度切入，深入到作为导演的凤姐、鸳鸯，作为主角的刘姥姥，以及作为配角兼观众的贾母等人的情感深处，多层次、多线条地理解、感悟其内心情感和特有的情感逻辑，这样，才能在更深地窥见《刘》文的审美价值的同时，还能为后续的写作教学打下基础。

三、教学过程反思

要想运用多层情感理论，从言语思维的角度，对《刘》文展开任务群教学，我们的眼里就不能只看到某个人物有多形象生动，也不能只看到笑剧是如何引人发笑，而应该把教学的着重点落在《刘》文中有哪些情感线上。不过，《刘》文的情况有些复杂，人物众多，且大都不是以个体的形象出现的。如果逐一去分析、理解每个人物的内心情感及其情感逻辑，不仅没有那个可能，也没有那个必要，因为有些人物只是提到而已，并没有太多的动作、神态和语言的描写，实在无法做更为深入的分析。

那应该怎么办呢？

通读全文，我发现这场笑剧中的人物似乎可以分为三类：导演凤姐、鸳鸯一类，主角刘姥姥单独一类，配角兼观众贾母等一众人等又是一类。而更为关键的是，在那个特殊的场合，每一类人在情感层面都具有某种相似性。这便为我们教学《刘》文打开了一扇窗。我们不必局限在某个具体人物的情感线上，完全可以改变策略，把教与学的着力点集中在某类人物的深层情感和情感逻辑上。这样教，简洁、清晰，又深刻。

（一）主角情感线

我们先来看《刘》文的第一条情感线——主角刘姥姥的情感线。

教学中，抓住关键的细节描写，通过朗读、比读等方式，使学生读出了一个淳朴、风趣幽默、善于逢迎而又卑微、粗俗的老太太。这是一种常规性的教学，显然是不够的。因为小说的意义在很大程度上体现在情感的审美价值上。所以，再次引领学生思考：咱们能不能在此基础上，再往前走一步，进入她的情感世界呢？

读了《刘》文的第5自然段和第11自然段后，学生忽然间明白了，原来刘姥姥的心里跟明镜似的，知道自己在做什么。无论是"叉巴子""铁锨"，还是把自己说成牛，抑或是扮出"鼓腮""直视""不语"这些搞笑的样子，都是刘姥姥刻意为之。在贾家众人取笑她的同时，她何尝不也在哄弄、取笑着这些贵族公子和小姐呢？这样，一个内心情感丰富、复杂的刘姥姥的形象便呈现在学生面前了。

不过，需要注意的是，作家不是为了塑造人物而塑造，也不是为了呈现某个人物内心情感线而呈现，事实上，任何写作行为都是有所指向的。于是，再次设问：主角刘姥姥已经七十五岁高龄了，竟然还被贾家这么多人取笑，你们作何感想？一个七十五岁的老人家，为了生存，竟然如此卑微地取悦贾府上下，你们作何感想？那些高高在上、锦衣玉食的贾府上下人等，竟然被一个乡下老人取笑，你们又作何感想？如此反复追问下，学生深切地感受到，那个时代，那个场景，以及那个场景下的所有人，是多么荒唐，多么令人心酸，于是，对曹雪芹的自言自语——满纸荒唐言，一把辛酸泪，便有了一个初步的认知。

（二） 配角兼观众情感线

接着，看《刘》文的第二条情感线——配角兼观众的情感线。

教学中，我让学生根据课文内容提炼关键动词，分别用三个字概括配角及观众们是如何笑的。这样设计教学有两个意图：一是对文中的"笑"的场景进行梳理，使学生对配角兼观众的"笑"的不同情态，有一个较为直观的感知；二是便于下一步的归类与比较。

之所以要进一步归类与比较，是因为第二条情感线较为复杂。不但涉及的人物众多，而且每个人的处境、地位、性格各不相同，笑的动作、语言自然就有较大的区别。我们不可能也没必要对每个人物的内心情感进行细致的梳理与分析。综合考量，我选择对第二条情感线涉及的人物进行归类，然后比较。通过归类与比较，学生发现贾母、宝玉、黛玉他们的笑跟丫鬟、婆子们的不一样。前者自由没有顾忌，因为她们是贾府的主人或亲戚；后者，有所克制，因为她们都是下人。其实，这样的归类与比较，已经触及人物的深层情感。

不过，这还不够。于是，我再次引领学生思考：贾母在明知是凤丫头们逗她乐的情况下，为什么还乐成这样呢？作为贾府最高领导人的贾母都已经发话可以笑了，其他的观众会如何做呢？两次追问后，学生明白了：他们似乎不得不笑，他们不单是观众，而且还是这场笑剧的配角，更让人无奈与心酸的是，除贾母外的其他人，实际上都是贾母这个配角的配角。这样，便对各细分阶层的人物的内心情感，有了更深的理解、体悟。此时，再反复诵读作者的自言自语——满纸荒唐言，一把辛酸泪，学生便对《刘》文的理解又深了一层。

（三）导演情感线

最后，再来看《刘》文的第三条情感线——导演的情感线。

这一部分的教学，主要从两个层面展开。一是引领学生在"笑"与"不笑"之间理解导演的内心情感。作为这场笑剧的导演，她们想笑又不能笑，只能强忍着故意憋着不笑，可见，她们的情感世界的确较为复杂。不过，这样的情感，并没有太多的特别之处。要想更深入地理解导演的情感，还需要进一步引领学生思考：两位导演最终还是笑了之后，为什么凤姐还怕刘姥姥多心，鸳鸯还要赔不是呢？这样，学生便在"礼出大家"的研读中，更深层次地读出了《刘》文的"满纸荒唐言，一把辛酸泪"。

学生对三条情感线有了较深的认知后，我以为还不够，便再次设问：这三条情感线是不是独立的？它们都指向哪里？连续的追问，使学生明白了：这三条情感线并不是独立的，而是彼此交织在鸳鸯、凤姐为导演，刘姥姥为主角，贾母及其他人员为配角的笑剧上，且都指向同一句话——满纸荒唐言，一把辛酸泪。这样，《刘》文的情感的审美价值，便充满张力地呈现在了学生面前。

至此，我们借鉴了孙绍振的多层情感理论，从言语思维的角度，完成了对《刘》文的阅读教学，而这种循着作者的脚步，进行阅读教学的同时，其实，也是一种假想性写作教学的过程。

15. 错位式言语思维教学

　　错位式言语思维教学是借鉴了文学创作论的"错位"理论，从言语思维的角度展开任务群教学的一种课式。

　　所谓"错位"，就是在同一情感结构中的人物拉开了情与感的距离。① 我们知道，每个人都有自己独特的情感特点，但是在常规情境下，这些情感特点常常隐藏在表象与平凡的琐事之中，很难为人觉察。只有在特殊情境下，情与感的距离才被拉开，形成错位，人物的思想、情感、性格等特点，才能跟周围的人与事形成鲜明的对比，从而引发读者强烈的反思。正是这样的反思，使得小说具有了丰盈而充满张力的审美空间。所以，错位的本质是为了对比，而对比思维本就是言语思维的一种，从这个意义上讲，错位也是一种特殊的言语思维方式。错位理论作为一种创作理论，既可以用来教阅读，也可以用来教写作，很适合任务群教学。

　　教学时，需从两个层面展开：

---

　　① 孙绍振，孙彦君．文学文本解读学［M］．北京：北京大学出版社，2015：302.

1. 寻找错位

寻找错位并不容易，因为已经创作完成的定型的小说语篇是个封闭的圆，人物形象和人物情感仿佛浑然天成，让人无从下手。教学中，可以运用还原法，把人物还原到应有的政治地位、经济状况或生活场景中，这样就可以发现小说中的人物或者情感跟周围的人、事、物，发生了怎样的错位。需要注意的是，情节简单的小说语篇可能只有一次错位，而复杂的小说语篇可能有多次。

2. 对比反思

错位思维本质上是一种对比思维，仅仅找出谁跟谁发生了错位，什么样的思想和情感发生了错位，是不够的，还要引领学生思考：作者这样写有什么特别的意图？它引起了你怎样的反思？很显然，这种思考与反思主要指向的是小说的审美价值。这是就一次错位而言的，如果是两次或两次以上的错位，还要思考每次错位之间有什么样的逻辑关系，它们共同指向什么样的情感的审美价值。

《孔乙己》教学实录

一

师：同学们，今天我们学习一篇新的课文——鲁迅的《孔乙己》。这篇课文的体裁是什么？

生（杂）：是小说。

师：小说，其实就是讲故事。这节课，我们一起来讲讲孔乙己的故事，好吗？

生（杂）：好。

板书　　小说　　讲故事

师：课文都预习过了吧？

生：预习过了。

师：既然预习过了，课文中的故事想必大家都很熟悉了。再讲同样的故事，就没什么意思了。要不，咱们换个角度来讲讲孔乙己的故事吧？

（生点头。）

师：假如孔乙己是一个穿短衣站着喝酒的读书人，请注意，是穿着短衣，而不是长衫哟，那么，课文中哪些故事内容就不能讲了？

（学生立即举手发言，教师示意放下手。）

师：不要忙着回答问题，先认认真真地读一读课文，仔细地思考一下，然后，再举手发言。

（生看书，师巡视，并相机指导。）

师：注意回答问题时一定要结合课文。你来说说看。

生：假如孔乙己是一个穿短衣站着喝酒的读书人，那么，人们就不会给他起"孔乙己"这个外号了。

师：为什么？

（只有少部分学生举手。）

师：咱们换一个角度思考，课文中人们给孔乙己起这个绰号，含有什么意味？

生：含有嘲笑的意味。

生：含有挖苦的意味。

生：含有讽刺的意味。

师：对的。这里"短衣"或"长衫"实际上是一种什么的象征？它们分别代表着什么样的人？

生：是一种身份的象征。

生："短衣"代表穷苦人民。

生："长衫"代表有权、有势的上层人。

师：既然孔乙己穿着短衣，这说明，在孔乙己的心里，他自认为是哪一种身份的人？短衣帮会认同孔乙己这样的身份吗？

生：孔乙己自认为跟短衣帮一样，都是穷苦人。短衣帮也会认同孔乙己这个身份的。

师：既然如此，短衣帮还会嘲笑、挖苦、讽刺孔乙己，给他起绰号，叫他"孔乙己"吗？

生：不会了。因为他们都是一类人，都是穷苦的底层百姓，都过得不太好，短衣帮没有必要嘲笑孔乙己。

生：我也认为不会了。因为他们彼此彼此，谁也比谁好不了多少。

师：那在课文中，短衣帮为什么还要嘲笑、挖苦、讽刺孔乙己呢？仅仅因为他很另类，身为一个穷苦的读书人，却穿着长衫吗？难道他们不知道，短衣帮跟孔乙己都生活在社会最底层吗？

生：他们当然知道，他们都生活在社会最底层。但是，总体来说，短衣帮跟孔乙己相比，生活状况还是要稍稍好一些的。

师：从哪里看出来呢？

生：短衣帮至少能自己养活自己。

生：短衣帮不像孔乙己那样受到那么多人的歧视。

生：短衣帮不像孔乙己那样贫穷到偷窃的程度。

生：短衣帮不像孔乙己那样被人打，而且还打了那么多次。

师：短衣帮和孔乙己本来都生活在社会的最底层，都很贫穷，都受到当时上层社会的欺压、剥削，按照道理来讲，短衣帮应该如何对待孔乙己才对？

生：应该理解孔乙己的艰难处境才对。

生：应该给孔乙己更多的同情才对。

师：但是，现实情况却是，他们竟然成了嘲笑孔乙己的人，成了造成孔乙己悲剧的一个不可忽视的外部因素。对此，你们作何感想？

生：我感到后怕。我本来认为，孔乙己的悲剧是上层社会那些穿长衫的人造成的，是那些像丁举人一样的有权势、有钱的人造成的。但是，没想到……

师：没想到，这些短衣帮，这些看客也有份。对吧？

生：对的。

生：这样一来，就太让人震撼了。

师：对的。这样，这篇小说就更具有悲剧力量了，就更有深度了。你接着说。

生：我以为，短衣帮的人性，已经扭曲了。

师：对的。这篇小说的确揭示了人性的哪一面？

生：揭示了人性丑恶的一面。

师：而这种人性丑恶的一面，在现代社会里没有吗？

生：有的。嘲笑、欺负比自己更弱的，在校园里就有。

生：社会上也有这样的现象。

师：对的。这样，小说是不是就更有深度了？

生：对的。

师：好的。咱们接着说。假如孔乙己是一个穿短衣站着喝酒的读书人，那么，课文中哪些故事内容就不能讲了？

生：假如孔乙己是穿短衣站着喝酒的人，那么，他的脸上可能就不会有伤疤了。更不会常常被人打，添新伤疤了。

师：为什么呀？

生：因为他会跟短衣帮一样靠自己的劳动养活自己，养活家庭。他不会去偷。既然不去偷，当然，也就不会被人打，脸上也就不会有伤疤了。

师：嗯，对的。你接着说。

生：如果孔乙己是穿短衣站着喝酒的人，他不会温两碗酒，要一碟茴香豆，并故意排出九文大钱了。

师：为什么？

生：排出九文大钱是孔乙己无声的抗议，因为短衣帮嘲笑他。现在，短衣帮都不嘲笑孔乙己了，他还抗议什么呢？

生："排"字有显摆的意思，政治地位上高人一等的意思。短衣帮因为经济条件有限，通常只买一碗酒，热热的喝了休息。他们大都不会多花一文钱买茴香豆、买盐煮笋，更不会买荤菜，因为他们大都没这么阔绰。现在，孔乙己和短衣帮的经济条件、政治地位都是一样的，没什么资本可以显摆。所以，就不会排出九文大钱了。

师：这就是说，假如孔乙己是一个穿短衣站着喝酒的人，许多故事就没办法讲下去了，对吧？

生：对的。

师：假如孔乙己是一个穿长衫坐着喝酒的读书人，那么课文中哪些故事也不能讲了呢？你来说说看。

生：假如孔乙己是一个穿长衫坐着喝酒的人，这说明他是有钱人，他就不会欠老板十九文钱，更不会很久不还的。

生：假如孔乙己是一个穿长衫坐着喝酒的人，老板讨好他都来不及，怎么会嘲笑他呢？

师：十二岁的"我"会不会嘲笑孔乙己？

生：也不会。

生：短衣帮也不会嘲笑孔乙己了，因为他是穿长衫坐着喝酒的有钱人。

生：店内外也不会充满快活的空气了。

生：而且二十多年前的"我"也不会鄙视他，瞧不起他，不会不耐烦了。

师：这就是说，假如孔乙己是一个穿长衫坐着喝酒的人，那这个故事也没办法讲下去了，对吧？

生：对的。

师：这样，问题就来了。如果你是作家，你把孔乙己设定为一个什么样的人，才能把故事讲下去呢？（屏显）

生：必须把孔乙己设定为一个既不像短衣帮，又不是长衫主顾的人。

师：也就是课文中说的——

生：站着喝酒而穿长衫的唯一的人。

师：为什么要这样设定呢？如果这样设定的话，短衣帮会把孔乙己看作跟他们相同的一类人吗？

生：不会的。他虽然也是站着喝酒的贫穷人，但是显然比他们还要贫穷。

师：仅仅如此吗？

生：还有，孔乙己穿长衫，而且长衫又脏又破，显得不伦不类。所以，短衣帮会嘲笑他。既然短衣帮嘲笑他，这就有故事可讲了。

师：孔乙己明明就是个穷苦人，却又穿长衫站着喝酒，于是，他的身份便跟什么身份错位了？

生：跟短衣帮错位了。

师：对的。这一错位，便有故事可讲了。

板书　　身份错位

师：那么，那些坐着喝酒的长衫客会把孔乙己看作他们中的一员吗？毕竟孔乙己也穿着长衫啊！

生：也不会，他只是个穷书生而已，他没有钱。

师：这就是说，孔乙己跟长衫主顾们的身份也是——

生：也是错位的。

师：那丁举人呢？他跟孔乙己一样，也是个读书人，一个有文化的人，他总会把孔乙己看作他们中的一员吧？

生：也不会，虽然孔乙己是个读书人，也有文化，但是孔乙己终究没有考中，也就是说，孔乙己读的书是没有用的，他的所谓的文化也是没有用的。

师：为什么呢？

生：因为他没有考中啊。没有考中就当不了官，当不了官，也就没有钱和权力。

师：正因为丁举人考中了，他读的书有用了，他的所谓的文化换来钱和权力了，所以，才——

生：所以，才瞧不起没有考中的孔乙己。

生：所以才会打断了偷他们家书的孔乙己的腿。

师：让我们回到刚才的话题上来。只有把孔乙己设定为站着喝酒而穿长衫的唯一的人，才能把孔乙己的身份跟短衣帮的身份错位，跟长衫客的身份错位，跟丁举人的身份错位。正因为他跟所有人的身份都是错位的，才有可能发生孔乙己这样的悲剧故事。这样，故事才能讲下去。

板书　　在身份错位中叙事

二

师：不过，身份的错位只是使叙事有了可能。如果孔乙己内心深处能够清醒地意识到，他虽然有些文化，但并没有获得相应的权力和金钱，他在经济上和短衣帮是差不多的，甚至还不如他们。他还会穿着长衫而站着喝酒吗？

生：不会。他会跟短衣帮打成一片，跟他们一样"靠柜台站着，热热的喝了休息"。

师：那么，他跟短衣帮之间还有故事可言吗？

生：没有了。

师：他跟那些长衫主顾，跟酒店老板，甚至跟"我"之间，有故事可讲吗？

生：没有故事可讲了。

师：那该怎么办呢？如果你是作家，你应该如何讲这个故事呢？（屏显）

是不是有点儿难？那咱们换个角度想一下，在孔乙己的心中，文化是一种什么的象征？

生：文化是身份的象征。

生：文化是地位的象征。

生：文化是权势的象征。

师：所以，他会努力地保持什么样的身份？

生：他会坚持自己的文化人的身份。

生：他会努力保持自己的身份。

师：对啊。请同学再读课文并思考，作者是如何描写孔乙己坚持自己的身份的？

（生看课文，师巡视。）

师：谁来说说看？

生：他穿着又脏又破，似乎十多年没有补，也没有洗的长衫，是一种身份的坚持。

师：为什么？

生：因为只有有钱的人，有权力的上层人才会穿长衫，孔乙己坚持穿长衫，就是想告诉那些短衣帮，他跟他们是不一样的。他是读书人，是有文化的人。

师：如果可以的话，孔乙己还想告诉谁，他跟他们也是一类人？

生：他还想告诉那些穿长衫的主顾，他跟他们是一类人。

生：他还想告诉丁举人，他跟丁举人也是一类人，都是读书人，都是有文化的人。

师：嗯，对的。你接着说，孔乙己是如何坚持自己的身份的？

生：他满口之乎者也，是一种身份的坚持。

师：为什么？

生：因为只有有文化的人，才能说出"之乎者也"的话来。

师：对的。你接着说，孔乙己是如何坚持自己的身份的？

生：当短衣帮嘲笑他偷了别人的东西时，他会睁大眼睛争辩，不要"凭空污人清白"。这也是一种身份的坚持。

师：为什么？

生：因为孔乙己认为自己是一个有身份的人，有地位的人，一个文化人，怎会偷东西呢？所以，当别人嘲笑他偷东西时，他当然要争辩了。

师：你接着说。

生：当他稍稍有钱的时候，他会当着短衣帮的面，不无傲娇地说"温两碗酒，要一碟茴香豆"，并有意地排出九文大钱。这也是一种文化人的身份的坚持。

师：为什么呢？

生：他在用这个动作告诉那些短衣帮，他是有钱人，有身份的人，他跟他们是不一样的。

师：嗯，接着说。

生：甚至，他认为窃书是读书人的事，不能算偷，这也是一种文化人的身份的坚持。

师：他为什么要坚持自己读书人、文化人的身份呢？

生：因为在孔乙己的内心深处，只有读书人才能够成为人上人。

生：他这样做，是希望获得人们的尊重，甚至是敬畏。

师：但是实际情况怎么样呢？人们尊重他了吗？请结合课文说一说。

生：孔乙己一到店，所有喝酒的人都看着他笑。这里的"所有"说明嘲笑他的人很多。

生：有的说，"孔乙己，你脸上又添上新伤疤了！"这里的"又"字说明人们都在嘲笑他。

师：你能把酒客的嘲笑读出来吗？

【屏显】

　　孔乙己，你脸上又添上新伤疤了！

（生读得没什么感情。）

师：孔乙己是他的大名还是他的外号？

生：是他的外号。

师：对呀，既然是他的外号，哪能这么"尊重"他呢？你再试试看。

（"孔乙己"变调，有进步。）

师：你再试试。这句话中还有两个字要突出一点，夸张一点，才能读出酒客对孔乙己的嘲讽之意。

（生突出"又""新"；生一起读，读得越来越好。）

师：还有哪里可以看出人们对孔乙己的嘲讽？

生：当孔乙己排出九文大钱时，他们又故意地高声嚷道，"你一定又偷了人家的东西了。"

师：你这是高声嚷嚷吗？

（生再读，有点儿进步。）

师：他好像第一次偷哟？再读。

（生再读，突出"又"。）

师：你这是嘲笑吗？再试试看。

（生越读越好。）

师：偷东西是件好事儿吗？

生：不是好事。

师：既然不是好事，哪有人希望别人到处嚷嚷啊。所以人们越是嚷嚷他的丑事，实际上越是在干吗？

生：越是在嘲笑他。

生：越是在羞辱他。

师：对的。让我们一起合作读一读，我读前半句，你们读后半句。他们又故意的高声嚷道——

生：你一定又偷了的人家的东西了！

（连续读了几遍，越读越好。）

师：还有哪里写酒客嘲笑孔乙己的？

生：课文第6自然段。人们说，你怎的连半个秀才也捞不到呢？

师：为什么这句话也是对孔乙己的羞辱？

生：因为中举，是孔乙己一生的追求，也是他最大的痛，所以说他连半个秀才也捞不到，是直戳他的心窝。

师：这就是说，孔乙己的身份坚持和人们的评价一样吗？

生：不一样。

师：对的。是完全不一样的，是错位的。作家是在评价错位中进行叙事的。

板书　　在评价错位中叙事

师：不过，作家这样做，仅仅是因为叙事的需要吗？试想一下，嘲笑孔乙己的短衣帮是些什么人？

生：这些短衣帮跟孔乙己一样，都生活在社会的最底层。

生：都是受压迫、受剥削的贫苦人。

师：对啊。就是这样一些人，竟然嘲笑比他们更穷、更落魄的读书人。你从中读出了什么？

生：读出了孔乙己的悲剧不仅仅是那个社会造成的。

生：读出了孔乙己的悲剧也不仅仅是科举制度造成的。

生：他的悲剧还是那些看客造成的，是他们的冷漠和嘲笑造成的。

师：对的。这样写，小说就深刻了。其实，跟孔乙己身份的坚持形成错位的，不仅仅是短衣帮的评价，还有谁的评价？

生：还有孩子们的评价。

生：还有酒店老板的评价。

师：课文中的丁举人一直没有出现。当丁举人抓到孔乙己偷书的时候，他会如何训斥孔乙己？同学们思考一下，然后回答。

（学生思考，同桌讨论。）

师：谁来说说看？

生：你这个不要脸的穷书生，竟然偷书偷到我家里来了！

生：你这个不知道天高地厚的人，谁给你这么大胆子？

生：你也不撒泡尿照照，你是什么东西！

……

师：可问题是丁举人也是从哪条路走过来的？

生：也是从读书走过来的，只不过他很幸运，考中了罢了。

师：所以我们不妨再设想一下，当丁举人在辱骂他的时候，孔乙己心里会怎么想？他会服气吗？

生：他不会服气的。他会想：你不是跟我一样，曾经那么贫穷！

生：你只不过比我稍稍幸运一点罢了。

生：你以为你是什么东西我不知道吗？

师：所以我们不妨设想一下，如果丁举人没有中举，还是丁书生，而孔乙己中了举，成了孔举人，这个时候来偷书的是丁书生的话，孔乙己会不会也同样打断丁书生的腿？

生：会的。

生：一定会的。

师：为什么会这样呢？是谁让丁举人变成这样，又是谁让孔乙己也有可能变成这样呢？

生：是那个社会。

生：是那个社会制度。

生：是那个社会的人性的黑暗。

师：这样一来课文就具有了深度。所以，丁举人绝对不是闲闲的一笔，不是可有可无的，而是大有深意的。

<h2 style="text-align:center">三</h2>

师：同学们，学到这儿，我们知道，有了身份错位和评价错位，这个故事已经可以讲得非同凡响了。但是，还有一个具体问题要解决好，这样，才能使这篇小说，更有批判力量，更具艺术魅力。那就是：如果你是作家，你准备让小说中的哪个人物来讲孔乙己的故事？（屏显）不同的人讲出来是不一样的。

比如：让短衣帮中的一个人，让长衫客中的一个人，或是让酒店老板甚至让丁举人来讲这个故事，行吗？同桌讨论一下。

（学生讨论，思考，教师相机指导。）

师：谁来说说看？你来说说，让短衣帮中的一员讲故事，行吗？

生：行倒是行的。但是短衣帮中的一员讲出来的故事，基本上都是对孔乙己的嘲笑、讽刺。

师：孔乙己是不是完全一无是处？他有长处吗？

生：有的。

师：比如呢？

生：比如，他很善良，自己都没吃没喝了，还把茴香豆分给孩子们吃。

生：比如，他耐心教"我"写"回"字。

生：比如，他讲诚信，从来不拖欠。

师：对啊！如果让短衣帮中的一个人来讲孔乙己的故事，他就什么优点都没了。这对塑造孔乙己的人物形象是不利的。所以，不合适。

师：让长衫客或者酒店老板来讲，行吗？

生：让长衫客来讲，倒也可以。但是，有一问题需要注意。长衫客通常坐在里面吃饭，外面的情况不一定都能看到。这样，就不太方便讲孔乙己的故事了。

生：让酒店老板讲，看起来是可以的，但是，他常常要到里面去照顾长衫主顾们，并不是所有的时候都在外面。所以，并不太方便讲孔乙己的故事。

师：仅仅因为不能时时看到孔乙己，就不太方便讲孔乙己的故事吗？还有没有别的原因？

生：还有一个十分重要的原因，那就是，如果让他们来讲孔乙己的故事的话，基本上也是一边倒地嘲笑与讽刺。

师：短衣帮不合适，长衫客不合适，酒店老板也不合适，那么，让同是读书人的丁举人来讲孔乙己的故事，总可以了吧？

生：那就更不行了。

师：为什么啊？

生：他们虽然都是读书人，但是丁举人毕竟已经考中了，做了官，有权力，有地位，也有大把大把的金钱，他根本就瞧不起孔乙己。

师：你的意思是——

生：我的意思是，丁举人根本就不屑于去讲一个落魄的读书人的故事。即便讲，他也只会讲他是如何打断孔乙己的腿的。

生：再说了，很多时候，丁举人都不在现场，他也没法讲呀。

师：那怎么办呢？让谁来讲，最合适呢？

生：让十二岁的"我"来讲最合适。

师：为什么？

生：十二岁的"我"，角色很特殊。他站在柜台里专管温酒，所以孔乙己的故事，他大都看到了。

师：这是一个十分重要的原因。不过，仅仅因为这个，就让"我"来讲孔乙己的故事吗？十二岁的"我"有没有像短衣帮、长衫客他们那样嘲笑、讽刺、挖苦孔乙己？

生：虽然也跟着笑了，虽然"我"也不耐烦孔乙己教自己写"回"字，但也谈不上故意嘲笑。

师：所以，"我"来讲孔乙己的故事要更怎么样？

生：要客观一些。

师：你们说得很有道理。让文中的"我"来讲孔乙己的故事最合适。不过，这里似乎还有一个问题：当年，"我"还很小，只有十二岁，虽然没有恶意嘲笑孔乙己，但也的确很不耐烦孔乙己，不愿意理孔乙己。让十二岁的"我"来讲孔乙己的故事，是不是也有不太妥当的地方呢？那怎么办呢？请看屏幕——

【屏显】

这是二十多年前的事，现在每碗要涨到十文。

师：这是课文第 1 自然段中的一句话。这是十二岁的"我"说的话吗？

生：不是的。是二十多年后的"我"说的话。

师：对的。你们从中读出了什么？

生：这篇小说不仅从十二岁的"我"的角度来讲孔乙己的故事，而且，还从二十多年后的"我"的角度来讲孔乙己的故事。

生：课文中的"我"不是同一时期的"我"，他们是交叉着的。

师：对的。这篇小说的确是从"我"的视角来讲孔乙己的故事的。但是，并不是从一而终的，而是把十二岁的"我"的视角与二十多年后的"我"的视角有意错位，有意交叉着讲孔乙己的故事。

板书　　在视角错位中叙事

师：那么，这种"在视角错位中叙事"，有什么独特之处吗？请再读课文，思考：哪里也是从二十多年后的"我"的视角来讲孔乙己的故事的？

生：还有课文第3自然段：只有孔乙己到店，才可以笑几声，所以，至今还记得。

生：还有最后一段话：我到现在终于没有见——大约孔乙己的确死了。

师：我们先来看第3自然段中的这句话。二十多年后的"我"还记得谁在笑孔乙己呢？是孔乙己本人吗？

【屏显】

只有孔乙己到店，才可以笑几声，所以，至今还记得。

师：二十多年后的"我"记得的是孔乙己在笑自己吗？

生：不是的。孔乙己根本就不会笑自己。

师：是酒店老板和长衫客在笑孔乙己吗？

生：是的。

师：还记得谁在笑孔乙己？

生：还有短衣帮。

师：还记得谁？

生：还记得"我"自己也曾笑过孔乙己。

师：对的。不过，二十多年后的"我"，还会像二十多年前那样"不耐烦"孔乙己吗？（生：不会的。）还会跟着别人一起笑孔乙己吗？（生：不会了。）

师：为什么呢？

生：因为"我"成年了，有了自己的思想，有了自己对世界的理解。

师：所以，二十多年后的"我"会反思当时的一切，对吧？（生说对的。）那么，二十多年后的"我"对当年的一切会作何反思呢？

生："我"会反思当年孔乙己有没有必要站着喝酒而穿长衫？

生："我"会反思同为贫苦人的短衣帮为什么要如此嘲笑孔乙己？

师：对啊。他们应该对孔乙己多一点什么？

生：多一点怜悯，多一点同情，而不是冷漠。

师：还会反思什么？

生：还会反思，为什么长衫主顾们、丁举人们会如此冷漠地对待孔乙己？仅仅是他们自己的个人品质太恶劣吗？是不是还有其他的原因？

师：对的。从二十多年前的"不耐烦"孔乙己，跟着"笑"孔乙己，到二十多年后的怜悯孔乙己，再到反思当年的人和事。在视角错位中叙事不但会使叙事更加客观，而且，会使叙事更有深度，更具批判的力度。

生：是的。

师：其实，课文中不止一处用到这种视角错位的叙事方法，比如课文的最后一个自然段。感兴趣的同学课后仔细读一读课文，你们会有更多的发现，更深的体会的。

同学们，小说就是讲故事，但是要想把故事讲好，就得讲究一些策略。就像这篇小说一样，"在身份错位中叙事""在评价错位中叙事""在视角错位中叙事"，这样，故事才能讲得精彩，才能有深度。

好，今天这一课就学到这儿。下课！

《孔乙己》 教学反思

一、教学起点反思

教学《孔乙己》（下称《孔》文）时，有两点需要反思：

1. 《孔》文究竟表现了什么样的主题？

百年来，学术界对于《孔》文主题形成了五种主流解读①：科举制度罪恶说、苦人凉薄说、等级观念残酷说、知识分子悲剧说、孤独隔膜说。这五种解读分别运用不同的理论，从不同的层面展现了《孔》文独特的审美价值。这便使得教师在教学《孔》文时犯了难：究竟应该选择哪一种解读进行教学才合适？其实，我们完全没有必要执着于一元化的解读，"横看成岭侧成峰"，多层次、多角度的解读，必然意味着多重意蕴、多种主题的并存。事实上，教师教学用书也没有采用单一的解读。我们不必太过纠结。

2. 《孔》文跟传统小说有何区别？

《孔》文跟传统小说是有一些区别的，虽然也有人物、环境、情节，却没有聚焦于某一特定事件的发展过程，而是截取生活的横断面。教学《孔》文不能像教传统小说那样，只关注人物、环境和情节，还要关注以孔乙己为中心的几个场景，因为人物的性格和命运，正是在这几个场景中被揭示出来的。

二、教学设想反思

在实际教学中，教师或是抓住语言、动作等描写，来分析、理解人物形象的复杂性和丰富性，或是抓住某个有特殊意义的词语、句

---

① 王志蔚. 九十年来《孔乙己》主题的五种解读 [J]. 上海鲁迅研究, 2015（2）：69—79.

子，学习《孔》文以笑写悲的写法，体会其丰富的思想、情感意蕴。这样教，主要侧重于读，不太适合听说读写高度融合的任务群的教学。要想教好《孔》文，必须另辟蹊径。

通读全文，我发现，《孔》文运用了文学创作论的错位理论，于是我带领学生跟随作者的脚步，从言语思维的角度进行假想性写作教学。为此，我设计了三个教学环节：在身份错位中叙事、在评价错位中叙事、在视角错位中叙事。从现场的教学效果来看，这样教，不但能让学生更加深入地理解《孔》文丰富的思想、情感意蕴，还为后续的写作教学打下了坚实的基础。

三、教学过程反思

（一）在身份错位中叙事

教学的第一步是要找到错位。为此，我设计了两个问题：

1. 假如孔乙己是个穿短衣站着喝酒的读书人，那么课文中哪些故事内容就不能讲了？

2. 假设孔乙己是个穿长衫坐着喝酒的读书人，那么课文中哪些故事内容也不能讲了？

这样设计教学，有两个意图：

意图一，通过反向设问，帮助学生梳理课文。这是两个很有思维张力的问题。如果平平地问学生课文中写了一个什么样的孔乙己，讲了什么样的故事，倒也不是不可以，只不过，那样做学生回答起来只是在简单梳理相关信息，实在没有太多的思维含量。而反向设问则不同。学生不但要寻找相关信息，还要进行审辩。而这审辩的过程，便是一个深度理解课文的过程。

意图二，在反向追问中，进行比较和进一步的反思：如果你是作家，你把孔乙己设定为一个什么样的人，才能把故事讲下去呢？这样便很自然地把教与学的注意力落在：孔乙己是站着喝酒而穿长衫的唯一的人。

不过，仅仅这样是不够的，因为错位式的人物设计，只是文学创作的第一步。这一步是否有效，是否具有必要的审美张力，对于理解《孔》文和后续的写作教学至关重要。于是，我再次追问：如果这样设定的话，短衣帮、长衫客以及丁举人会不会把孔乙己看作同一类人？在追问与反思中，学生明白了，只有这样设定，才能把孔乙己的身份跟所有人的身份都形成错位，才能发生孔乙己那样的悲剧。

（二）在评价错位中叙事

身份的错位只是使叙事有了可能，如何叙事才是关键。这是一个颇有难度的问题，因为学生不知道如何进行错位叙事，必须给学生设置必要的支架才行。

这个支架便是封建科举社会里，人们对读书人的认知与定位。那时候，读书人是个很特别的群体。当他们读书成功，能够进学做官时，文化、权力与金钱三者之间是统一的，即他们同时拥有文化、权力和金钱；当他们读书失败，不能做官时，文化、权力与金钱之间是错位的。也就是说仅有文化，而没有获得相应的权力和金钱，常常过得非常的穷困落魄。所以，站着喝酒而穿长衫，只是外形上的错位，其本质是文化与权力、金钱的错位。而这些，学生是不知道的，需要教师进行适当的引领：在孔乙己的心中，文化是什么的象征？他会如何做？这样一追问，学生恍然大悟：原来在孔乙己的心中，文化是地位、权势的象征。他一定会坚持，且会努力保持自己的文化人的身份。那么，作者是如何描写孔乙己坚持自己的身份的？实际情况又怎么样呢？人们尊重他了吗？这样一追问，学生便明白了，可以在评价错位中叙事。

前文已经说到，任何错位都是为了引起读者进一步的对比与反思。我便再次追问：嘲笑孔乙己的短衣帮是些什么人？他们竟然嘲笑比他们更穷、更落魄的读书人。你从中读出了什么？这是一个指向小说审美价值的追问。在追问中，学生明白了，错位叙事只是表象，揭示孔乙己的悲剧不仅是那个时代、社会以及科举制度造成的，更是看客们的冷漠和嘲笑造成的，才是作者的根本追求。这样的追求，使得《孔》文具有了强烈的悲剧性。

不过，这还不够，还得往深里追问：当丁举人抓到孔乙己偷书的时候，他会如何训斥孔乙己？如果丁举人没有考上，而孔乙己考上了，来偷书的是丁举人的话，孔乙己会不会也同样打断丁举人的腿？通过追问与反思，学生认识到，《孔》文不是在讲谁可怜、谁可恶，而是在揭露那个黑暗的社会和社会制度，在揭露人性在那个畸形的社会里是如何被扭曲的。这便使得《孔》文具有了更为强大的悲剧力量。

（三）在视角错位中叙事

有了身份错位和评价错位，这个故事已经可以讲得非同凡响了。但是，要想使小说更有批判力量和艺术魅力，还得继续追问：如果你是作家，你准备让小说中的哪个人物来讲孔乙己的故事？这既是一个指向阅读的教学设问，也是一个指向写作的教学设问。

因为不同人的视角所看到的故事是不一样的，所表现的内容也不一样。即便是同一个人，不同时期所看到的故事也不一样，所产生的反思也不同。这样设计教学，可以让学生更深刻地理解《孔》文的作者为什么让"我"来叙述，又为什么用一种视角错位、交叉的方式进行叙事。这种追问，不仅有利于当下的阅读教学，也有利于后续的写作教学。因为任何叙事性的写作都会有特定的视角，而不同的视角所表现的内容是有差异的。

16. 多重渲染式言语思维教学

课式简论

多重渲染式言语思维教学，是运用渲染思维进行任务群教学的一种课式，主要强调通过多重渲染使情节一波三折。

通常，人们在教小说情节时，大都关注其外在形态上是如何一波三折，是如何吸引读者。这样教，太过注重语篇表层意义的理解，很难指向表达，所以，不太适合听说读写高度融合的任务群教学。而从渲染思维的角度进行教学则不同。

渲染思维是言语思维的一种。它是指主题展开的过程中，选择多组在立意或情调上相似、相同的材料进行写作，以增强文章的感染力、说服力、说明性程度的思维方式。① 以假想作者的身份，从渲染思维的角度来解读、教学小说语篇，不但能使学生知其然，而且还能知其所以然，这便为后续的写作教学打下了基础。

教学时，可从两个层面展开：

———————————

① 马正平. 高等写作思维训练教程：第二版 ［M］. 北京：中国人民大学出版社，2010：80－81.

1. 多重渲染的情节构成

从构成上看，多重渲染的情节并不复杂，似乎只要把相同、相似的情节进行多次叠加就可以了。其实，它们之间是有微小差别的，而且别具匠心。所以，教学时不仅要引导学生关注哪些构成是相似的，更要关注哪些构成是相异的。相似的重要性，自不待言，它是多重渲染的基础；但是，相异性更重要。作者在对情节进行多重渲染时，在保持大体不变的同时，会有意改变某个人、事、物、情，这样，同中有异，情节才能一波三折。所以，相异的"变量"才是灵魂。

2. 多重渲染的主题生成

当然，作者这样做，并不单纯为了追求故事情节的一波三折，更重要的是生成新的主题意义。所以，作者选择"变量"时，并不是随意的，而是有所指的。因为不同的"变量"本身所负载的信息是不一样的，其所生成的意义也是不同的，所以，教学中要关注"变量"以及如何"变"的，这样，才能把多重渲染真正的主题意义教出来。

总之，本课式的教学中，既要引导学生关注多重渲染的情节是如何构成的，哪些是不变量，哪些是变量，而且还要引导学生关注，正是因为某个"变量"，才使语篇产生了新的主题意义。

《变色龙》 教学实录

师：同学们，马上就要上课了，上课前，咱们聊聊，好吗？还记得《西游记》中孙悟空三打白骨精的故事吗？那个故事本可以很简单，以孙悟空的本领一棍子就可以打死白骨精，根本就不需要打三次嘛。但是，作者却让他打了三次，使得故事非常曲折有趣，而又不显得重复。这就很牛了。你们知道作者是如何做到的呢？（有学生举手。）先不忙回答。我们先来看看，这个故事中，主要有哪些人物？你来说说看。

生（杂）：主要有两个人物，分别是孙悟空和白骨精，另外，还有唐僧。

师：不知道同学们是否注意到，这几个人物里面，有一个人物其实是有小小的变化的。谁来说说看？

生：一打白骨精中被打的是村姑，二打时被打的是妇人，三打时被打的是老公公。

师：其实，无论是村姑、妇人还是老公公，都是由谁变化而来的？

生：都是由白骨精变化而来的。

师：不变的是谁？

生：不变的是孙悟空，还有唐僧。

师：你们有没有从这个故事中发现什么规律？作者是如何让一个简单的故事一波三折的？

生：让其中的一个人物发生变化就可以了。

师：嗯，对的。假如孙悟空的本领没有白骨精高强，不变的是白骨精，变化的是孙悟空的话，这个故事该如何改写呢？

生：一打白骨精的时候，孙悟空变成了一条恶狼，太弱了，没有打死白骨精；二打白骨精的时候，孙悟空变成了一头凶猛的老虎，还是没有打死白骨精；三打白骨精的时候，孙悟空变成了极为凶猛的龙，终于把白骨精打死了。

师：这是模仿的白骨精的三变，这是可以的，还有其他方法吗？

生：还可以这样改变，第一次孙悟空打白骨精的时候，由于孙悟空的本领不强失败了。所以他就出去拜师学艺，然后回来再次打白骨精，可还是没有打过她。第三次他找到了白骨精的主人，借来了宝贝，打死了白骨精。

师：说得真好！今天咱们又学到一着，要想把一个简单的故事改编得一波三折，有一个非常容易的办法，就是把同一个故事连续讲三遍，不过，为了避免重复雷同，就要使其中的某个人物发生一些变化。除此之外，还可以改变与这个故事相关的一些人、事、物、情。如此都可以把一个简单的故事改编得一波三折。好的，课前，咱们就聊到这儿吧。

一

师：咱们开始上课，同学们好！

生：老师好！

师：今天咱们学习一篇小说《变色龙》。这篇小说的作者是谁？

生：契诃夫。

师：我想找个同学上来写一下。他的名字不太好写，有两个字容易写错。你来吧。

（生写"契诃夫"。）

师：有没有写错？（生说没有。）"契"这个字由"丰""刀""大"三部分组成，"诃"字是言字旁，不能写错了。谁来介绍一下作者？

生：契诃夫是 19 世纪俄国伟大的批判现实主义作家，他是世界著名的短篇小说大师之一。

师：还有补充的吗？

生：他擅长从日常生活中发现具有典型意义的人或事，然后，运用讽刺和幽默的手法创造艺术形象。

生：契诃夫的短篇小说往往带有讽刺意味，在引人发笑的同时令人深思。

生：《变色龙》就是其中很有代表性的一篇。

师：你们回答得好标准啊！

（生笑，有学生悄悄说，资料上有介绍。）

二

师：现在咱们来学习这篇小说。小说的内容很简单，就是有条狗咬了人，警官奥楚蔑洛夫做了处理。如果你是作家，想要把这样一个十分简单的故事写成一篇特别吸引人的小说，你首先会遇到什么样的困难？

生：故事太简单，没有办法吸引人。

生：故事太平常。狗咬人的故事在世界各地几乎每天都在上演，没什么新奇感，没人愿意读。

师：所以，我们首先要做的是什么事？

生：让故事曲折起来。

生：让故事一波三折。

板书　**让小说更曲折**

师：对的。如果你是作家，怎样才能把一个非常平常的狗咬人的故事改编得曲折有趣呢？（屏显）

我们不妨用吴承恩改编"孙悟空三打白骨精"的办法尝试一下。首先我们要做的是什么？

生：首先要做的是找出这个故事中有哪些人物。

师：对的。他们分别是谁？

生（杂）：分别是警官奥楚蔑洛夫、首饰匠赫留金和狗。

师：狗也算吗？

生：狗虽然不算小说中的人物，但故事是围绕它展开的。所以，不能忽视。

师：嗯，有点道理。咱们试着改变文中的某个人物，看能不能改编出一个情节一波三折的故事来。不过，需要注意的是，课文中的人物，跟《西游记》里的孙悟空、白骨精不一样，他们都是凡人，不是神仙、妖怪，是没有三十六变的哟。（生笑。）所以，通常改变的只能是物的大小，人的处境、心情，事情发生的地点、时间，以及事情发展的进度，等等。

记住，不要跟课文中一样哟！同学们先自由讨论一下，然后相互地说一说。

情节	警官奥楚蔑洛夫	首饰匠赫留金	狗
第一折			
第二折			
第三折			

（生自由讨论、试说。）

师：谁先来？你来吧。你想改变谁？

生：我想改变警官奥楚蔑洛夫。他第一次处理狗咬人的事件时，因为他的顶头上司找他，他不知道出了什么问题，心里没底，所以很着急，无心处理这件事，便草草了事。第二次，警官奥楚蔑洛夫刚刚中了奖，心情很愉快，在处理狗咬人的事件时，就站在了赫留金这一边。第三次，警官奥楚蔑洛夫遭到了老婆的呵斥，他心情很糟，便把怒火全撒到了赫留金的身上，说责任全是赫留金的，并罚了他的款。这样，故事就一波三折了。

师：那个时候就有"妻管严"了吗？（生笑。）很不错！在这个故事中，你主要想表现一个什么主题？

生：主要想表现警官奥楚蔑洛夫在处理民事案件时毫无原则，完全根据心情来。

师：不错。你来说说，你想改变的是谁？

生：我想改变的是首饰匠赫留金。第一次，狗虽然咬了赫留金的手，但是只咬破了一点皮，问题不大，警官奥楚蔑洛夫让赫留金自己回去包扎一下就可以了。第二次，狗咬破了他的手掌，但不算太严重，警官奥楚蔑洛夫让狗的主人赔礼道歉。第三次，狗把赫留金咬得较为严重，警官奥楚蔑洛夫判狗的主人道歉、赔钱、给赫留金看病。这样故事就一波三折了。

师：故事是一波三折了，不过，你想在这个故事中表现什么样的主题啊？

生：表现警官奥楚蔑洛夫的依法办事。

师：看起来这个警官奥楚蔑洛夫还不错嘛！不过，这跟课文表现的主题相差比较大。你再来说说看，你是怎么改变的？

生：我改变的是狗。第一次咬人的是一个很小的宠物犬，这只狗看起来挺凶的，其实只是装腔作势罢了，并没有伤着赫留金。警官奥楚蔑洛夫根本不屑处理。第二次咬人的是一只中型小猎犬，赫留金被咬破了手指头，警官奥楚蔑洛夫却训斥赫留金无事生非。第三次咬人的是一只大型恶犬，赫留金被咬残了，警官奥楚蔑洛夫以及围观的看客哈哈大笑，都走了。

师：这样一改变，的确做到了一波三折。你想表现什么主题？

生：我想表现人们的冷漠。

师：真是不错！同学们发现没，这是改编故事的一个很好的方法。只要改变其中的某个人物，故事就会变得一波三折，而且主题也发生了很大的改变。是不是很奇妙？

现在，我们再来看看世界短篇小说大师契诃夫又是如何改编故事的？看看他的改编有什么与众不同之处。

请阅读课文，完成课文后面"思考探究"第一题的图表并根据图表复述课文。

（学生读课文、填表后，教师带头梳理，并点名学生复述课文。）

三

师：同学们有没有发现，刚才几位同学都是从人物的角度进行改编的，而本文作者似乎不一样哟，他是从哪个角度进行改编的？谁来说说看？

生：本文的改编非常特别。作者没有对故事中的人物进行改编，而是不停地变换狗的主人。

师：作者为什么要这样改编呢？他有什么特别的用意吗？

（有学生急于回答。）

师：咱们先不着急回答这个问题，这里暂且留一个悬念吧。我们不妨换一个角度来思考，对于一个作家来讲，把小说写得一波三折是他的终极目标吗？

生：当然不是。作家把小说写得一波三折，不光为了吸引读者，更重要的应该是使小说有一定的意义。

生：小说应该给读者一定的启示。

师：也就是说，应该让小说更深刻一些，对吧？

生：对的。

板书　　**让小说更深刻**

师：如果你是作家，怎样才能让一个曲折的故事更深刻呢？（屏显）请同学们看课文，我们一齐把警官奥楚蔑洛夫的话语中关于狗的言语画出来，好吗？

根据学生的回答，完成表格：

第几句	狗的主人	奥楚蔑洛夫关于狗的言语	段落
第1句	不知是谁家的狗	这条狗呢，把它弄死好了。马上去办，别拖！这多半是条疯狗……	第8段
第2句	好像是将军家的狗	它怎么会咬着你的？难道它够得着你的手指头？	第10段
第3句	不是将军家的狗	这条狗呢，鬼才知道是什么玩意儿！毛色既不好，模样也不中看，完全是个下贱胚子。	第17段
第4句	也许是将军家的狗	说不定这是条名贵的狗……狗是娇贵的动物。	第20段
第5句	不是将军家的狗	这是条野狗！用不着白费工夫说空话了。既然普洛诃尔说这是野狗，那它就是野狗。弄死它算了。	第23段
第6句	将军哥哥的狗	这小狗还不赖，怪伶俐的，一口就咬破了这家伙的手指头！哈哈哈……得了，你干什么发抖呀？呜呜……呜呜……这坏蛋生气了……好一条小狗……	第27段

师：请选择一句话有感情地朗读，看看从中能读出什么来。现在开始练习一下。

（学生自由朗读。）

师：我们现在读第1、3、5句话，谁来试一试？

生：我读的是第1句。这条狗呢，把它弄死好了。马上去办，别拖！这多半是条疯狗……（重读"疯狗"。）

师：你从中读出了什么？

生：我读出了警官奥楚蔑洛夫的耀武扬威。

师：耀武扬威是摆给谁看的？

生：是摆给当时围观的人看的。

师：请继续。你来。

309

生：我读的是第 5 句。这是条野狗！用不着白费工夫说空话了。既然普洛诃尔说这是野狗，那它就是野狗。弄死它算了。

师：你从中读出了什么？

生：我从中读出了警官奥楚蔑洛夫不屑一顾。仿佛一条小狗的生命，根本算不上生命。

师：对的。你接着读。

生：我读的是第 3 句。这条狗呢，鬼才知道是什么玩意儿！毛色既不好，模样也不中看，完全是个下贱胚子。

师：你从中读出了什么？

生：我读出了警官奥楚蔑洛夫对这条狗的鄙视。

师：我们现在读蓝字部分的第 2、4、6 句话，谁来试一试？

生：我读的是第 6 句。这小狗还不赖，怪伶俐的，一口就咬破了这家伙的手指头！哈哈哈……得了，你干什么发抖呀？呜呜……呜呜……这坏蛋生气了……好一条小狗……

师：这条小狗很伶俐吗？我怎么没感觉到呢？你再试试。

生：这小狗还不赖，怪伶俐的，一口就咬破了这家伙的手指头！（有点儿味道。连读几遍，越读越好。）

师：这是警官奥楚蔑洛夫对谁说的？

生：对围观的人说的。

师：那么下面两句话又是对谁说的？你来读读看。

生：哈哈哈……得了，你干什么发抖呀？呜呜……呜呜……这坏蛋生气了……好一条小狗……（读得没有感情。）

师：这是对谁说的？他当时是一种什么样的神态？

生：这是对小狗说的。他当时应该是一副讨好的样子。

师：嗯，对的，他讨好的对象是谁？

生：是将军哥哥的狗。

师：这就耐人寻味了。他的脸上是一种什么样的表情呢？课文第 25 自然段里面有一个词，说不定能给你启发。

生：他的脸上洋溢着含笑的温情。

师：对呀，你再试试。警官奥楚蔑洛夫的脸上洋溢着含笑的温情，讨好地对小狗说——

生：哈哈哈……得了，你干什么发抖呀？呜呜……呜呜……这坏蛋生气了……好一条小狗……

（学生连读几遍，渐入佳境。）

师：还有读其他的吗？

生：我读的是第 2 句，它怎么会咬着你的？难道它够得着你的手指头？（没有读出感情。）

师：警官奥楚蔑洛夫在跟首饰匠赫留金喝咖啡、谈心吗？（生笑。）应该读出一种什么样的味道来？

生：应该读出一种居高临下的质疑的味道来。

师：对啊。你再试试。

（生一遍遍地读，逐渐好起来。）

师：还有读第 4 句的吗？

生：我读的是第 4 句：说不定这是条名贵的狗……狗是娇贵的动物。

师：这条狗名贵吗？娇贵吗？我怎么觉得很普通啊？（生笑。）你可以读得稍微夸张一些。

（生再读，师指导，逐渐好起来。）

师：下面我们把它们连起来读一遍好不好？边读边思考，连起来读之后，我们又从中读出了什么？

（按照顺序依次读 1—6 句话。）

师：谁来说说看，你从中读出了什么？

生：我读出了警官奥楚蔑洛夫的变化太快了，跨度太大了。

师：变化太快、跨度太大是一种什么写法？这个咱们以前学过的。

生：是一种夸张的写法。

板书　　夸张

师：对的。你来说说看，还从中读出了什么？

生：警官奥楚蔑洛夫一会儿说这条狗是个"下贱胚子""野狗""疯狗"，一会儿又说这是条"名贵"的狗、"娇贵"的狗、"伶俐"的狗。

师：他们前后相同吗？

生：不相同。是前后矛盾的。

师：前后的差距非常大，这便产生了强烈的——

生：产生了强烈的对比。

板书　　对比

师：其实，夸张和对比只是一种表现手法罢了，引起读者的反思才是最重要的。同学们试想一下，狗还是原来的狗，一点都没变，警官奥楚蔑洛夫的话为什么会发生如此大的变化呢？而且还如此夸张，反差、对比如此之大？

生：因为狗的主人改变了。

师：为什么狗的主人改变了，警官奥楚蔑洛夫的话就发生这么大的改变呢？

生：因为如果狗的主人是席加洛夫将军或者是他的哥哥的话，警官奥楚蔑洛夫是得罪不起的，为了生存，他不得不讨好将军和他的哥哥，甚至那条狗。

师：不管对错，只顾他的哥哥吗？

生：对的。

师：如此罔顾事实，胡乱地判定，说明他是一个什么样的人？

生：一个完全没有是非善恶观念的人。

生：一个灵魂扭曲的人。

生：一个丧失人格的人。

师：对于普通老百姓，他需要这样讨好吗？

生：不用的。不但不用，而且还欺诈他们，在他们面前耍威风。

师：也不管对错吗？

生：对的。

师：这同样可以看出他是一个什么样的人。

生（杂）：一个没有是非善恶观念的人，一个灵魂扭曲的人，一个丧失人格的人。

师：看起来，警官奥楚蔑洛夫的话一直在变，其实，从骨子里讲，他有哪一样东西是没有改变的？

生：他欺压老百姓没有改变。

生：他讨好上司没有改变。

师：在变与不变之间，你们读出了一个什么样的警官奥楚蔑洛夫？

生：读出了一个溜须拍马的奥楚蔑洛夫。

生：读出了一个谄上欺下的奥楚蔑洛夫。

生：读出了一个见风使舵的奥楚蔑洛夫。

生：读出了一个趋炎附势的小人形象。

板书　一个人

师：同学们，这篇小说批判的仅仅是警官奥楚蔑洛夫这个特定的人吗？如果是这样的话，这篇小说的题目，完全可以叫作"奥楚蔑洛夫"。但是，作者却给这篇小说起了一个很特别的名字，叫什么？

生：《变色龙》。

师：变色龙是一种什么动物？它有什么特点？（学生有点迟疑。）友情提示一下，这在课文的预习题中有介绍哟。

生：变色龙是一种爬行动物，其体色会随着所处环境的变化而有所改变。（屏显）

师：在沙皇俄国统治下的黑暗社会，随着所处环境的变化而变化的只有警官奥楚蔑洛夫一个人吗？

生：不是的。像这样的人还有很多很多。

师：因此，作者用"变色龙"所指的是警官奥楚蔑洛夫这样一个特定的人吗？

生：不是的。作者用"变色龙"来指像警官奥楚蔑洛夫这样的一群人。

师：所以，以"变色龙"作为小说的题目，作者的主要意图是批判在沙皇俄国黑暗统治下的像警官奥楚蔑洛夫这样的一群人。

板书　　一群人

师：我们还需要思考的是：在当时的那个社会，像席加洛夫将军那样有权有势的人，就只有他一个吗？

生：不是的。

师：对呀。不是一个人，而是一批人，当时整个社会都处于这样的环境中。既然如此，在这样的社会环境土壤中生长起来的像席加洛夫将军那样有权势的人会少吗？像奥楚蔑洛夫这样的警官会少吗？

生：不会少。

师：所以小说，不单单是批判了一个人、一群人，还批判了什么？

生：还批判了那个社会。

板书　　一个社会

师：对的。同学们，从批判一个人到批判一群人，再到批判当时的整个社会，这篇小说的立意是不是深刻了许多？

（生点头。）

师：让我们再回到前面设置的悬念上来。作者没有从人物的角度进行改编，而是从不断变化的狗的主人的角度进行改编的用意，仅仅是让这篇小说变得一波三折吗？还有一个更深的用意是什么？

生：让这篇小说的寓意更加深刻。

师：对的。

四

师：学到这儿，让我们回顾一下。通过作者的改编，一篇一波三折的小说，一篇寓意深刻的小说便诞生了。但是，对于一个世界级的著名小说大师来讲，这似乎还是不够的。因为无论再怎么描写警官奥楚蔑洛夫这个人，总觉得小说有点单薄。那么，如果你是作家，怎样才能让这篇小说变得厚重起来呢？（屏显）

板书　　让小说更厚重

师：请同学们再读课文，除了警官奥楚蔑洛夫、首饰匠赫留金以及巡警叶尔德林，还写了什么人、什么物，或是反复提到了什么？请画出文中描写的句子。

（生读书，画句子。）

师：谁来说说看？

生：课文中反复提到了军大衣。课文第 10 自然段中，当警官奥楚蔑洛夫听说狗的主人是席加洛夫将军的时候，他对叶尔德林说，"帮我把大衣脱下来……真要命，天这么热，看样子多半要下雨了……"

师：这里为什么要写军大衣？

生：这里是用脱大衣来掩盖警官奥楚蔑洛夫内心的恐慌。

师：还有哪里写到了军大衣？

生：还有课文的第 20 自然段，警官奥楚蔑洛夫说，"叶尔德林老弟，给我穿上大衣吧……好像起风了，挺冷……"

师：真的起风了吗？真的很冷吗？这样写是为了什么？

生：没有起风也不是真的很冷，是说他心里吓出了冷汗，用穿大衣掩饰内心的恐慌。

师：看来这个军大衣对塑造人物形象还是有点作用的。除此之外，课文中还有哪里写到了军大衣？

生：课文第 1 自然段的第一句话就写到了军大衣。警官奥楚蔑洛夫穿着新的军大衣，提着小包，穿过市场的广场。

师：这里有一个让人很疑惑的地方。警官奥楚蔑洛夫的身份是什么？

生：是警察啊。

师：对呀。既然是警察，按照常理，他应该穿什么样的衣服？

生：穿警服。

师：对呀。那他为什么要穿着军大衣呢？

（生迟疑。）

师：警官奥楚蔑洛夫最害怕的是什么人，他是什么身份？

生：他最害怕的是席加洛夫将军，身份是军人。

师：也就是说在当时什么样身份的人权力最大、权势最高？

生：军人。

师：普通的军人吗？

生：不是，应该是军队当中的大官，比如将军。

师：而军大衣不是普通的军人能穿的，所以军大衣本身就是什么的象征？

生：一种权力的象征。

师：对的。齐读。

【屏显】

19世纪80年代的俄国社会是一个"以宪代警"的"军政"社会。在这里"军大衣"不只是件平常的衣服，它是一种权力的象征，是了解俄国沙皇社会的一个特别的窗口。

师：看起来，军大衣是一个普通的物件，实际上却有着非同寻常的作用。它不仅能辅助刻画人物形象，更使小说有了厚度。谁来说说课文中还反复提到了什么？

生：课文中还反复提到了法律。课文的第7自然段中，首饰匠赫留金说，"长官，就连法律上也没有那么一条，说是人受了畜生的害就该忍着。"

师：看起来好像是一个法治社会，一个公平的社会。事实真是这样吗？首饰匠赫留金在另外一处说话中，还提到了法律。你来说说看。

生：在课文的第 12 自然段，他说，"他的法律上说得明白，现在大家都平等啦。不瞒您说，我的兄弟就在当宪兵……"

师：他在这一处说话中特地强调了这是谁的法律？

生：他说这是"他的"法律。

师：法律是哪个人的吗？这说明什么？

生：法律肯定不是哪个人的，这说明当时的法律是形式上的法律，对于老百姓来讲根本谈不上公正。

师：赫留金特别告诉人家，他的兄弟是做什么的？他这样说有什么用意吗？

生：他在强调他也是有靠山的，他也是有权力的。那就更不要谈什么公正了。

师：还有哪里提到了法律？

生：课文第 17 自然段中警官奥楚蔑洛夫说，"那儿的人可不管什么法律不法律，一眨眼的工夫就叫它断了气！"

师：奥楚蔑洛夫的身份是什么？

生：他的身份是警察。

师：一个基本的常识是警察要依法办事，可奥楚蔑洛夫身为警察却说不管什么法律不法律，从中你读出了什么？

生：当时的那个社会没有真正意义上的法律，法律根本不会保护普通老百姓的权益。

师：同学们，作者四次提到了"法律"，是随意的吗？

生：不是的。这是为了使小说更有深度，更有厚度。

师：除警官奥楚蔑洛夫、首饰匠赫留金以及巡警叶尔德林之外，课文还反复提到了什么人？

生：还反复提到了围观的群众。

师：围观的群众在小说中有一个专门的名字叫什么？

生：叫看客。

师：课文中哪里写到了看客？

生：课文的第 3 自然段写道，木柴厂四周很快就聚了一群人，仿佛一下子从地底下钻出来的。

师：课文的第 1 自然段中也有一句话写到了看客。你说说看。

生：门口连一个乞丐也没有。

师：原本门口连一个乞丐都没有，这时发生了一件有趣的事，大家就突然间都聚拢来了，说明这是一群什么样的看客？

生：这是一群无聊透顶的看客。

师：课文中还有哪里写到了这群看客？

生：课文倒数第 2 自然段中说，那群人就对着赫留金哈哈大笑。

师：那群看客究竟嘲笑什么呢？

生：嘲笑赫留金要倒霉了。

师：因为什么？

生：因为他不但得罪了警官奥楚蔑洛夫，也得罪了席加洛夫将军。

师：这件事难道都是赫留金的责任吗？赫留金拿烟卷戳狗的脸，赫留金的确有错。但他毕竟被咬了，作为狗的主人负起责任来，这似乎也是必须的。从这件事中你又读出了什么？

生：读出了当时不单单警官没有是非善恶的观念，其实看客也没有。

师：换句话讲，赫留金的倒霉不单单是警官奥楚蔑洛夫造成的，其实谁也负有一定的责任？

生：那些看客。

师：对呀，如果所有的看客都坚持正义的话，那么警官奥楚蔑洛夫也不敢如此明目张胆。这样，这群看客就有更深的社会意义了。他们不仅是一群无聊透顶的人，他们跟警官奥楚蔑洛夫一样，其实也不敢违背权贵。这便折射了当时的社会现实，揭示了当时沙皇俄国残暴的统治。如此一来，小说便厚重了许多。

同学们，契诃夫不愧是世界短篇小说大师。一起简单的狗咬人的事件，竟然被他写得如此曲折，如此深刻，如此厚重，实在令人佩服。不过，在佩服的同时，我们不妨也去仿造着写一写。要知道，读与学是互通的。你写了，就会发现，其实，小说的写作并不像想象中那么困难哟。

这一课就学到这儿。下课！

《变色龙》教学反思

一、教学起点反思

教学《变色龙》一文，有两个问题不容忽视：

1.《变色龙》的叙事方式有何独特之处？

我们通常认为，《变色龙》叙事方式的独特性体现在两点：一、它是一种集中式叙事，跟《孔乙己》的散点式叙事不同；二、故事虽然简单，却一波三折。然而，了解这些只是叙事的外在形态上的知其然，要想进行听说读写高度融合的任务群教学，还必须知其所以然，即从言语思维的角度，来深度理解、体悟《变色龙》多重渲染的叙事方式，这样，才能为后续的写作教学打下基础。

2.《变色龙》的主题究竟是什么？

从本质上讲，《变色龙》的主题并不是一成不变的，其是一个发展着的概念。传统的解读大都指向人物形象的刻画，指向沙皇专制统治的揭露和对造成小市民阶层麻木、庸俗、愚昧的社会病苦的揭示，这样解读，自有其道理；统编语文教师教学用书的解读，有了转向奥楚蔑洛夫的奴性人格和孕育这种人格的土壤的迹象，也很值得重视。

二、教学设想反思

教者大都习惯于从人物形象、艺术手法、细节描写等角度教学

《变色龙》，这是一种侧重于认知的教学，对于认知奥楚蔑洛夫的人物形象，揭露沙皇专制统治和揭示社会病苦，自然是很有价值的。但是任务群的教学是听说读写高度融合的教学，所以，不能仅仅停留在知识性的认知上，还要走向实践性的表达。

细读《变色龙》，会发现作者主要采用了多重渲染的思维方式来结构全文，于是，我便尝试着以假想作者的身份，从言语思维的角度切入，设计了三个层层递进的教学环节：如何让小说更曲折？如何让小说更深刻？如何让小说更厚重？这样，既能引领学生理解、感悟《变色龙》是如何写成的，又能为后续的写作教学打下坚实的基础。

三、教学过程反思

然而，实践上述设想进行任务群教学并不容易，这是因为《变》文情节虽简单，却并不是相同或相似情节的简单叠加。一波三折只是它的外在形态，独特的审美意蕴和隐含其中的深刻的语篇主题，才是教学该文的关键所在。为此，需从言语思维的角度切入，巧妙破解其精美的叙事结构。

（一）让小说更曲折

教学之初，我设置了一个情境性的主问题：如果你是作家，怎样才能把一个非常平常的狗咬人的故事改编得曲折有趣呢？

这是一个连结阅读与写作的主问题，对于认知《变色龙》一文和后续的写作教学至关重要。不过，这个问题并不容易解决，于是，我便设计了一个支架：

1. 找出小说的主要人物。

2. 模仿"孙悟空三打白骨精"的情节，尝试改变课文中的某个人物，编写一个一波三折的故事。

3. 看一看，改变的角度或内容不同，故事所表现出来的主题有什么不同？

这一教学设计意在使学生在言语表达中，深刻理解多重渲染式叙事模式。

（二）让小说更深刻

不过，仅仅有一波三折的叙事结构，是不够的，还得深刻才行。于是，我又设计了两个环节：

一是，紧扣奥楚蔑洛夫的话语中关于狗的言语，让学生在朗读中，反复体会《变色龙》夸张与对比的艺术手法。

夸张与对比是《变色龙》最为重要的艺术手法，这一艺术手法是不能由教师直接告知给学生的，那样很难使学生深刻地理解。所以，我在教学时紧扣奥楚蔑洛夫的言语，让学生在朗读中，自己理解、体悟、总结。

二是，引领学生反思夸张与对比的背后，"变"的是什么？"不变"的又是什么？

人的言行是其思想、情感的外在表现，在"变"与"不变"之间，学生很容易就捕捉到了一个溜须拍马、谄上欺下、见风使舵、趋炎附势的奥楚蔑洛夫。然而，那个社会只有奥楚蔑洛夫一个人如此吗？显然不是。通过"变色龙"这个题目，学生读出了一群这样的人。在那样的社会环境中生长起来的像席加洛夫将军那样有权势的人会少吗？像奥楚蔑洛夫那样的警官会少吗？答案不言而喻。从批判"一个人"，到批判"一群人"，再到批判"一个社会"，学生便读到了一篇富有深刻内涵的小说。

（三）让小说更厚重

从曲折到深刻，一篇小说已颇具形态，但是还不够，于是，我再次设置了一个情境性主问题：如果你是作家，怎样才能让这篇小说变得更厚重？

一篇小说厚重与否，当然与情节设计有关，但是更与语篇中一些具有特殊象征意义的人、事、物有关。教学中，我引领学生思考课文中反复提到了什么？在研读军大衣、法律、看客的过程中，学生既理解了故事背后厚重的内涵，又学习了如何写作。

通过三个环节的研习，学生不但理解了《变》文独特的叙事方式和深刻的主题，还学到了如何使一个平常的故事曲折、深刻、厚重，从而，为后续的写作教学打下基础。

17. 意象渲染式言语思维教学

课 式 简 论

意象渲染式言语思维教学，是运用渲染思维进行任务群教学的一种课式，主要强调通过对某一意象的多重渲染，使小说充满诗性。

所谓"意象"，是指文中反复提到的某个特定的"物象"。这个物象并不是随意设定的，而是渗透了作者某种强烈的主观思想、情感，包含着特别的旨趣与意味。它常常被运用于抒情见长的诗歌、散文中。小说以叙事见长，很少运用。所以，人们教学小说时，主要教的是人物、环境、情节，而很少教意象。

但是，很少教，并不表示就不能教，不用教。事实上，一些小说为了表达的需要，本身是有意象的，尤其是诗化小说。这些意象不仅可以教，而且，必须教，不然，又如何能教出这类小说本身的特质？又如何延伸到后续的写作教学中呢？

不过，要把小说中的多重意象的渲染教好，并不容易，通常要从下面两个方面展开：

1. 赏析意象

小说中的意象，跟散文、诗歌的是有一定区别的。后者，通常是约定俗成的，即便没有任何描写，都具有鲜明的倾向性和独特的意蕴内涵，且为读者所普遍理解、体悟；而前者则有所不同，作者选择的物象，不一定都有太多的含义，如香烟、草鞋等。作者通常通过一些个性化的充满抒情意味的动词、形容词，赋予其特别的情感、意味。教学中，我们要特别关注这些词，分析、体味其特别的意味。

2. 指向诗性

所谓"指向诗性"，就是在小说教学中，不仅要关注某个特定的意象，关注那些个性化、抒情性的词语的运用，更要关注这些词语的共同指向。就某个具体的动词、形容词而言，其特殊的情感、意蕴可能是多维的，不确定的，但是，当把它们集合在一起进行审视、赏读时，便会发现，它们都指向某一共同的思想、情感，而这，便是诗化小说特有的诗性。只有教出多重渲染背后的诗性，才能教出诗性小说的特别韵味。

《溜索》教学实录

一

师：同学们，今天我们学习一篇自读课文《溜索》。这是一篇非常特别的小说，它选自当代作家阿城的短篇小说集《遍地风流》。这里的"风流"可不是贬义词，而是独特风采的意思。那么，这篇小说究竟有着怎样的独特风采呢？或者独特风流呢？下面，我们就来学习这篇课文。

课文的题目叫"溜索"，那我们就从溜索说起吧。谁来说说，什么是溜索？（稍停。）不知道，对吧？其实，课文的第一个注释是有提示的。你来说。

生：溜索是一种原始的渡河工具，有时也可指原始的渡河方法。

师：那这篇课文主要是介绍溜索这个渡河工具，还是主要介绍溜索这个渡河方法？

生：不是的。

师：如果那样写的话，就成了一篇——

生：就成了一篇说明文了。

师：对呀。作者写的是小说。主要写了一件什么事？

生：主要写了一群马帮人乘溜索跨越大峡谷的经过。

师：好像还少了一个人物。你来说。

生：少了"我"。这篇文章主要写的是"我"跟随西南地区少数民族的马帮，乘溜索跨越怒江大峡谷的经过。

师：请看，这便是溜索。（手指屏幕。）如果你就是作家阿城，面对怒江大峡谷上的溜索，什么东西会深深地震撼你？你会把什么写进你的小说？（出示课文插图。）

生：怒江大峡谷上的两根溜索深深地震撼了我。我会把它写进小说。

师：为什么？

生：溜索架在那么高的悬崖绝壁上，乘这样的溜索滑过大峡谷岂不危险？所以要描写溜索，这样写有利于塑造人物形象。

师：对的。教材编写者也注意到了这点，为了帮助同学们理解课文，特地编写了一个批注。看看是哪一个批注？

生：是第三个批注，这里直接写"索"，有什么作用？

师：你来读一读批注旁的第9自然段。

生：那索似有千钧之力，扯住两岸石壁，谁也动弹不得，仿佛再有锱铢之力加在上面，不是山倾，就是索崩。

师：这里的"锱铢"是什么意思？

生：比喻极微小的数量。

师：这句话的意思是——

生：只要再加上很小的力，不是山倾倒，就是溜索断掉。

师：所以，这里直接写索，其实是说这个索不结实，随时都有断的可能吗？

生：不是的。表面看是这个意思，其实是为了描写这个溜索架在两山之间非常危险。

师：既然溜索这么危险，那么，乘溜索过大峡谷就更危险了。所以，描写溜索实际上是为了烘托——

生：是为了烘托马帮汉子的英勇、沉着。

师：好的，接着说。还有什么东西会深深地震撼你？你会把什么写进你的小说？

生：马帮汉子深深地震撼了我。我会把他们写进小说的。

师：为什么？

生：因为马帮汉子在悬崖绝壁上跨越大峡谷，实在是太震撼了，太惊险了，所以我会把他们写进小说。

师：作者阿城跟你的想法一样。教材编写者为了帮助同学们理解课文，也编写了一个批注。看看是哪一个批注？

生：是课文的第四个批注，想象溜索的画面，体会"小"字的精妙。

师：你来读一读批注旁描写瘦小汉子溜索过峡谷的语句。

生：脚一用力，飞身离岸，嗖的一下小过去。（读得不好。）

师：你这是嗖的一下小过去吗？我怎么觉得好像在慢悠悠地散步啊？（生笑。）你再试试。

生：脚一用力，飞身离岸，嗖的一下小过去。（这一次好了许多。）

师：你来说说看，这里的"小"是表示大小的意思吗？

生：不是的。是表示瘦小汉子滑过去的速度很快的意思。

师：美术课上咱们都学过，近处的物体显得大，而远处的物体呢？

生：就显得小了。

师：所以，瘦小汉子由近处向远处快速地滑过去时，"小"字还有一层什么意思？

生：还有一层瘦小汉子由大变小的意思。

师：这个由大快速变小的过程，给人一种什么感觉？用批注中的一个词。

生：画面感。

师：太聪明了。

师：请继续说还有什么东西深深地震撼了你？你会把什么写进你的小说？

生：大峡谷深深地震撼了我。我会把它写进小说中去，它对烘托人物形象很有帮助。

师：课文中倒是有对大峡谷的描写，但是没有对应的批注。要不，你帮帮编写者的忙，也编写一个批注，怎么样？看看在哪里编写批注比较合适？编写什么内容？

生：我觉得在第 5 自然段旁边编写一个批注比较合适。批注的内容是：文中描写大峡谷绝壁有什么特别的意味？

生：我觉得在第 4 自然段旁边写一个批注也比较合适——看见了吗？这里其实也是写的大峡谷绝壁。

师：说得真好。

二

师：不过，仅仅这样似乎还不够，很难把它写成一篇小说。毕竟乘溜索过大峡谷这种题材很平常，而且也没什么曲折的情节。如果你是作家阿城，你该如何另辟蹊径展现滇西马帮人的独特风流呢？

（生没有头绪。）

师：是不是有点儿困难？（生点头。）这时候我们又需要批注帮忙了。除三、四两个批注外，有一个批注很特别，它会指引我们换一种思路展现滇西马帮人的独特风流。谁来说说看？

生：我觉得是第七个批注——第三次写鹰。课文中三次写鹰是一种烘托，这三次写鹰就是烘托马帮人的独特风流的。

生：我觉得是第六个批注——想象文中的情境，体会其惊险。这是从"我"的角度来展现马帮人独特的风流。

生：我觉得你们说得都有道理，但是，我还是觉得第五个批注来得更直接一些。这里为什么细写牛的情状？

【屏显】

　　　牛们早卧在地下，两眼哀哀地慢慢眨。两个汉子拽起一头牛，骂着赶到索头。那牛软下去，淌出两滴泪，大眼失了神，皮肉开始抖起来。……牛嘴咧开，叫不出声，皮肉抖得模糊一层，屎尿尽数撒泄，飞起多高，又纷纷扬扬，星散坠下峡去。

师：这是第五个批注旁的部分语句。你来说说看，你想把第一句话中哪些词的味道读出来？先读，后说。

生：牛们早卧在地下，两眼哀哀地慢慢眨。我想把"卧"字的味道读出来。它们是瘫倒在地上，而不是站在地上。

生：牛们早卧在地下，两眼哀哀地慢慢眨。我想把"哀哀"这两个字的味道读出来。它们是悲哀地眨着眼睛，而不是悠闲地。

师：这说明什么？

生：这说明牛们在过溜索前非常害怕。

师：你再来试试。

生：牛们早卧在地下，两眼哀哀地慢慢眨。（读得很有感情。）

　　　　　板书　　害怕

师：再看第二、三两句话。你想把哪些词的味道读出来？先读，后说。你来。

生：两个汉子拽起一头牛，骂着赶到索头。那牛软下去，淌出两滴泪，大眼失了神，皮肉开始抖起来。我想把"拽"和"骂"的味道读出来。因为通常情况下，人们是牵着牛，是吆喝着牛往前走。而课文中却是拽着牛，是骂着赶着往前走。

师：这说明什么？

生：这说明牛非常恐惧，不敢往前走。

板书　　恐惧

师：恐惧到什么程度？

生：恐惧到瘫软、淌泪、失神、肉抖的程度。

师：你再来读一遍试试。

（读得不够有感情。）

师：好像还不够恐惧哟。再试试。

（有了较大的进步。）

师：现在准备飞渡了，牛们是不是吓得屁滚尿流呢？（生笑。）你来读最后一句话。

生：牛嘴咧开，叫不出声，皮肉抖得模糊一层，屎尿尽数撒泄，飞起多高，又纷纷扬扬，星散坠下峡去。

师：你来说说看。

生：是的，牛已经吓得屁滚尿流。咧开嘴叫不出声，抖成一片，屎尿全流了出来。

师：完全崩溃了，对吧？

生：对的。

板书　　崩溃

师：我们把这段话连起来读一读，要把牛们从害怕到恐惧再到极端恐惧至崩溃的内在情感、心理的变化读出来。

（生读。）

师：读得不错。现在让我们再一次回到第五个批注：这里为什么细写牛的情状？

生：是为了烘托马帮人。

师：课文中是如何描写马帮人的？请找出来。

生：课文的第10自然段中，是这样写的——瘦小汉子迈着一双细腿，走到索前，从索头扯出一个竹子折的脚框，只一跃，腿已入套。脚一用力，飞身离岸，嗖的一下小过去……

师：如此悬崖绝壁，就这么玩儿似的小过去了，这里写出了马帮人什么样的性格特点？

生：写出了马帮人的勇敢。

板书　　勇敢

师：课文中还有哪里描写了马帮人？

生：还有第7自然段。

【屏显】

> 首领稳稳坐在马上，笑一笑。那马平时并不觉雄壮，此时却静立如伟人，晃一晃头，鬃飘起来。首领眼睛细成一道缝，先望望天，满脸冷光一闪，又俯身看峡，腮上绷出筋来。　　（课文第7自然段）

师：先看第一句话。你想把哪些词的味道读出来？先读，后说。你来。

生：首领稳稳坐在马上，笑一笑。我想把"稳稳"这个词的味道读出来。

师：面对非常险峻的大峡谷和溜索，人们都很害怕，而首领却稳稳地坐在马上，这表现了首领什么样的性格特点？

生：沉着、冷静。

板书　沉着　　冷静

师：第二句话看起来写的是马，实际上写的是谁？

生：实际上写的是首领，写的是马帮人。

师：对的，所以，写马的雄壮，其实就是写谁的雄壮？

生：就是写首领的雄壮，写马帮人的雄壮。

师：再看第三句，你想把哪些词的味道读出来？先读，再说。

生：首领眼睛细成一道缝，先望望天，满脸冷光一闪，又俯身看峡，腮上绷出筋来。我想把"细""闪""绷"的味道读出来。

师：面对着非常凶险的大峡谷，溜索首领有没有害怕？（生：没有。）不但没害怕，而且还怎么样？

生：还蔑视它。

生：根本不正眼瞧。

师：你是从哪里看出来的？

生：我是从"细""闪""绷"看出来的。

师：所以，"细""闪""绷"展现了首领一种什么性格——

生：刚毅。

生：野性。

板书　野性

师：现在，我们连起来读第 7 和第 10 自然段的相关语句，体会马帮人勇敢、野性、沉着、冷静的性格特点。

（生读课文。）

师：现在，让我们把第 7 自然段和第 15 自然段连起来。思考一下，如果你是作家阿城，你该如何另辟蹊径展现滇西马帮人勇敢、沉着、冷静的野性风流呢？

板书　野性风流

（生读课文）

师：谁来说说？

生：可以应用反衬的手法。

师：咱们再读一读，看看有什么新的发现。

（生读课文。）

师：这篇小说虽然没有扣人心弦的情节，却可以用对比、反衬的手法来——接着说。

生：却可以用对比、反衬的手法来展现马帮人勇敢、沉着、冷静的野性风流。

师：对的。牛们越是恐慌，就越能——

生：就越能反衬马帮人的野性风流。

师：对的。这是不是很特别？

生：是很特别。

三

师：特别的地方可不止这一处哟。请看课文的第七个批注——第三次写鹰。这说明前面还有两次写鹰。我们先来看第一次写鹰。在课文的第几自然段？（生答第2自然段。）你来读。

【屏显】

一只大鹰旋了半圈，忽然一歪身，扎进山那侧的声音里。

（生读得不好。）

师：把这里的"扎"换成"飞"，看看有什么不一样。先读，后说。

生：一只大鹰旋了半圈，忽然一歪身，飞进山那侧的声音里。老鹰飞是飞进去了，但是飞到哪里去了就不知道了，所以跟"扎"的意思相差较大。

师：把这里的"扎"换成"落"呢？还是先读，后说。

生：一只大鹰旋了半圈，忽然一歪身，落进山那侧的声音里。这回倒是飞进山那侧的峡谷。但是跟"扎"比起来少了一点力度，飞的速度比较慢。

师：所以要读出什么样的味道？

生：读出迅速扑下去的味道。

师：你再试试。

（生再读，一次比一次好。）

师：如果山那侧的峡谷很浅，他能扎进去吗？

生：不能。

师：所以，老鹰忽然扎进山那侧的声音里，看起来是写老鹰的迅猛，其实，更是隐喻了峡谷的——

生：隐喻了峡谷的深。

生：隐喻了峡谷的险。

师：而滇西马帮人溜索飞跃的正是这样"深"、这样"险"的大峡谷，所以这个平常的"扎"字，烘托了——

生：烘托了滇西马帮人飞身过溜索的勇敢、沉着、冷静的性格特点。

师：对啊。这实际上是从侧面烘托了滇西马帮人的野性风流。课文第二次和第三次描写鹰是在哪里？

生：在课文的第 11 自然段和第 24 自然段。

师：这两处对鹰的描写，老师就不细讲了，交给你们。你来读一读第二次描写鹰的语句，并说一说你读出了什么味道。还是先读，后说。

【屏显】

> 那只大鹰在瘦小汉子身下十余丈处移来移去，翅膀尖上几根
> 羽毛被风吹得抖。

生：那只大鹰在瘦小汉子身下十余丈处移来移去，翅膀尖上几根
羽毛被风吹得抖。我从"大"与"小"的对比中，读出了瘦小汉子
勇敢、不畏天险的性格特点。

生：那只大鹰在瘦小汉子身下十余丈处移来移去，翅膀尖上几根
羽毛被风吹得抖。我觉得这句话中的"移来移去"很有味道，像是
在空中散步似的。它其实也是为了突出瘦小汉子勇敢、不畏天险的性
格特点。

师：对的。我们再来看第三次描写鹰的语句。请注意加点的字。
你来读一读，然后，说一说读出了什么味道。

【屏显】

> 那鹰斜移着，忽然一栽身，射到壁上，顷刻又飞起来，翅膀
> 一鼓一鼓地扇动。

生：那鹰斜移着，忽然一栽身，射到壁上，顷刻又飞起来，翅膀
一鼓一鼓地扇动。我从"移""栽""射"等动词中读出了老鹰捕食
快、猛、准的特点。

师：在这篇小说中，"老鹰"其实隐喻的谁？

生：隐喻的是滇西马帮人。

师：所以，老鹰捕食快、猛、准，实际上，隐喻了马帮人的——

生：隐喻了马帮人的勇敢。

生：隐喻了马帮人的野性。

生：隐喻了马帮人不畏凶险的性格特点。

师：说白了，写鹰其实就是为了写人，是为了烘托马帮人的野性风流。

学到这儿，老师不禁产生了一个疑问。《溜索》这篇文章可是一篇小说啊，怎么会三次出现鹰这个意象呢？一般来说，什么作品里才会出现意象？

生：在诗歌中会出现。

生：有时也会出现在散文诗里。

师：对啊。作为一个作家，他不会不知道小说中一般不会出现意象的吧？

生：对的。

师：这只能说明——你来说说，说明什么？

生：这只能说明作家在主动追求一种诗歌的味道。

生：说明作家在主动追求一种诗的意境。

师：我们把这种诗歌的意味叫作"诗性风流"。同学们，在小说中追求诗性风流是不是很特别？是不是有点儿意思了？

板书　　诗性风流

生：是的。非常特别。

生：很有意思。

四

师：其实，更特别的还在后面呢！在这篇小说里，除首领以及马帮汉子以外，还写了一个人物，是谁？

生："我"。

师：是"我"吗？

生：好像也不是。

师：因为课文中一个字也没有提到"我"。

生：但又好像是。

师：为什么？

生：因为课文中一直以"我"的口吻在叙述。

师：你能具体说说，"我"的情感心路吗？

生：比如课文第 4 自然段中，行到岸边，抽一口气，腿子抖起来，如牛一般，不敢再往前动半步。还有第 6 自然段中——俯望那江，蓦地心中一颤，惨叫一声。急转身，却什么也没有，只是再也不敢轻易向下探视。这里都写出了"我"对怒江大峡谷的害怕。

生：课文的第 18 自然段，一整段都写"我"溜索过峡谷时极其恐惧的心理。

生：而课文的第 25 自然段中——顺风扩一扩腮，出一口长气，又觉出闷雷原来一直响着。俯在马上再看怒江，干干地咽一咽，寻不着那鹰。主要写"我"溜索过峡谷之后的轻松。

师：刚才你们所说的其实只是其中一部分。看起来无"我"，却处处都有"我"的存在，这样写小说，是不是独具风流？（生点头。）我们姑且把它称为"无主风流"。

板书　　无主风流

师：可问题是作者期望通过这样的"无主叙事"，来展现什么样的独特风流呢？请看课文的第一个批注。你来读一读。

生：起笔突兀，一下子就把读者带入特定的情境之中。

师：带入了什么样的情境之中呢？课文中写了谁，展现了什么？

生：课文中写了滇西马帮人的首领和马帮汉子们。

生：通过他们过溜索这件事情，展现了他们的勇敢、沉着和冷静。

师：为什么说这篇小说的起笔特别突兀呢？请读课文的第一句话。

生：不信这声音就是怒江。

师：不相信这声音就是怒江的是马帮的首领和马帮汉子们吗？

生：不是的。他们常年在怒江大峡谷上溜索过江，对于怒江非常熟悉，肯定不是他们。

师：那是谁呢？

生：那个不是"我"的"我"。

生：是叙述这个故事的那个人。

师：不相信这声音就是怒江的，仅仅是那个不是"我"的"我"吗？我们再来读一读第一个批注。

生：起笔突兀，一下子就把读者带入特定的情境之中。

师：一下子就把谁带入了特定的情境之中？

生：一下子就把读者带入了特定的情境之中。

师：也就是说不相信这声音就是怒江的，仅仅是那个不是"我"的"我"吗？还有谁？

生：还有所有读这篇文章的读者。

师：对啊。这里的叙述者包含的人很多。但是如果把"我"明确的话，比如：我不相信这声音就是怒江。那么，只能指谁了？

生：就只能是作品中的"我"了。

师：这样，作品的内涵是小了许多。

生：是的。

师：弄清楚了无主叙事的内涵，我们再来思考一下——马帮汉子内心在想些什么，人们知道吗？

生：不知道。

师：对呀，我们看到的是他们的外在世界。但是，通过他们所说所做，可以看出他们有什么样的性格特点？

生：可以看出他们勇敢、沉着和冷静的性格特点。

师：但是，叙述者"我"的世界，就不一样了，那是一个内在的世界。前面，咱们已经探讨过了，叙述者"我"的情感世界不但能看到，而且很清晰。从溜索之前的担心、害怕，到溜索时的——你说。

生：到溜索时的极端恐惧，再到过了溜索之后，长出一口气的轻松。

师：他甚至能俯在马上看怒江，不再害怕了。这说明了什么？

生：这说明叙述者"我"的内心世界一直在变化。

生：似乎一直在成长。

师：同学们，读到这儿，你们有没有发现，其实，这篇小说有两条线。一条是——

生：一条是马帮汉子的外在世界。

生：一条是叙述者"我"的内在世界。

师：对啊。这一明一暗的两条线，并行不悖共同发展的同时，又形成了——

生：它们之间又形成了对比、反衬。

师：当作者阿城把马帮人的外在世界表现出来之后，叙述者的内在世界也怎么样？

生：也构筑好了。

师：对呀，当这两个世界全部构筑完成之后，这篇小说便最大限度地展现了滇西少数民族异样的世俗风流。

学到这儿，我们便明白了，从"野性风流"到"诗性风流"，再到"无主风流"，其实，都是作者苦心孤诣的追求。他所写的这样的小说有一个十分特别的名字，叫笔记小说。如果想进一步了解阿城那独特的叙事风格，建议同学们课后阅读他的短篇小说集《遍地风流》。

好的，今天的课就上到这儿。下课！

《溜索》教学反思

一、教学起点反思

教学《溜索》（下称《溜》文），有两个问题需要特别关注：

1. 《溜》文是一篇什么样的笔记小说？

《溜》文是一篇笔记小说，它既像笔记一样，有着广泛的取材和随意的行文表达；又像小说一样，有一定的故事性，写人记事较为生动逼真。不过，跟古典笔记小说有所不同的是，《溜》文记写的不是灵鬼、玄怪等，而是世俗生活中的凡人俗事，其所追求的是具有现代美学意味的"感觉意象"。

2. 《溜》文的无主叙事，有什么特别意味？

无主叙事，不能简单地等同于无我叙事，作者这样做，实际上是想通过它，向读者呈现两个世界。一个是以首领、瘦小汉子为代表的马帮人的客观世界，一个是以叙述者为代表的主观世界。这两个世界是《溜》文中两条或明或暗的线索。它们一边并行不悖地共同发展，一边不断地进行对比、反衬。随着这两个世界同时构筑完成，《溜》文最大限度地展现了滇西边民异样的世俗风流。

二、教学设想反思

由于《溜》文在文体上的特殊性，人们教学该文时，常常会把它当作散文来教。这样教，学生很难充分理解、体悟《溜》文的特质。我以为，不妨以假想作者的身份，从渲染思维和对比思维的角度进行教学。这样，在"诗性意象的渲染""人与物的多向度对比反衬"和"两个世界的对比反衬"中，学生不仅能理解、感受滇西边民的世俗世界和马帮人的性格特征，还能体悟该文独具特色的艺术风流，从而，为后续的写作教学打下坚实的基础。

三、教学过程反思

《溜》文虽有一定的故事性，却不以情节的跌宕起伏见长，更多地像笔记一样，广泛取材，随意行文。所以，什么样的人与物能够入文就显得尤为重要了。于是，教学之初，我设计了一个情境性的主问题：如果你就是作家阿城，面对怒江大峡谷上的溜索，什么东西会深深地震撼你？你会把什么写进你的小说？

这样设计教学，意图有三：一是紧贴《溜》文的自读课文身份，让学生巧妙地运用文旁批注自学课文；二是从写的角度更深一层地初读课文；三是为更进一步地带领学生以假想作者的身份，从言语思维的角度，去理解、感悟《溜》文独特的艺术魅力打下基础。

（一）教出野性风流

然而，乘溜索过大峡谷这样的题材终究很平常，而且也无法像传统小说那样用曲折的情节来表现深刻的主题。这对作家来讲，是个难题；对教学这一语篇的老师来讲，同样是个难题。于是，我再次设置了一个情境性主问题：如果你是作家阿城，你该如何另辟蹊径展现滇西马帮人的独特风流呢？

这样设计教学，意在引领学生再次关注文中批注，尤其是第五个批注：这里为什么细写牛的情状？通过有感情的朗读，学生很快便能明白，对牛们从害怕到恐惧，再到崩溃的多重渲染，实际上是为了跟马帮人形成强烈的对比，而且，对比越是强烈、反差越大，便越能展现马帮人勇敢、沉着、冷静的野性风流。这样，马帮人的人物形象便立了起来，小说语篇的主题也深刻了许多。

（二）教出诗性风流

把诗的语言与意境融入笔记小说创作是作家阿城自觉的审美追

求。《溜》文中的鹰、铃铛声等物象不仅是叙事对象，更是融入了作者主观思想、情感的特别的意象，具有明显的诗性意味。这一自觉的美学追求，成就了阿城的笔记小说独特的艺术风流。

然而，要教出《溜》文的诗性风流并不容易。一是从教学内容的选择来看，并不是所有的意象都要教，都可以教的，选择哪一个为教学的重点，就显得尤为重要了。二是《溜》文中的意象，跟通常意义上的诗歌、散文的意象有着较大的区别，如何去教，也是关键。

《溜》文中的意象有许多，被普遍认可的是鹰和牛们。其实，铃铛声也是意象，而且是很重要的意象。不过，并不被多数人认可，这跟人们通常的认知有关：声音怎么能成为意象呢？其实，只要融入了作者的思想、情感都能成为意象，具体形态是什么并不十分重要。感兴趣的老师，不妨试一下，以此为突破口进行教学，虽然小众、陌生了些，却也颇有些新意。不过，在本课的教学中，我最终还是选择了鹰这个意象。不仅因为这一意象要大众一些，还有一个重要的原因，那就是编写者为此单独设立了一个批注：第三次写鹰。这样，便于跟上面的教学统一起来。

然而，教好鹰这个意象，并不容易。这是因为用约定俗成的情感、思想来教这一意象，不仅不太准确，而且也不利于后续的写作教学。于是，我便抓住一些个性化、抒情意味较浓的特殊动词进行教学。比如，渲染一中，把"扎"字，跟"飞""落"进行比较，不但能表现鹰的迅猛，更是隐喻了峡谷的深与险，从而了烘托了马帮人飞身过溜索的勇敢、沉着、冷静的性格特点。渲染二则紧扣"大"与"小"的对比，以及"移来移去"，读出瘦小汉子勇敢、不畏天险的性格特点。而渲染三则紧扣"移""栽""射"，体会老鹰捕食的快、猛、准，而这又再次隐喻了马帮人勇敢、野性、不畏凶险的性格特点。至此，学生体会到，写鹰其实就是为了写人，就是为了烘托马帮人的野性风流。这样，既教出了《溜》文的诗性风流，又跟前面的野性风流呼应了起来。

（三）教出无主风流

无主叙事也是《溜》文的一个重要特色，却常常被忽略了，这在很大程度上是因为人们把叙述者等同于"我"了。其实，不然。否则，还要什么无主叙事干吗呢？

教学中，我紧扣文旁的第一个批注试问：不信这声音是怒江的仅仅是"我"吗？除了"我"，还有谁？这样教，意在把课文中两个世界凸显出来，让学生明白，所谓的无主叙事，其实，更多是强调客观世界与主观世界的共同构筑完成，从而，最大限度地展现滇西少数民族异样的世俗风流。

总之，教学《溜》文，以假想作者的身份，从渲染思维和对比思维的角度切入，能够教出《溜》文的野性风流、诗性风流和无主风流，并为后续的写作教学打下基础。

18. 多维式言语思维教学

课 式 简 论

　　多维式言语思维教学是运用渲染、对比思维进行任务群教学的一种课式，主要教学从不同维度塑造人物形象。

　　所谓"多维"，即多个维度的意思。我们知道，人是一个非常复杂的生命体，高尚与低下、善良与邪恶、无私与自私通常同时存在于同一个生命体内，只不过，在道德的自我约束和外界环境限制下，各有侧重罢了。再加上人的性格与品性的多面性，从不同的角度看，常常看到的是不一样的生命。文学作品中的人物形象也是如此。所以，无论是作者塑造人物形象，还是读者理解人物形象，都应该，且必须从多个维度展开。

1. 从不同视角展开

　　为了实现情感的审美价值的最大化，小说语篇中的人物形象通常是立体多维的。教学时，我们要引领学生从不同的视角，来审视作者是如何运用渲染思维塑造人物形象的。由于每个视角都有其独特性，不同视角下同一个人物形象是不一样的。把这些不同侧面综合起来，一个立体的人物形象便呈现了出来。

2. 从人物正反两面形象展开

世界从来都不是绝对的，再美的事物也总有些许瑕疵，再丑的事物，也有美的一面，小说语篇中的人物形象也一样。教学时，运用对比思维，从人物正面形象展开后，还要从与其相对或相反的一面展开。这样，我们看到的人物形象才是丰富多层、真实可信的。

其实，阅读教学如此，写作教学也是如此。多维式言语思维教学，不仅能帮助学生更为深刻地理解语篇中的人物形象，而且还能为后续的写作教学打下基础。

《蒲柳人家》教学实录

一

师：同学们，今天咱们学习当代作家刘绍棠的小说《蒲柳人家》。这篇小说原文共有十二节，课文节选的是前两节。刚才，我们自由朗读了这篇课文，谁来说说看，什么是蒲柳？

生：蒲柳是指水杨，一种入秋就凋零的树木。

师：蒲柳人家呢？

生：蒲柳人家指的是普通贫苦农家。

师：课前，我们还预习了课后的"阅读提示"。谁来说说看，在这篇文章中，蒲柳人家具体是指哪个年代的哪里的贫苦农家？

生：是指 20 世纪 30 年代京东地区北运河农村的贫苦农家。

师：对的。既然蒲柳人家是指普通的贫苦农家，那么，课文中写的自然是普通贫苦农家的平凡人物。具体是哪几个？你来说。

生：课文写了一丈青大娘、何大学问和何满子这三个人物。

师：从哪里可以看出他们很平凡？先来说说一丈青大娘吧。

生：农家妇女一般都会骂人、打架，一丈青大娘也会，可见她是一个平凡的农家妇女。

生：一丈青大娘有一双长满老茧的大手，她会种地、撑船、打鱼。她还会做很多的事。她虽然很能干，不过，她也就是个平凡的农家妇女。

生：她特别疼爱自己的孙子何满子。这说明她也是一个平凡人。

师：那何大学问呢？

生：何大学问会喝酒、会吹牛。

生：他会赶马。可见他也是一个平凡人。

生：那何满子呢？

生：何满子非常调皮、捣蛋，不爱学习。

生：何满子很聪明，很倔，也知道心疼人，这说明他其实也是一个平凡的小孩。

师：嗯，你们说得对。他们都是 20 世纪 30 年代京东地区北运河农村贫苦农家的平凡人物。

二

师：如果让你们把这些平凡人物的平凡事写进小说，你们可能会遇到哪些困难？

生：事情太平凡，没什么好写的。

生：人物太平常，没什么突出的。

生：也没什么情节，无法吸引人。

师：嗯，对的。其实，作家刘绍棠在写这篇小说时，跟你们一样，也遇到了同样的问题。那么，他是如何解决的呢？

请同学们再读课文第一部分，一边读一边把作者对一丈青大娘的称呼全部画出来，看看有什么发现。

（学生读课文。）

师：有什么发现没？你来说说看。

生：我发现课文中对一丈青大娘的称呼是不一样的。除"一丈青大娘"这个称呼之外，还有"奶奶"这个称呼。

生：不对，还有一个称呼呢。课文第 11 自然段和第 12 自然段，还称她为"老人家"。

师：这是不是有点儿意思了！同一个人物竟然用三种不同的称呼，这里是否有什么特别的深意呢？我们先来看作者是如何写奶奶的？你来说说看。

生：课文第 3 自然段写奶奶叫望日莲给何满子做了一条大红兜肚，何满子一天也不穿。

生：课文第 5 自然段写奶奶气得骂他甚至要打他，不给他饭吃。原来奶奶这样做是怕阎王打发白无常，把何满子勾走。

师：奶奶这样做是因为——

生：是因为爱满子。

师：对的。你接着说。

生：课文第 12 自然段主要写何满子要什么，奶奶就给什么；写奶奶对何满子在外面疯玩不放心，回家之后奶奶发火要打他。

师：这段话里有个细节很有意思。谁来读一读？

【屏显】

何满子一动也不动，眼皮眨也不眨，奶奶只得把顶门杠子一扔，叫了声："小祖宗儿！"

（生读。）

师：你想读出一种什么味道？

生：我想读出奶奶对何满子的宠爱之情。因为何满子都快把奶奶给气死了，奶奶本来是要打他的，却又舍不得，一声"小祖宗儿"里满满的都是爱。

板书　　**宠爱**

师：说得对，可是你刚才的朗读里宠爱的味道似乎不太浓厚啊。你再来试试看。

……

（学生突出"小"，延长"儿"，越读越好。）

师：你再来试一试，看能不能读出不同的味道。

（生读。）

师：你来说说看，你想读出一种什么样的味道？

生：我想读出奶奶的无奈。何家世代单传，辈辈一棵苗。何满子是奶奶的心尖子，肺叶子，眼珠子，命根子。再气又能如何，还能真打他不成！

师：所以奶奶很无奈，对吧？

生：对的。

师：那再试着读出奶奶的无奈。

……

（突出"只得"，"小祖宗儿"用降调，越读越好。）

师：同学们，你们想过没？如果奶奶真想打的话，哪有打不了的道理呢？所以奶奶的"无奈"中，其实，包含着满满的——

生：满满的宠爱。

师：对啊！学到这儿，让我们回到最初的问题上来。谁才会称呼一丈青大娘为奶奶？

生：何满子。

师：所以，写奶奶身上发生的事，实际上是从谁的视角来写一丈青大娘？

生：是从何满子的视角来写的。

师：对啊，在何满子眼里，奶奶对自己十分宠爱。

我们再来看作者是如何写"老人家"的？你来说说看。

生：课文第 11 自然段写老人家因为分家丢脸，又怕天天吵架，惹人笑话，所以才左右为难，偷偷地掉了好几回眼泪。

【屏显】

一丈青大娘是个爱面子的人，分家丢脸，可是一家子鸡吵鹅斗，也惹人笑话；老人家左右为难，偷偷掉了好几回眼泪。

（课文第 11 自然段）

师：通常情况下，什么样的人才会哭，而且还偷偷地掉了好几回眼泪？

生：性格柔弱的人才会哭。

生：性格内向的人也会经常哭。

师：对的。在这里，我们似乎看到了一个性格柔弱的老人家。

请继续说，课文还在哪里写老人家了？

生：课文第 12 自然段写老人家生怕何满子有个闪失，整天提心吊胆的。

【屏显】

奶奶八样不放心，怕让狗咬了，怕让鹰抓了，怕掉在土井子里，怕给拍花子的拐走。老人家提心吊胆，就像丢了魂儿，出来进去团团转，扯着一条亮堂嗓门儿，村前村后，河滩野地，喊哑了嗓子。 （课文第 12 自然段）

师：老人家是为谁提心吊胆，像丢了魂似的，是为谁喊哑了嗓子？

生：是为她的孙子。

师：一个为自己的亲人提心吊胆丢了魂，喊哑嗓子的人，她的内心通常是什么样的？

生：通常是柔软的。

生：通常是充满柔情的。

生：通常是温暖的。

师：嗯，我们又看到了一个内心柔软、充满柔情、温暖的老人家。

板书　　柔情

师："这里的"老人家"，其实，就是谁？

生：就是一丈青大娘。

师：从何满子的视角看，奶奶是一个非常宠爱他的人；那么，从谁的视角看，她又是这样性格柔弱，内心柔软、充满柔情、温暖呢？你来说说看。

（生答不上来。）

师：她的亲人会称她为老人家吗？比如她的儿子、她的丈夫？

生：不会。就像何满子称她为奶奶一样，她的儿子会称她为妈妈或者母亲，她的丈夫会称她为老太婆，但绝不会称她为老人家。

师：要不就是北运河农村贫苦的农民们，也就是她的同乡们？

生：好像也不对。

师：课文第6自然段第一句话是怎么说的？

生：人人都称她为一丈青大娘。

师："这里"人人"指的是谁？

生："这里的"人人"是指她的同乡们。

师：既然"亲人""人人"不称她为"老人家"，那到底是谁呢？

生：哦，我想起来了，是作者。

师：对啊，是作者。作者称对方为"老人家"，而不是"老太婆"，包含了作者什么样的情感？

生：包含了作者对老人的尊敬。

师：从作者的视角来看，老人家性格柔弱，内心柔软、充满柔情、温暖，是令人尊敬的。你们看，视角不一样，文章的人物形象是不是发生了很大的变化？

生：是的。

师：如果说何满子眼里的"奶奶"和作者眼里的"老人家"，还较为平常的话，那么，人人眼里的"一丈青大娘"又是怎样一个人呢？什么样的人才能被乡亲们称为一丈青大娘呢？你来说说看。

生：她必须像《水浒传》中的扈三娘一样，性格倔强、敢爱敢恨才行。

生：她要像扈三娘一样性格刚烈、疾恶如仇才行。

师：如果让你们从酸、甜、苦、辣、腥五种味道里面选一个来形容一丈青大娘的话，你们会选哪一个？

生：我们选"辣"。

师：是的。一个人竟然"辣"到被人们用《水浒传》中的人物起绰号，如此别具一格，这简直就是一个传奇。

板书　　特别绰号

师：一丈青大娘身上的传奇又何止这一处！请看课文第 6 自然段。谁来说说看？

生：课文第 6 自然段写一丈青大娘的骂人，就很有传奇色彩。

【屏显】

一丈青大娘骂人，就像雨打芭蕉，长短句，四六体，鼓点似的骂一天，一气呵成，也不倒嗓子。　　（课文第 6 自然段）

师：是不是这段话？那你来读一读。

（生读。）

师：你想读出一种什么味道？

生：我想读出一种酣畅淋漓的感觉。

师：你这是鼓点式的骂吗？是一气呵成的骂吗？

（生再读，一遍比一遍好。）

师：一丈青大娘的这顿"辣骂"，骂得惊天动地，骂得急如雨点，骂得如此酣畅淋漓，这简直就是一个——

生：一个传奇。

板书　　酣畅辣骂

师：知道什么叫长短句吗？

生：长短句就是词。

师：这里是说，一丈青大娘骂人的话像古词一样优美吗？

生：不是的。

师：那是什么？

（生答不上来。）

师：一丈青大娘骂人的话，长短句交替着喷薄而出，像什么一样？

生：像雨打芭蕉般噼里啪啦的。

师：这雨打芭蕉般噼里啪啦的声响，像不像音乐一样，给人一种强烈的——咚，咚，咚，咚，什么感觉？

生：一种强烈的节奏感。

师：对啊！那四六体呢？

生：这个课文中有注释，是指骈体文的四字句和六字句的连用，这里形容骂人时用语丰富，语气连贯。

师：这里仅仅是形容一丈青大娘骂人的用语很丰富，语气很连贯吗？其实，大家想想，四字句、六字句如此整齐划一，如果连起来读的话，也给人一种什么感觉？

生：也给人一种强烈的节奏感。

师：对啊！所以，骂着骂着，而且是很有节奏地骂着，就有点像说什么一样了？

　　生：像说书。

　　师：对的。刘绍堂的作品借鉴了传统评书的语言风格。我们再来试试，看能不能读出点评书的味道来？

　　（生读得一遍比一遍好。）

　　师：是不是特别有味道？一篇小说竟然借鉴了评书语言，如此独具特色的语言，本身也是一个——

　　生：也是一个传奇。

　　板书　　评书语言

　　师：同学们，一丈青大娘的这顿"辣骂"，可谓"天骂"啊！骂得惊天动地，骂得急如雨点，骂出了长短句，骂出了四六体，骂出了刘绍棠特有的语言风格。如此"辣骂"，不是传奇也是传奇了，实在是令人惊叹。让我们一起再来体会一下。"一丈青大娘骂人"，预备，读——

　　（生读。）

　　师：再看课文第7自然段，还有哪儿表现了一丈青大娘的传奇？你来说说看。

　　生：一丈青大娘打人的那一段很有传奇色彩。

　　【屏显】

　　　　一丈青大娘勃然大怒，老大一个耳刮子抡圆了扇过去；那个年轻的纤夫就像风吹乍蓬，转了三转，拧了三圈儿，满脸开花，口鼻出血，一头栽倒在滚烫的白沙滩上，紧一口慢一口掬气，高一声低一声呻吟。　　（课文第7自然段）

　　师：你来读读看，要读出一种传奇的味道哟。

　　（生读得不好。）

师：这是转三转，拧三圈吗？这是紧一口慢一口捯气，高一声低一声呻吟吗？我好像没看到哟。你再试试。

（生再读，一遍比一遍好。）

师：同学们，不就是一个耳光吗？事实真是如此吗？这里用的什么样的手法？

生：这里运用了夸张的手法。

板书　　艺术夸张

师：对的，这里用的是艺术性的夸张手法来表现一丈青大娘的传奇色彩。像这样的表达，课文中还有很多。如一丈青大娘折断了茶碗口粗细的河柳等。包括后面写何大学问，也在很多地方运用了夸张的手法。课后，你们好好体会体会。

学到这儿，让我们回顾一下。作者是用什么方法把平凡的人和事写得如此不同凡响的？要不要老师提醒一下？同样写的是一丈青大娘，何满子眼里看到的是——

生：看到的是满满的宠爱。

师：作者眼里看到的是——

生：看到的是柔情。

师：那人人眼里看到的是——

生：看到的是传奇。

师：可见，从不同视角看一个人，他是不一样的，三重视角下的一丈青，的确是非同凡响啊！

板书　　三重视角——一丈青

三

师：现在我们来看看作者又是如何把何大学问这样一个平凡的人写得不同凡响的？我们先来看看"何大学问"这个非常有意思的绰号是怎么来的？课文中有交代吗？

生：课文中有交代的，在课文第19自然段中有这样一句话，于是，人们一半是戏谑，一半是尊敬，就给他送了个何大学问的外号。

师："尊敬"这个词好懂，就是尊重。那么，何大学问身上有什么值得人们去尊敬呢？先看课文第19自然段。

生：他走的地方多，见的世面广，所以，人们敬称他为何大学问。

师：用个成语怎么说？

生：见多识广。

板书　　见多识广

师：对的。还有什么地方可以看出人们对他的尊敬？

生：他这个人非常富有想象力，编故事，有枝有叶，有文有武，生动曲折，惊险红火，所以，人们称他为何大学问。

师：这里也可以用个成语来表达。

生：能说会道。

板书　　能说会道

师：对的。其实，我们可以稍微地拓宽一点看，除了学问上他的确有值得人尊敬的地方，还有哪些地方也值得人尊敬呢？

生：课文第18自然段写何大学问遇到谁家揭不开锅，遇见老、弱、病、残，就给钱。这值得人尊敬。

师：用一个词怎么说？

生：仗义疏财。

板书　　仗义疏财

师：对的。还有呢？请继续说。

生：还是课文第18自然段，写几百匹野马，被他管束得像温顺的绵羊。沿途的盗马贼听到他的鞭花响，就四散奔逃，躲他远远的。虽然有夸张的成分，但是仍然可以看出人们对他的尊敬。

师：这的确是太威风了。怪不得，课文第15自然段中说，提起他的外号，北运河两岸，古北口内外，在卖力气走江湖的人们中间，那可真是叫得山响。他是威震古北口啊！

板书　　**威震古北口**

师：这样一来，一个"见多识广""能说会道""仗义疏财""威震古北口"的令人尊敬的传奇式的人物形象就塑造好了。但是，从塑造人物形象的角度来讲，似乎太单一了些。有人知道问题出在哪儿吗？

（生答不上来。）

师：有点难是吧？那换一个你们熟悉的人物形象，《西游记》中的猪八戒。虽然他任劳任怨挑着行李，跟随师傅去取经，遇到妖怪时，也能协助孙悟空打上一阵，但是他又是一个什么样的家伙？

生：他又是一个好吃懒做的家伙。

生：一个好色的家伙。

师：这样一来，人物形象是不是就丰满了很多？

生：对的。

师：所以，一个丰满的人物形象，仅有正面形象是不够的，还要加进去一些什么因素才好？

生：还要加进一些负面的因素，如此人物形象才能丰满起来，才能更形象，更生动。

师：那我们再来看何大学问这个人物形象。"见多识广""能说会道""仗义疏财""威震古北口"这都是些什么形象？需要怎么做才行？

生：这都是令人尊敬的富有传奇色彩的正面形象，需要加一点负面形象，才能更丰富、更生动一些。

生：还要加一点相对、相反的东西进去才行。

师：用作者的话，就是加进一点什么进去？

生：就是加进一点戏谑的成分。

师：对的。加进一点与"尊敬"相反、相对的"戏谑"的成分，何大学问的人物形象才能变得复杂丰满起来。那么，什么是戏谑？

生：戏谑就是打趣，就是开玩笑的意思。

师：请看课文第20自然段，说说，何大学问身上什么地方让人戏谑？

生：何大学问骑一匹光背大马，右肩扛一杆一丈八尺的大鞭，显得威风凛凛的；但是他又身穿长衫，左肩还挂一只书囊。显得不伦不类的，十分滑稽可笑。

生：更有趣的是路遇文庙，何大学问都要下马、作揖、烧香，只吓得麻雀满天飞叫，野兔望影而逃。

师：这样一来，文章就多了一些什么色彩？

生：多了一些喜剧色彩。

生：也多了一些传奇色彩。

师：对的。如果一个人物只能被人打趣，被人开玩笑，这个人物就会成为人们茶余饭后的笑料。同样，如果一个人物只是被人敬重的话，又显得过于严肃，不食人间烟火。这样，人物形象同样很单薄。

不过，当一个人物形象中既有被打趣的成分，又有让人敬重的成分时，也就是从两个维度来写人物时，这个人物是不是就活了起来？这样，作者便把何大学问这样一个平凡的人写得不同凡响了。

板书 双向维度——大学问

师：同学们，让我们回到最初的问题上来。蒲柳人家是指普通的贫苦农家，这篇小说是如何把普通贫苦农家的平凡人物，写得不同凡响的，写出传奇的味道的？

生：通过"何满子""作者"和"人人"这三重视角来写一丈青大娘，一丈青大娘的形象就不同凡响了，就富有传奇色彩了。

生：从"戏谑"和"尊敬"这两个维度来写何大学问，何大学问这个人物形象就不同凡响了，就富有传奇色彩了。

师：对呀！"三重视角——一丈青""双向维度——大学问"，一个平凡中的传奇就这样诞生了。

板书　　

师：如果感兴趣的话，下课后，请同学们阅读《蒲柳人家》原文。这节课就学到这儿，下课！

《蒲柳人家》教学反思

一、教学起点反思

教学《蒲柳人家（节选）》（下称《蒲》文），需要特别关注以下两点：

1. 《蒲》文是如何塑造人物形象的？

人们在教一丈青大娘、何大学问这两个人物时，常常把注意点落在侠肝义胆、仗义疏财、疾恶如仇、扶危济困等品格上，这是有所偏颇的。其实，这两个形象并不是扁平的，而是立体的，且作者所采用的写作策略并不完全相同。一丈青大娘主要从不同的视角来塑造，即何满子眼里的宠爱、作者眼里的柔情和世人眼里的传奇；而何大学问则更多是从人的内在品行的多面性的角度来塑造，即正面的"尊敬"和与之相反、相对的"戏谑"。

2. 《蒲》文是如何在平凡中创造传奇的？

在教学《蒲》文的传奇色彩时，把注意点落在夸张的叙事上，这是没错的。但是仅仅这样，就不太全面了。通读全文可知，《蒲》文的传奇是一种平凡中的传奇，除夸张的叙事外，还涉及外号、外貌、脾气、生活技能及独特的语言表达等方面。

二、教学设想反思

教学《蒲》文，如果仅仅只教故事情节、人物形象、艺术手法、语言特点，对理解这篇文章自然是有帮助，但是不太适合任务群的教学，无法把听说读写融合在一块儿，以适应后续的写作教学。通读全文，会发现这篇文章在塑造人物形象上很有特点，于是，我便引导学生跟随作者的脚步，学习作者如何运用渲染、对比思维，从三重视角和双向维度塑造人物形象，学习作者如何在平凡中创造传奇。这样，无论是故事情节、人物形象、艺术手法，还是语言特点，都不是孤立的，有助于学生深刻理解《蒲》文，对后续的写作也大有裨益。

三、教学过程反思

但是，进行多维式言语思维教学，并不容易，因为学生并不知道从哪些视角或维度塑造人物形象。这就需要帮助学生找到合适的切入点。

（一）三重视角——一丈青

上课伊始，从蒲柳导入贫苦农家的平凡的人和事，然后设问：如果让你们把这些平凡人物的平凡事写进小说，你们可能会遇到哪些困难？这是以假想作者的身份，带领学生循着作者的脚步，进行假想性写作。这样教学，便于学生从言语思维的角度，思考作者运用何种写作策略塑造人物形象。

有了上述设问，学生自然会从作家的角度去思考。原来作家刘绍棠在写这篇小说时，跟自己一样，也会遇到同样的问题。那么，作家是如何解决的呢？接着便让学生读课文第一部分，一边读一边把作者对一丈青大娘的称呼画出来。

学生发现作者对一丈青大娘的称呼竟然有三种：奶奶、老人家、一丈青大娘。而且，学生还发现每一种称呼都源于一种特殊的视角，所渲染的含义是不同的：何满子视角下的奶奶满含对何满子的宠爱；作者视角下的老人家，性格柔弱，内心柔软、充满柔情、温暖，令人尊敬；人人视角下的一丈青大娘，则充满了传奇色彩。这三个视角，如果从更高层次上看，其实也是渲染，它们叠加在一起，塑造了一个丰满而立体的一丈青大娘。

这样教学，便把故事情节、人物形象、艺术手法的教学有机地融入了假想性写作教学过程，平凡中的传奇便不再是一个孤立的教学点。

（二）双向维度——大学问

作者在塑造何大学问这个人物形象时，采用的则是另外一种写作策略。

教学中，我让学生找一找"何大学问"这一绰号是如何来的。然后，抓住"尊敬"进行教学：何大学问身上有什么值得人们尊敬的？通过研读课文，一个"见多识广""能说会道""仗义疏财""威震古北口"的令人尊敬的传奇式的人物形象便呈现在学生面前。

但是，这是不够的。

因为人是一个复杂的存在，没有绝对的伟大，也没有绝对的卑鄙，尤其是平凡世界中的平凡人，常常是善良的心中装有小自私，自私的心中，也不会全无善良。文学作品中的人物形象也是如此。这种运用对比思维塑造的正中有反、反中有正的人物形象才更真实，更可信。不然，就太脸谱化，太僵化，而没有现实意义。所以作者在塑造何大学问这一人物形象时，并没有一味地进行正面化的塑造——只写人们如何尊敬他，而是有意地运用对比思维，从相对、相反的角度进行立体化的塑造。

教学中，我仍然以绰号的来历引导学生思考：何大学问身上什么地方让人戏谑？学生从何大学问骑马扛鞭，却又穿长衫挂书囊的不伦不类、滑稽可笑中，从他逢文庙便祭拜，吓得雀飞兔逃中，读出了何大学问的喜剧色彩和传奇意味。这样，学生便在"尊敬"与"戏谑"的对比反衬中，读出了一个丰满而真实可信的何大学问。

综上，本课教学，意在从多重视角的渲染和正反两面的对比的角度来理解人物形象，体悟平凡中的传奇。

后　记

终于落下了最后一个字，我长长地舒了一口气。这长长的一口气中，包含着十分复杂的情感，有欣喜，有惭愧，也有痛苦。

说欣喜，严格说来，并不十分准确，只能说是看到了一点点的希望罢了。毕竟经过将近一年的写作，总算是完成了书稿，有望出版了，自然有点欣喜；而更为重要的是，这本书的写作是我的"言语思维教学"系列论著中的一个关键的节点，它的成功与否至关重要。说惭愧，是因为在本书的写作过程中，我深深地认识到自己在课程与教学论、言语思维学、写作学、阅读学以及美学等方面的严重欠缺。这种理论上的欠缺，使得写作本书以及构思这一系列论著的过程，变得无比的艰难、痛苦。

现在，回想起整个的写作过程，我的心里都有一种深深的后怕。

这种后怕，首先体现在专业发展的过程中，我没有较为强烈的提炼教学主张的主观意愿，没有清晰而明确的研究方向。我们知道，任何理论研究和教学实践探索，都源于内心的强烈欲求，因为它直接决定着你的学术研究之路到底能走多远。如果没有这样的欲求或者意愿不是太强烈、太迫切，就匆匆上马研究，那是不可想象的。

我已经从事语文教育三十多年，下定决心从事语文教学研究也有二十多年的时间，要说我一点儿不想提炼自己的教学主张，不想确定一个合适的研究方向，那是不客观的。但是提炼教学主张，真不是一件简单的事情，那是需要极强的专业能力的。而提炼自己的教学主张那就更难了，因为自己看自己很多时候是看不清的，而且还很有可能会在有意无意之间放大自己的优点，而选择性地忽略自己的缺点。我自知没有这方面的能力，再加上，在很长一段时间内，我都处于一种孤军奋战的状态，慢慢地，这样的意愿也就淡薄了。

至于，确定一个合适的研究方向，那就更难了。虽说语文教育可供研究的内容很多，似乎随便选择一项，便可以作为自己的研究方向。尤其是新课标诞生之后，大量的专业术语接踵而至，我们稍加变通、调整，似乎都可以作为自己的研究方向。但是，实际上，如果没有敏锐的专业洞察力，没有世界级的专业视野，是很难找到一个极富研究价值，且能够持续研究一辈子的研究方向的。

直到后来，我十分幸运地遇到了福建师范大学的李功连教授，江苏第二师范学院的贡如云教授、淮阴师范学院的孔凡成教授等专家学者，在他们的帮助和悉心指导下，我才慢慢有了这方面的意识，并最终把言语思维教学确定为自己的研究方向。

这种后怕，还体现在没有相关学养的充分准备的基础上，就盲目上马。我们知道，任何理论研究和实践探寻都是建立在相关理论素养基础之上的。但是，我在研究言语思维教学和写作本书的过程中，其实，还没有做到准备十分充分。比如我对言语思维学的理论准备就不是特别深厚。这些年来，我的确下了很多的功夫研读写作学、语言学、思维学等，但是言语思维学毕竟不能等同于这些学科，它也不是这些学科的简单相加。它有着独特的研究范畴，也有着自己独特的理论体系。这是需要深入研究并形成自己的认知的。在我对言语思维学还没有做到足够深入研究的情况下，就匆匆开始研究如何运用言语思维学进行阅读教学和写作教学，势必困难重重。再加上，目前从言语思维学的角度进行阅读教学研究和写作教学研究的积存文献也不是太多，可供借鉴的研究资料太少，这就进一步加剧了研究的困难。一路走来，着实步履维艰。幸运的是，我没有停下脚步，一边狠下心来研习相关理论，一边在教学实践中艰难探索，力争走出自己的路。

当然我回想这段艰难的历程，不是为了诉苦，也不是为了表达自己对于本书有多么的敝帚自珍，而是用这种种后怕来警示自己，使自己时刻保持对学术研究的敬畏之心。因为只有这样，学术之路才能走得更远。这是从自我专业发展的角度去考量的。如果从本书的创作初衷来说，写作本书意在给一线的语文教师们提供一个新的视角。新课标诞生了，无论是从课程，还是从教材，抑或是从教学层面来讲，我们都无法回避任务群的问题。任务群教学的一个重要特点是听说读写高度融合。但问题是，用什么样的知识才能把听说读写高度融合在一起呢？本书试图从言语思维的角度去解读文本，从中选择、确定合适的知识教阅读，并用这样的知识教写作，从而把听说读写高度融合在一起。当然，这只是解决任务群教学的一种方案，是否可行，还有待时间检验。希望我们的教学思考和教学实践能给老师们以有益的启示。

在写作本书的过程当中，我得到了责任编辑马明秀老师的精心指点，无论是系列论著的规划，还是本书目录的确定，马明秀老师都提出了建设性的建议。在此深表感谢。崔雨婷老师，以及扬州市初中语文王清名师工作室的学员徐宏艺老师，也为本书的校订付出了辛勤的汗水，在此一并谢过。

王清

2023 年 2 月 16 日